KB060326

독서노트북

홍영복 지음

도서출판
청어

독서노트북

홍영복 지음

머리글

　이번 『독서노트북』의 내용에는 세계사와 종교, 철학에 대하여 세 단계로 분류하여 고대로부터 문명과 정치, 문화, 종교, 사상, 철학 등에 관하여 지엽적으로나마 세월 속에 묻혀가는 것들을 꺼내 다시 한번 되새겨본다는 생각에서 글을 썼다.

　좀 더 구체적으로 말하면, 요즘 러시아와 우크라이나 전쟁을 언론 매개체를 통해 보면서 지난 과거 세계전쟁의 배경과 발단, 사건의 성격과 배후 보복 계획 등을 다시 한번 살펴보고 싶었다. 그리고 종교에 대해서는 우리나라는 십자가 천국이어서 수준 높은 종교지식인들이 많으리라 생각도 들지만, 아직 종파에 대해서라든지, 우리에게는 지금도 낯설고 생소하게만 느껴지는 이슬람교에 대해서도 상식적으로나마 알아두면 도움 되는 내용이 들어있으므로 이해를 돕고자 썼다.

　그리고 인간은 누구나 추구하며 살아가는 행복에 대해서도 철학자 아리스토텔레스는 "행복은 자신의 인격을 갈고닦아야 생긴다"라고 말하였고, 쇼펜하우어는 "행복은 둘이 있는데, 하나는 천국의 행복이고, 또 하나는 지옥 속의 행복이 가치가 높다"고 말했다. 그리고 영국의 러쎌 철학자는 "행복은 자신이 도덕적이여야 한다"고 말했다. 또한 우리나라 최고령자이신 100세의 철학자 김형석은 "감사하

는 마음이 곧 행복이다"라고 말하고, 장수비결을 묻는 말에는 "사명
감(使命感)이다"라고 말씀하셨다.

　역사는 현재와의 대화 파트너인 것이다. 그러므로 역사 앞에 가까
이 다가가서 대화와 철학 산책도 함께 해보자. 혹, 실례가 되는 부분
이 있다면 애교 차원으로 양해 바라면서 머리글을 접는다.

2022년 임인년
홍영복

머리글   4

제1장 세계사 이야기

1. 제1차 세계대전   14
   (1) 대전의 발단: 사라예보 사건   14
   (2) 국제 전쟁으로 확대   20
   (3) 히틀러의 등장   23
   (4) 히틀러의 세계 정책   30
2. 제2차 세계대전   32
   (1) 히틀러의 폴란드 침공   32
   (2) 히틀러의 장기 포석   36
   (3) 히틀러의 패퇴   40
   (4) 히틀러의 최후   42
   (5) 일본의 패망   46
3. 재편성되는 세계   47
   (1) 동서의 냉전체제   47
   (2) 중공의 등장과 한국전쟁   50

4. 미국의 역사   54

   (1) 앵글로아메리카   54

   (2) 반영(反英) 자립 운동   60

   (3) 독립전쟁   66

   (4) 합중국의 발전   70

   (5) 노예해방   71

5. 중국 고대사   72

   (1) 진의 시황제(始皇帝)   72

   (2) 만리장성(萬里長城)   75

   (3) 아편 전쟁   76

6. 십자군 전쟁과 그 시대 유럽   83

   (1) 교황권과 황제권   83

   (2) 십자군 전쟁   87

   (3) 영국이 인도를 제패하다   95

   (4) 700년에 걸친 아일랜드와 영국 간의 분쟁   96

   (5) 동독의 민주화 운동   112

7. 인도와 이집트   123

   (1) 고대 인도사   123

   (2) 이집트 문명   131

8. 세계사에 대한 나의 독후감   141

제2장 철학 산책

1. 피타고라스는 누구인가   144

2. 철학은 인생의 나침반   146

3. 플라톤과 아리스토텔레스   148

4. 데카르트와 스피노자   158

5. 칸트   170

6. 쇼펜하우어와 니체   175

7. 진리에 대해서   184

8. 죽음에 대하여   189

9. 공자와 맹자   195

10. 노자   202

11. 순자   203

12. 묵자   205

13. 성 아우구스티누스   210

14. 데이비드 흄   212

15. 철학에 대해 나의 독후감   216

제3장 종교 산책

1. 불교 218

  (1) 불교의 시조, 부처의 생애 218

  (2) 불교의 종파 차이 223

  (3) 불교의 교육법 225

2. 기독교 227

  (1) 예수 그리스도의 생애 227

  (2) 예수의 기적 230

  (3) 예수의 부활과 그 의미 232

  (4) 기독교의 교육법 233

3. 이슬람교 236

  (1) 이슬람교의 시조, 마호메트의 생애 236

  (2) 이슬람교 교육법 241

  (3) 이슬람교와 기독교와의 관계 244

4. 세 종교의 역사 247

  (1) 기독교의 역사 247

  (2) 이슬람교의 역사 263

  (3) 불교의 역사 282

5. 종교에 대해 나의 독후감 293

제4장 후세에게 남긴 글

1. 세상을 살아가는 지혜　　　　　　　296

2. 상처를 떠나보내는 시간　　　　　　298

3. 상처는 결핍의 그림자　　　　　　　300

4. 상처를 치유하는 시간　　　　　　　301

독서노트북

제1장

세계사 이야기

1. 제1차 세계대전

(1) 대전의 발단: 사라예보 사건

1914년 6월 28일, 보스니아의 수도 사라예보에서는 육군의 훈련 예행 연습이 준비되고 있었다. 이날 대훈련을 관람하기 위해서 오스트리아의 황태자 페르디난트 부처가 사라예보를 방문했다가 훈련장으로 가던 도중 뜻밖에도 괴한의 총탄을 맞고 황태자 부처가 함께 쓰러지는 사건이 발생한다.

범인은 프린치프라는 19세의 학생으로서 오스트리아 국적을 가진 세르비아인이었다. 이 학생은 오스트리아의 보스니아와 헤르체고비나 병합으로 세르비아의 건설이 방해되었다하여 원한을 품은 세르비아 민족주의 비밀결사인 '검은 손'의 멤버였다. 이날 암살요원은 이 젊은이 말고도 다섯 사람이 배치되어 있었다.

이것이 이른바 제1차 세계대전의 발단이 된 '사라예보 사건'이다.

사건의 성격

오스트리아 정부는 사건이 발생하자 이는 세르비아 정부의 선동에 의해 행해진 직접적인 결과로 보고 곧 외무성으로 하여금 범행을 조사하도록 명령했다. 2주일에 걸친 조사 결과 폭탄은 세르비아 육군이 소장하고 있던 것이며 나도드나오드부라나란 비밀결사가 반오스트리아 선전의 중심조직이라는 사실을 밝혀냈다. 오스트리아 정부는 이 증거만 가지고도 사건의 배후에 세르비아 정부가 개입했다는 확신을 갖고 모든 책임을 그들에게 전가시키려 하였다.

사실 이 암살 사건의 배후에는 당시 오스트리아가 공식으로 조사한 내용보다 훨씬 더 깊은 뿌리가 있었다. 오스트리아는 1872년 베를린 조약의 결과 그란할하에 속하게 된 보스니아, 해르체고비나를 1908년에 병합하고 말았다. 이 지방은 원리 세르비아가 대세르비아국 건설에 포함시키려 했던 곳이기에 그들의 분노는 더욱 커졌다.

사건의 배후

1912년 제1차 발칸전쟁으로 세르비아는 불가리아, 몬데니그로와 함께 터키와 싸워 이겨 빼앗긴 영토를 다시 찾고 이어 제2차 발칸전쟁 때는 불가리아를 격파하여 상당한 영토를 확보했다. 그러나 세르비아는 역시 불만이었다. 세르비아는 알바니아를 탐내어 이곳에 진출했으나 오스트리아의 최후통첩으로 철수하지 않을 수 없었고 또한 몬데니그로와 통합하려 했으나 역시 오스트리아의 반대로 실현시키지 못했던 것이다. 따라서 세르비아는 오스트리아에 대한 원한을 잊을 수가 없었다.

이러한 세르비아에 나도드나오드부라나 같은 단체가 생겨 반오스트리아 운동을 지도한 것은 결코 무리가 아니었다. 물론 이 단체는 정부와 직접 관련된 것은 아니지만 그 단원에는 각료를 지낸 유력한 지도자가 있었던 것이며 또한 정부도 그것을 지원하지 못할지 언정 탄압할 까닭은 없었다. 그리고 이 단체의 청년 장교들이 1911년, 보다 직접적인 행동에 들어가기 위해 조직한 것이 '검은 손'이란 비밀 단체였다.

오스트리아의 보복 계획

오스트리아 정부는 이를 계기로 세르비아에 군사적 행동을 가할 결심을 하였다. 그러나 세르비아의 배후에는 러시아가 있어 개입할 가능성이 커 오스트리아는 우선 맹방인 독일의 의사를 타진키로 하였다.

이리하여 1914년 7월 오스트리아 외상 베르히톨트는 요제프 1세의 친서에 발칸 정세에 관한 장문의 각서를 첨부하여 특사로 하여금 독일 황제 빌헬름 2세를 방문케 하였다. 요제프 1세의 친서는 '불운한 내 조카의 암산은 오스트리아 제국 및 세르비아의 범슬라브주의자가 행한 선동의 직접적 결과'라 밝혔으며 범슬라브주의를 삼국동맹의 적으로 보고 독일이 발칸 문제에 특별한 주의를 환기할 것을 요망하고 있었다.

독일의 참모 본부는 독일과 오스트리아가 결속한다면 러시아와 프랑스를 격파할 수 있으리라 믿었다. 언젠가는 러시아나 프랑스와 싸워야 하는 것이 불가피한 운명이라면 그들의 군사적 재편성이 완료되는 1917년 이전에 전쟁을 하는 것이 오히려 승리하기 쉽다고 생각했다. 그리고 만일 영국이 참전한다 해도 지원병제도를 채택하고 있는 영국의 약한 육군을 제압하기란 손쉬울 것이라 여겼다.

어쨌건 오스트리아 정부는 베를린으로부터 빌헬름 2세의 지지통고를 받은 후 활기가 넘쳤다. 그리하여 오스트리아 정부는 7월 7일 각의를 열고 보스니아에서의 반오스트리아 운동에 대한 진압책과 세르비아에 대한 응징책을 협의하였다.

최후통첩 10개항

오스트리아가 세르비아에 요구사항을 내놓고 수락을 통고하는 최후통첩은 지극히 가혹한 것이었다.

그것을 요약하면 반오스트리아적 출판물의 금지, 반오스트리아적 선전의 금지, 반오스트리아적 선전을 행한 관리의 파면, 사라예보 사건의 심리와 재판에 대한 오스트리아의 참가, 사건 관계 관리의 체포, 세르비아 정부의 사과 등 10개 항목이었다. 이 가운데서 특히 재판에 오스트리아가 참가한다는 것은 독립국의 주권을 침해한다는 의미가 포함돼 있어 세르비아 자존심에 큰 충격을 준 것이었다.

독일 정부는 이 내용을 보고 당황했다. 재상 호올베크나 외상 야고오는 똑같이 '이것이 너무 지나치다'고 말했다. 그러나 오스트리아는 이미 다음날 그것을 세르비아 정부에 교부할 수배가 끝나 있었으므로 정정할 여지가 없었다. 최후통첩은 7월 23일 오후 6시, 베오그라드 주재 오스트리아 공사에 의해 세르비아 정부에 수교되었다.

한편 세르비아 수상 파시치는 오스트리아의 요구를 최대한 승낙하기를 주장했기 때문에 최후통첩의 내용은 거의 그대로 승인하기로 했으나 범죄의 심리에 오스트리아 관헌이 참가한다는 것은 헌법에 위배되기 때문에 그것만은 거절하기로 했다. 이렇게 하여 25일 오후 1시, 회답문은 완성되었으나 동시에 왕실과 정부는 오후 3시, 국경에 가까운 베오그라드를 떠나 남쪽으로 향했다. 그러고나서 6

시가 좀 못 되어 파시치 수상은 도보로 오스트리아 공사관을 방문하고 회답문을 전달했다. 무조건 승낙이 아닌 회답은 거절로 간주하라는 훈령을 받았던 오스트리아 공사는 그 회답문을 보자 미리 준비했던 통고문을 전하고 즉시 6시 30분 기차를 탔다. 그로부터 35분 후, 오스트리아 공사가 탄 열차는 이미 국경을 넘고 있었다. 이리하여 두 나라의 국교는 단절된 것이다.

전쟁 억제를 위한 국제적 노력

전쟁 방지에 대해서 독일, 오스트리아 측이나 러시아, 프랑스 측이 가장 기대를 건 것은 영국 외상 그레이였다. 사실 그레이는 오스트리아의 최후통첩 전문을 받아들고 '독립국에 보내진 가장 두려운 문서'란 평을 내리고 중재에 나설 결심을 했다.

이리하여 그레이는 단절이 현실화하자 열강에 대해 사건에 직접 관계가 없는 영국, 프랑스 독일, 이탈리아 등 4개국이 런던에서 대사회의를 열고 그 협의 중에는 군사행동을 하지 말도록 오스트리아와 세르비아 및 러시아에 요청하자는 제의를 했다. 동시에 그는 독일에 대해서 오스트리아가 이 협의에서 결정된 사항을 수락하도록 권고하라고 요청했다.

독일은 정세의 악화를 겁내어 오스트리아에게 태도를 완화하라고 권고했으나 이미 독일의 무조건 지지를 확약받은 오스트리아는 이를 수락하지 않았다.

한편 프랑스나 러시아는 그레이의 제안을 전적으로 찬성했다. 그리고 양국은 그레이에 대해 만일 유럽에서 전쟁이 발발했을 경우 영국은 러시아와 프랑스 편에 설 것을 보장하라고 요구했다. 그레이는 러시아와 프랑스가 참전했을 경우 영국이 중립을 지키기가 어렵다는 것을 알고 있었으나 막상 참전하게 되면 영국 내각에서도 참전 반대론이 일어날 것이고 또한 국내의 여론을 참전으로 돌리게 하는 일도 어렵다고 생각했기 때문에 신중한 태도를 취했다. 그러나 결국 의회의 지지를 얻어 전쟁 개입의 의사를 밝히고 만다.

최초의 포격

러시아는 이보다 앞서 외상 사조노프의 이름으로 오스트리아가 세르비아에 공격을 가하지 않는다는 것을 전제로 최후통첩의 내용을 약간 수정하는 선에서 오스트리아와 담판할 용기가 있다고 제안하였다.

그러나 오스트리아의 베르히톨트 외상은 오스트리아가 자위에 필요한 조처를 취하려는 것뿐이지 세르비아에 대한 영토적 야심이 있는 것은 아니라고 성명했다. 이리하여 외교적 교섭은 아무 타결책도 마련하지 못했다. 마침내 7월 27일 프랑스 함대는 전투태세에 돌입했고 같은 날 영국 함대도 연습태세를 완화하지 말라는 명령을 내렸다. 또한 그레이 외상은 러시아에 대한 외교적 지지를 약속했으며 러시아가 군사상의 적극적 행동을 취하는데 반대하지 않았다.

드디어 1914년 7월 28일 오전 11시. 오스트리아는 전보로 세르비아에 선전을 포고하고 이튿날 베오그라드에 포격을 개시했다. 동시에 오스트리아는 러시아가 세르비아에 대한 오스트리아의 군사행동을 방해하지 않는다는 조건으로 러시아와 교섭할 용의가 있다고 성명했다.

(2) 국제 전쟁으로 확대

러시아군 총동원령

7월 30일 베오그라드 폭격의 보도를 접하자 러시아의 사조노프 외상과 참모총장은 총동원의 필요성을 역설하며 황제를 설득했다. 마침내 황제도 총동원령을 재가했다. 그리고 이 총동원령은 오후 6시 전보로 전국에 하달되었다.

러시아의 총동원령은 독일의 참전을 불가피하게 만들었다. 이보다 앞서 독일은 사건의 확대를 방지하기 위해 오스트리아의 행동에는 전혀 관계하지 않겠다는 태도를 밝혔고 28일에는 하나의 조정안을 작성하여 오스트리아의 태도를 만회시키려 하였다. 또한 29일, 영국 외상 그레이로부터 독일과 프랑스가 전쟁에 개입하면 영국은 프랑스를 원조하겠다는 통고를 받고 오스트리아에 대해 열강의 조정안을 고려하라는 권고를 하고, 동시에 독일은 오스트리아의 무책임한 전쟁을 지지하지 않겠다고 통고했으나 이 모든 노력은 이제 수포로 돌아갔다. 러시아의 총동원령으로 사태가 일변한 까닭이었다.

독일과 프랑스군의 총동원령

7월 3일 독일에는 '임시위험상태'가 포고되었다. 그리고 이튿날 밤 러시아 주재 독일대사는 최후통첩을 러시아 외상 사조노프에게 전하도 러시아가 12시간 이내에 독일 및 오스트리아에 대한 동원을 중지하지 않으면 독일은 전 육군을 동원하겠다고 통고했다. 또 한편 독일은 이날 프랑스정부에 대해서 독일과 러시아가 전쟁하는 경우 프랑스는 중립을 지킬 것인가를 문의했다.

이러는 가운데 프랑스는 8월 1일 오후 3시 55분, 총동원령을 내렸다. 그리고 오후 4시에는 독일도 총동원령을 발포하고 영국에 대해서는 만일 영국이 프랑스의 중립을 보증한다면 독일도 프랑스를 공격하지 않겠다고 제안했다. 그러나 독일은 러시아에 대해서는 최후통첩에 대한 회답을 접수하지 못한 채 오후 7시, 선전을 포고했다.

영국의 중재 노력

한편 영국의 외상 그레이는 러시아가 총동원령을 내리고 독일이 '임시위험상태'를 선포하겠다는 정보를 입수하자 미리 구상했던 대로 독일과 프랑스에 대해 타국이 벨기에의 중립을 침해하지 않는 한 양국은 벨기에 중립을 존중할 것인가를 질문하고 아울러 벨기에 정부에게는 벨기에가 전력을 다해 중립을 유지할 것을 기대하며 타국도 이를 존중하고 보전할 것을 원하고 또 기대한다고 전보를 쳤다.

벨기에 외상은 영국 공사에게 독일이 만약 자국 영토에 침입해 온다면 벨기에는 전력을 다해 대항할 것이라고 확답했던 것이다. 사실 벨기에는 이미 6개 사단 가운데서 2개 사단의 동원 준비를 명했으며 8월 1일에는 총동원령을 내렸던 것이다.

한편 프랑스 정부는 그레이의 질문에 대해서 8월 1일 '프랑스는 벨기에의 중립을 존중할 결의를 하고 있다. 타국이 벨기에의 중립을 침해하는 경우에 한해서 프랑스는 자국의 안전과 방위를 확보하기 위해 별개의 행동을 취할 것이다'라고 회답하고, 독일의 질문에 대해서는 '프랑스는 그 이익이 명하는 바에 따라 행동할 것이다'라고 회답했다.

물론 독일은 그레이의 질문에 회답하지 않았다. 벨기에의 중립을 지킬 의도가 없을 뿐만 아니라 어떤 회답을 보낸다면 독일의 작전

계획을 추정할 힌트를 제공하게 되기 때문이었다.

독일군 출동

이와 때를 같이하여 독일군은 행동을 개시하여 벨기에 국경을 돌파했다. 오전 11시, 이 보고를 받은 벨기에 국회는 침략에 저항할 것이라는 정부의 방침을 열광 속에 가결시켰다. 그러나 독일은 중립 벨기에가 항의에 그칠 뿐 저항하지 않으리라 믿고 있었다. 그리하여 독일은 어떤 타협을 제기할 양으로 '리에쥬를 독일군의 통과를 위해 개방하고 철도, 교량 및 건축물의 파괴를 중지하라'고 요구했으나 벨기에는 이를 즉각 거부하고 독일 공사에게 퇴거 명령을 내렸다.

영국 참전 결정

독일이 러시아에 선전하고 프랑스와도 전투를 개시한 이 마당에서 유럽이 대전쟁에 휩쓸린 것은 기정사실이 되었다. 이제는 영국도 확고한 태도를 밝히지 않으면 안 될 때가 온 것이다. 사실 영국은 벨기에의 중립을 침범했다는 문제를 가지고 국론을 통일하여 전쟁에 임하려는 생각을 오래전부터 가지고 있었다. 8월 3일, 영국 내각에서는 즉각동원령을 가결했다. 이에 대해 불만을 토로하는 각료도 있었으나 당분간은 사직하지 않기로 하였다. 그리고 각의는 오후에 이르러 그레이 외상이 행할 성명서에 동의하고 벨기에의 중립을 개전 이유로 할 것에 합의를 보았다. (중략)

불타는 전장

독일군의 벨기에 침공으로 전쟁은 시작되었다. 1814년 8월 4일에 터진 포성이었다. 그런데 쉽게 손을 들리라 믿었던 작은 나라 벨기에는 우세한 독일군에 대해서 거족적인 저항을 계속 했다. 심지어는 벨기에 특유의 군견(軍犬)까지 동원되어 기관총을 끌면서 조국 방위에 나섰다. 특히 리에쥬에는 근대적인 요새가 구축되어 있어서 이 요새에서 발사되는 포화에 의해 독일군은 다수의 희생자를 냈다. 그러나 독일군은 보다 더 강력한 화력을 가지고 있었다. 그것은 철도로 운반되는 420미리포로서 8월 2일, 시급히 완성하라는 긴급명령을 받은 크루프 회사가 밤을 새워 만든 중무기였다. 이에 비해 리에쥬 요새의 최대 화력은 구경 210미리의 유탄포에 불과하였다. 420미리의 거포는 포차까지 합하면 7.2m, 무게 98톤, 사정거리 14km로 이를 조작하기 위해서는 2백 명의 인원이 필요한 거대한 무기였다. 8월 17일 난공불락을 자랑하던 리에쥬 요새도 이 거대한 화력을 앞세운 루덴돌프의 저돌적인 공격 앞에 무릎을 꿇고 말았다.

(중략)

(3) 히틀러의 등장

1933년 1월 30일, 베를린에서는 새로 지명된 수상 히틀러의 선서식이 개최되고 있었다. 새 수상 히틀러는 바이마르 시대의 관례에 따라 힌덴부르크 대통령 앞에서 오른손을 치켜들고 다음과 같이 선서했다.

'나는 독일 국민의 복지를 위해 노력하고, 독일 국민의 헌법과 법률을 지키며, 나에게 부과된 의무를 성실하게 이행할 것입니다.'

히틀러에 이어 다른 각료들도 그대로 뒤따랐다. 그때 나이 85세의 고령인 힌덴부르크 대통령은 새 수상과 각료들의 선서에 귀 기울이고 있다가 마지막에 단 한마디를 이렇게 말했다.

'그러면 여러분, 하나님을 따라서 나아가기를!'

선서식은 이로써 끝났다. 아돌프 히틀러를 수반으로 하는 새로운 독일 정부가 정식으로 탄생한 것이다.

경축 분위기

그날 밤의 베를린은 브란덴부르크문을 중심으로 밤새도록 소란했다. 제복 차림을 한 나치스의 돌격대, 친위대, 히틀러유겐트, 그리고 남녀노소가 뒤섞인 일반 시민들의 횃불 행렬이 꼬리를 물고 브란덴부르크문을 통과하여 수상 관저 쪽으로 뻗어나갔다.

노래를 부르고 손에 손에 나치스 깃발을 흔들면서 저녁 7시쯤 시작된 이 흥분의 행렬은 이미 밤중을 지났는데도 끊어지지 않았다. 등불을 밝힌 수상 관저의 창가에서는 힌덴부르크 대통령이 손에 단장을 들고서 말없이 거리의 광경을 내다보고 있었다. 거기에서 조금 떨어진 다른 창에는 히틀러가 그 독특하고 과장된 몸짓으로 행렬에 응하고 있었다.

히틀러의 새 정부가 탄생했다는 보도에 의해서 흥분의 도가니가 된 것은 수도 베를린뿐만이 아니었다. 베를린의 광경은 그때그때 라디오를 통해서 독일 전체에 방송되고 있었다. 다른 여러 도시에서는 베를린을 모방한 축하 행렬이 나치스의 당원을 선두로 전개되었다. 1933년 1월 30일이라는 그 시점에서는 나치스 당원뿐 아니라 슈타우펜베르크처럼 뒤에 가서 히틀러의 정체를 간파하여 저항운동을 일으킨 사람들을 포함한 상당수의 독일 사람들도 새 정부의 성립을 열광적인 흥분으로 환영했던 것이다.

히틀러의 이력

불과 43세의 젊은 나이에 수상에 오른 히틀러의 경력은 독일 수상 자격 요건으로는 어울리지 않았다. 그 이유를 든다면 첫째, 히틀러는 우선 독일 사람이 아니다. 그가 태어난 고향은 오스트리아의 브라우나우라는 지방 도시였다. 거기에서 태어난 히틀러가 정식으로 독일 국적에 오른 것은 그가 수상이 되기 불과 1년 전의 일이다. 둘째, 그는 중등교육조차 제대로 마치지 못한 인물이라는 사실이다. 그의 아버지 알로이스 히틀러는 일생동안 오스트리아의 세관 관리로서 근무하여 만년의 생활이 상당한 여유가 있었다고 한다. 실제로 그의 아버지는 아돌프 히틀러를 관리가 되게 하기 위해서 실업학교에 보냈다. 그런데 히틀러는 학교생활에 적응하지 못하여 낙제를 하였고, 다른 학교에 전학을 하였으나 거기에서도 실패를 하여 마침내 학업을 단념하지 않으면 안 되었다.

그리고 또 히틀러의 경력에 가장 기이한 느낌을 주는 것은 18세부터 24세에 이르는 청춘시대를 보낸 빈 시대의 생활이다. 히틀러가 고향을 떠나 학문과 예술의 도시 빈으로 간 것은 화가가 되고 싶어서였으나 미술 학교의 입학시험에 두 번이나 낙방을 했다. 젊은 히틀러는 거리를 방황하는 신세가 되었다. 부모가 남겨준 돈이 다 없어진 다음에도 일정한 직업을 구해서 일을 하려고는 하지 않았으므로 그는 화려한 대도회의 저변을 헤매게 되었다. 공원의 벤치에서 밤을 새울 때도 있었고 부랑자 수용소에서 이슬을 피하는 때도 있었다.

목덜미에 늘어진 기다란 머리, 덥수룩한 수염, 낡아빠진 모자, 어떤 유대인에게 얻어 입은 치렁치렁한 외투, 기록에 의하면 이것이 빈의 거리를 방황하는 히틀러의 모습이었다.

때로는 그림엽서를 그려 부랑자로 하여금 선술집 같은 데에 팔게도 하고, 때로는 공사장에서 보조 노동자 노릇으로 끼니를 잇기도 했다고 한다.

노동자당 입당

전쟁이 끝난 뒤 군대에 머물러 있던 어느 날(1919년 9월) 히틀러는 독일 노동자당이라는 정치 단체를 조사해 오라는 명령을 받았다. 군대에서는 그들의 정치 목표에 이용할 수 있는 정당을 물색하는 중이었다.

독일 노동자당은 바로 그해에 뮌헨에 사는 드렉슬러라는 금속 기술자에 의해서 창설된 지극히 규모가 작은 국수주의자의 정당이었다.

히틀러가 그 당을 조사하기 위해 처음으로 집회에 참석했을 때, 거기에는 50명도 못되는 수공업자, 병사, 학생들이 모였을 뿐이었다. 히틀러가 받은 인상도 대수로운 것은 아니었다. 그러나 히틀러는 이 집회에서 오스트리아 문제에 관해서 발언을 한 것이 계기가 되어 당수인 드렉슬러와 서로 알게 되었다. 그리하여 며칠 후에는 드렉슬러의 권유로 정식으로 입당하여 그 당의 일곱 번 째 위원인 선전 부장이 되었다.

반유대주의, 반볼셰비즘, 노동자들을 중산계급으로 만들자는 것, 이런 주장을 내세우는 조그만 지방 단체의 선전 부장, 이것이 히틀러의 정치가로서의 첫 출발이었다.

쿠데타 실패

노동자당에 입당한 히틀러는 당원들의 비밀집회를 대중연설회로 확대할 것을 주장하고 참호의 전우들에게도 입당을 권유했다. 이듬해(1920년)에는 국민사회주의 독일노동자당으로 이름을 바꾸었다.[1] 그리고 당원의 수도, 처음에는 몇십 명에 지나지 않았던 것이 1923년 가을에는 5만 명으로 늘어나고 있었다.

나치스는 또한 1920년에 25개조로 된 당 강령을 발표했다. 거기에는 모든 독일 사람을 모아서 대독일을 건설할 것, 베르사유 조약을 파기할 것, 유대인을 배척할 것, 불로소득을 폐지할 것, 트러스트를 국유로 할 것, 건전한 중산 계급을 육성할 것 등의 주장이 들어 있었다.

당세의 발전을 토대로 하여 나치스는 드디어 행동을 시작했다. 1923년 11월에 일어난 뮌헨 폭동이 그것이다. 23년은 전후의 혼란이 극에 다다른 해였다.

배상의 의무를 약속대로 이행하지 않았다는 구실로 프랑스의 군대가 루우르 지방[2]에 침입해 들어왔으며 그와 동시에 인플레이션이 끝없이 위세를 더해가고 있었다. 히틀러는 이 혼란을 틈타서 그해 11월 8일 밤, 뮌헨의 뷔르거브로이케라라는 비어홀을 무대로 쿠데타를 시도했다.

거기엔 정계나 군부의 실력자들이 모두 모여 있었다. 거기에 기관

---

1) 이른바 나치라는 명칭은 국민사회주의자의 약칭으로 처음에는 정적(政敵)이 경멸의 뜻으로 부른 이름이다.
2) 독일의 중공업지대.

총으로 무장한 나치스의 돌격대원을 거느린 히틀러가 들이닥쳐 권총으로 위협을 하면서 카알 총독을 비롯하여 바이에른 주의 국방군 총사령관, 경찰부장 같은 거물들을 한 방에 가두었다. 그리고 그들로 하여금 자기가 주장하는 '국민혁명'의 계획을 강제로 찬성하게 했다.

히틀러가 말하는 '국민혁명'이란 뮌헨의 우익세력이 단합해서 베를린의 중앙정부를 무너뜨리고 그 대신 히틀러 자신을 수반으로 하는 새로운 '국민정부'를 수립하자는 것이었다.

그러나 이튿날 폭동은 실패로 끝나고 히틀러는 체포 구금되었다. (중략)

유대인 박해

나치스의 정책에서 가장 추악하고도 잔인한 것은 유대인에 대한 박해였다. 히틀러가 정권을 획득한 지 얼마 안 되는 무렵부터 유대인이 경영하는 상점을 거부하는 운동이 일어났으며 동시에 유대인 관리를 추방하는 법률이 제정되었다.

유대인에 대한 박해가 본격적으로 심해지기 시작한 것은, 1935년 9월 이른바 '뉘른베르크법'이 제정되면서부터였다. 이 법률에 의하여 유대인은 독일 국적에서 축출되고 아리아인종과의 결혼이 금지되었다.

또한 이 시기에 와서는 이미 유대인은 모든 직업에서 쫓겨나고 말았다. 오직 경제적인 활동만이 그들에게 남겨진 마지막 분야였으나 1938년에 가서는 그 분야에도 엄중한 제한을 가했다.

이처럼 나치스 정권의 통치 밑에서 유대인의 수난은 어디에서 그치는지를 알 수 없었다. 이 수난은 마침내 유대인 6백만 학살이라는 인류역사상 가장 큰 죄악으로 연결되었다.

히틀러 친위대

친위대는 나치스 운동의 초기에 히틀러의 보디가드로 만들어진 조직이 발전한 것이다. 한때는 '히틀러 돌격대'라는 명칭으로 부른 일도 있었다. 친위대는 1920년대에는 대수로운 것이 못되었으며 조직에 있어서도 SA(돌격대)에 종속되어 있었다. 그러다가 1929년, 히틀러가 그 지도자로 임명된 무렵부터 차차 독자적인 힘을 양성, 34년, '6월 30일 사건'으로 돌격대의 세력이 쇠퇴한 후 히틀러 독재의 중추적인 기능을 발휘하면서 급속히 강대해졌다.

친위대는 정치 경찰의 기구를 장악했을 뿐 아니라 강제수용소도 관리하고 나아가서는 친위대 전투부대라는 이름으로 국방군과는 별도로 독자적인 군대조직을 만들었다.

이 친위대 전투부대의 규모는 제2차 세계대전이 끝날 무렵에는 60만 가까운 방대한 것이었다. 그리고 친위대는 그 방대한 인원을 거느리기 위해서 스스로 기업조직을 가지고 있었으며 혹은 광산을 경영하기도 하고 의류나 무기를 제조하는 사업을 경영하기도 했다.

전쟁 준비 경제 계획

히틀러의 국내 정책은 궁극적으로는 전쟁을 준비하기 위한 군사적인 목적에 관련되어 있었다. 일단 전쟁이 일어나면 군사용으로 즉시 변모할 수 있는 것이었다. 실제로 노동자를 위해서 만들어졌던 유람선은 군대를 수송하는 데 사용되고 각지의 보양시설은 치료병원으로 바뀌었으며 폭스바겐 공장은 그대로 전차를 만들어냈다.

히틀러는 군사 목적에 종속시키는 경제 계획을 치밀하게 작성하고 있었다. 나치스의 당 강령에 삽입되어있는 표면상 사회주의처럼 보이는 주장은 정원에 접근을 하고 대중의 심리를 조종하기 위한 선동적 구호에 지나지 않았다. 일단 정권을 손아귀에 넣은 히틀러는 경제의 자본주의 구조에는 손을 대지 않고 오로지 전쟁이 일어난 경우를 예상하는 통제만을 추진했다.

초기에는 실업 문제의 해결과 공황을 극복하는 것이 당면한 급선무였지만 그것이 어느 정도 수습된 다음에는 점차로 군수 생산의 촉진을 주안으로 하는 통제의 강화가 전면으로 나오게 된 것이다.

(4) 히틀러의 세계 정책

독재자 히틀러의 궁극적 정책은 세계 제패에 대한 설계였다고 할 수 있다. 그는 우선 동쪽의 소련을 타도하여 동유럽에 대독일을 건설하는 것이고 같은 독일 민족인 오스트리아와 체코슬로바키아를 침략하여 독일에 병합시킨다는 계획이었다. 더 나아가서는 제2단계로 아프리카에 식민지를 다수 수립하고 대서양에 독일 함대를 진출시켜 세계 강국으로 군림하겠다는 원대한 꿈이었다.

이 꿈은 국내의 독재체제가 견고해짐에 따라 적극적으로 외교에 치중하여 1933년에는 중대한 노선 변경을 단행한다.

국제연맹 탈퇴

1933년 10월 세계를 놀라게 한 히틀러의 선언이 있었다. 그것은 독일이 국제연맹과 건축회의에서 탈퇴한다는 것이었다. 탈퇴의 이유로 내세운 것은 건축회의에서 독일이 불평등한 취급을 받고 있다는 것이었다.

그러나 탈퇴는 이미 예정된 것이었다. 국제연맹을 비롯하여 종래의 집단 안전보장의 체제는 독일의 발전을 억압하는 것이므로 우선 낡은 체제를 타파하는 것이 히틀러의 당면 과제와 외교방침이었기 때문이다. 그리고 건축에 관한 교섭에 얽매여서 재건비를 진행시키는데 제약을 받는 것도 불편한 일이었다.

히틀러 외교의 제2탄은 1934년 1월, 독일과 폴란드 사이에 맺은 불가침 조약이었다. 이 조약은 언뜻 보기에는 동쪽에 인접한 이웃 나라에 대한 히틀러의 평화적인 정책을 표현하는 것처럼 보이기도 한다. 그러나 그 이면엔 역시 본래의 계획을 위해서 포석을 펴는 의도가 숨겨져 있었다.

히틀러는 이 조약을 체결함으로써 폴란드를 안심시키는 한편 폴란드와 프랑스와 동맹관계를 끊어버리려고 한 것이었다.

오스트리아 병합 시도

오스트리아를 독일에 합병시킨다는 것은 히틀러의 꾸준한 염원이며 동쪽으로 진출하는 계획을 추진하는 데 제일 먼저 처리해 놓아야 할 과제였다. 따라서 오스트리아 문제에 관해서는 정권을 장악한 초기부터 그 의도를 공공연히 표시했으며 오스트리아 국내에 나치스 운동을 일으키는 데 힘썼다. 1934년 7월 25일에는 오스트리아 나치스의 봉기를 조종하여 일시에 그 나라 정권을 탈취시키려고 시도했다.

그날 7월 2일 정오, 오스트리아의 육군의 제복으로 변장한 오스트리아 나치스의 일대가 트럭으로 수상 관저에 들이닥쳐 때마침 각의를 끝마친 돌푸스 수상에게 2발의 총탄을 쏘았다. 돌푸스 수상은 나치스가 영도하는 독일과의 합병에 반대하고 국내에서도 오스트리아 나치스의 활동에 엄중한 탄압정책을 취하고 있는 인물이었다. 같은 시간에 오스트리아 나치스의 다른 행동대는 빈(bin) 방송국을 점령하는 데 성공했다. 하지만 쿠데타 계획이 제대로 진행된 것은 거기까지였다. 위기일발의 순간을 모면한 정부 각료들은 신속한 대항 조치를 취하여 나치스의 행동을 진압하고 말았나.

쿠데타는 수포로 돌아갔다. 그와 동시에 유럽 열강의 강력한 비난이 히틀러에게 집중되었다. 이처럼 빈에서 쿠데타 계획이 실패하고 이탈리아를 비롯한 열국의 강력한 반대에 부딪혔으므로 히틀러도 어쩔 수 없이 오스트리아 정책을 후퇴시키지 않을 수 없었다. 합병을 실현하기 위해서는 국제 정세가 좀 더 유리해질 때까지 기다리지 않으면 안 되었다. (중략)

2. 제2차 세계대전

(1) 히틀러의 폴란드 침공

1939년 9월 1일 새벽, 독일에 인접한 폴란드 국경에서 울리는 포격 소리가 고이 잠든 사람들을 깨웠다.

이처럼 독일의 폴란드 진격은 선전포고도 없이 개시되었다. 히틀러는 이날 포격을 폴란드에서 먼저 시작했다고 발표했지만 이것은 전쟁을 합리화시키려는 연극에 불과했다.

폴란드에 대한 진격을 결행함에 있어 히틀러는 영국과 프랑스가 결국은 폴란드의 운명을 방관할 것이라는 기대하고 있었다. 히틀러의 짐작은 일단은 들어맞는 것처럼 보였다. 왜냐하면 공격이 개시된 후 상당한 시간이 지나는 동안 영국과 프랑스가 독일에 대해서 비난하는 기색은 보이지 않았기 때문이다.

이날 영국의 체임벌린 정부와 프랑스의 달타디에 정부는 히틀러의 폴란드 침공을 평화적으로 처리해야 한다는 생각을 하고 있었다. 그러나 영국의회와 내각의 강경한 응징 요구에 이끌려 체임벌린은 독일에 선전포고 절차를 준비했고, 같은 날인 9월 3일, 프랑스도 영국의 뒤를 따랐다. 제1차 세계대전이 막을 내리고 20년이 지난 뒤에 유럽은 다시 새로운 전운에 휩싸인 것이다.

소련의 개입

히틀러는 소련과 맺은 비밀 의정서에 따라 폴란드를 분할하자는 제의와 함께 소련군의 진격을 요구했다.

소련도 이 요구에 따라 폴란드 안에 있는 우크라이나인과 러시아인의 권익보호를 위한다는 명목으로 9월 17일, 군대를 폴란드에 파견했다.

이리하여 서쪽에서 독일, 그리고 동쪽에서 소련의 침략을 받아 폴란드는 쉽게 소멸되고 말았다. 이 침략으로 독일은 폴란드 영토를 거의 차지하고 소련도 에스토니아, 리트비아 외에 리투아니아의 거의 전부를 차지하게 된다. 소련은 여기에 만족하지 않고 보트니아 만에 있는 공화국 핀란드에 대하여 강압적인 요구로 영토의 일부를 내놓으라고 주장하며 공격을 개시했다. 소련·핀란드 전쟁이 일어난 것이다.

그러자 세계의 동정은 이 조그마한 공화국에 쏠렸다. 주위에 있는 스칸디나비아 제국들은 의용병을 모집하여 핀란드를 도왔고 영국, 프랑스, 이탈리아, 헝가리 등에서도 핀란드에 무기를 보냈다.

그러나 1940년 3월 12일 소련과 핀란드는 강화조약을 맺고 카렐리아 지협 등 약 10분의 1쯤 되는 핀란드 영토를 소련에 넘겨주었다.

독일의 노르웨이 점령

영·불이 선전포고를 했으나 군대 출동은 미루고 있는 거운데 히틀러는 폴란드 침공을 서방이 승인해줄 것을 전제로 하여 강화를 요구했으나 영·불은 오히려 독일이 평화를 원한다면 폴란드에서 철수할 것을 요구했다. 히틀러는 계획이 빗나갔음을 알고 전격적인 작전으로 덴마크 및 노르웨이 육·해·공군을 총동원하여 공격을 개시했다.

덴마크와 노르웨이에 대한 작전은 짧은 기간에 성공을 거두었다. 먼저 노르웨이 병력이 항복하고 말았던 것이다.

독일군, 파리 점령

서부 공격에서 승리를 거둔 독일군은 중립국인 네덜란드와 벨기에를 침공하게 된다. 이는 프랑스 공격을 목표로 한 히틀러의 작전이었다. 벨기에로 진격한 독일군은 나일강에 따르는 진지에서 이미 출동한 영·불군의 완강한 저항에 부딪힌다.

둑일군 B군이 네덜란드와 벨기에로 진격하는 동안 A군은 룩셈부르크와 아르덴 숲을 통과하여 쏜살같이 프랑스로 뛰어들었다.

벨기에의 덩케르크에서 독일 B군과 싸우고 있던 영·불 연합군은 독일 A군의 프랑스 진격이 미루어지자 서둘러 후퇴하지 않을 수 없었다. 남아있던 벨기에군은 독일에 항복했음은 물론이다.

프랑스에 진격한 독일군은 즉시 파리를 향한 작전을 세웠고 불과 며칠 사이에 파리도 독일군에 함락되고 말았다.

처칠의 결전 결의

히틀러의 구상은 프랑스를 항복시킴으로 해서 영국의 전의를 상실케 하고 항거를 단념하게 하여 전쟁을 조기에 끝마친다는 작전이었다. 그러나 히틀러의 구상은 영국의 체임벌린이 물러나고 처칠이 수상에 오르면서 빗나가기 시작한다.

전시내각의 책임을 맡고 등장한 처칠은 히틀러가 아무리 강화를 하자고 되풀이해도 흔들리지 않았다. 오히려 의회의 연단에서 전쟁 수행을 독려하는 연설을 했다.

히틀러는 강화를 단념하고 마침내 영국 본토에 대한 상륙작전인 소위 '물개작전'을 명령하게 된다. 물개작전은 먼저 영국 상공의 제공권을 장악한다는 작전으로 시작된다. 독일 공군은 영국의 공군력을 파괴하기 위해 8월에 들어서면서 대규모 공습을 전개했다.

영국에 대한 독일의 공습은 9월 중순까지 계속되었으나 영국 본토의 제공권을 장악한다는 목적을 이루지 못했다. 따라서 영국 본토에 대한 상륙작전도 실행하지 못했다.

(2) 히틀러의 장기 포석

영국을 단기간에 꺾어 놓겠다는 독일의 구상이 사실상 실패로 돌아가고 전쟁이 장기화 될 조짐이 보이자 히틀러는 새로운 작전을 구상하게 된다.

그것은 미국으로 하여금 영국에 대한 군사원조는 물론 앞으로 단행될지도 모르는 미국의 참전을 사전에 막은 길이었다. 그 구상의 하나로 전에 시도했던 독일, 이탈리아, 일본 3국의 군사 동맹을 다시 추진하자는 것이었다. 그것은 일본으로 하여금 태평양 방면에서 미국을 견제하도록 하는 것이다. 그것은 곧 미국을 중립적 위치에 묶어두고 영국을 고립화시키는 작전이다. 이리하여 히틀러는 1940년 9월 7일, 독일의 특사 스타아마를 일본의 도쿄에 보낸다.

3국 동맹 성립

일본에 간 스타아마와 일본 외상 마쓰오카 사이에 비밀 교섭이 이루어진 후 9월 27일, 베를린에서 독일 외상 리벤트름, 이탈리아 외상 치아노, 일본 크르스 주독대사 사이에 마침내 3국 동맹 조약이 이루어지게 되었다.

이 조약의 제조에서는 일본이 독일과 이탈리아에 대하여 유럽의 새로운 질서를 건설하는 그들의 지도적 지위를 인정했으며, 제2조에서는 독일과 이탈리아가 일본에 대하여 아시아의 새로운 질서를 건설하는 그 지도적 지위를 인정했다. 그리고 제3조에서는 체약국(締約國)의 어느 한 나라가 지금 현재 유럽 전쟁이나 중일전쟁에 참여하고 있지 않는 어떤 나라에 의해서 공격을 받을 때에는 세 나라가 온갖 수단을 다해서 서로 원조할 것을 약속했다.

히틀러의 소련 공격 계획

1940년 5월 10일, 독일의 서방 공격이 시작된 지 불과 6주 만에 프랑스가 점령당하게 되자 갑자기 소련은 불안이 싹트기 시작했다. 서방에서 승리를 거둔 히틀러가 다음에는 소련을 향해 진격해 오는 게 아닌가 하는 걱정에서였다. 자본주의 국가 상호 간이 소모전인 줄 생각한 것은 잠깐이고 다음 순간에는 자기가 히틀러의 공격 목표가 되는 경우를 예상하지 않을 수 없게 된 것이다.

소련이 염려했던 것처럼 나치스의 초창기인 1920년 때부터 히틀러의 정복 계획의 가장 중요한 목표는 소련을 타도하는 데에 있었다. 어떤 의미에서는 영국 및 프랑스와의 전쟁도 소련을 상대로 하는 전쟁을 위해서 그 전략적인 전제를 만들어내기 위한 것에 지나지 않았다.

그런데 1940년 6월, 프랑스가 점령된 뒤에도 영국은 여전히 항전의 자세를 굽히지 않았다. 여기에서 히틀러는 소련에 대한 전략을 종전과 다른 관점에서 고려하지 않을 수 없게 되었다. 7월 중순, 히틀러는 군부 수뇌를 향하여 '영국이 항전을 계속하고 있는 것은 소련의 대독정책의 변화에 기대를 걸고 있기 때문이다'라는 견해를 표시했다.

대소전쟁 개시

1941년 6월 22일, 하늘의 어둠이 아직도 다 밝지 않은 이른 새벽, 독일의 모스크바 주재 시렌부르크 대사는 베를린에서 온 훈령에 따라 소련 외상 몰로토프를 만나러 갔다. 그는 몰로토프 앞에서 다음과 같은 전문을 낭독했다.

'…… 소련 정부는 점점 더 독일에 반대하는 정책을 취하며 전 병력을 독일 국경에 집중 대기 시키고 있다 …… 이렇게 해서 소련 정부는 독일과 맺은 조약을 차기하고 존망을 건 전쟁을 수행하고 있는 독일을 배후에서 공격하려 하고 있다. 그러므로 총통은 그 수중에 들어있는 모든 수단을 다하여 이 위험에 대항할 것을 독일 국방군에 명령했다 ……'

이것은 사실상의 선전포고였다. 그리고 그보다 반 시간 전에 이미 독일군은 소련 국경을 넘어서 진격을 개시하고 있었다. 그 병력은 153개 사단(3백만 독일 육군의 75%), 전차 3580대, 항공기 2740대(독일 공군의 61%)였다. 거기에다 소련에 대한 공격에 있어서는 루마니아, 핀란드, 헝가리, 체코슬로바키아, 이탈리아 등의 군대가 참가했다. 또한 이 전쟁은 볼셰비즘을 타도하는 전쟁이라는 깃발 밑에 스페인이나 프랑스 같은 나라에서 온 소수의 용병도 독일의 전열에 참가하고 있었다.

소련의 반격

독일의 선제공격에 소련은 패퇴했지만 곧 반격을 시작했다. 스탈린은 7월 3일, 국민에게 호소하여 '우리 육·해군이나 모든 소련 국민은 국토의 마지막 1센티까지 지켜야 하며 우리 도시나 마을을 위해서 마지막 피의 한 방울까지 흘릴 각오로 싸우지 않으면 안 된다'고 말했다. 그와 동시에 철퇴할 때에는 귀중한 물자가 적의 손에 들어가지 않도록 모두 파괴하라는 '초토' 지령과 피점령 지역에서 빨치산 부대를 편성하여 항전하게 한 '빨치산 전투'의 지령도 내렸다. 7월 10일에는 스탈린, 몰로토프, 참모장 주코프 등으로 구성된 '최고사령부분영'이 설치되고, 8월 7일에는 스탈린 자신이 최고사령관으로 취임했다.

독일군은 아직도 개별적인 전투에서는 자랑스러운 전과를 올리고 있었으나 그것도 10월로 접어들면서 부터는 천후가 고르지 못하여 커다란 제약을 받은 게 되었다. 그래도 독일군은 전진을 계속했다. 11월 중순 모스크바를 북쪽에서 포위하는 방향으로 전진한 두 개의 전차군은 모스크바와 볼가 강을 잇는 운하를 건너서 수도의 30㎞ 지점까지 나아갔다. 그런데 여기서 예상보다도 빨리 영하 30도나 되는 소련의 겨울이 엄습해 왔다. 독일군은 겨울 전투를 위한 장비가 충분하지 못했다. 동상에 걸린 탈락자가 속출하여 그 수효가 전투에 의한 손실을 능가할 정도였다.

일본의 진주만 기습

같은 무렵 일본은 독일 및 이탈리아와 3국 동맹을 체결한 그 위력을 배경으로 해서 동아시아의 패권을 주장했으나 미국은 중국에 대한 차관을 증대시키는 등 오히려 일본의 계획에 압박을 가했다. 더구나 7월 말, 일본군이 불령 인도차이나 남부로 진주하자 미국은 미국에 있는 일본 자산의 동결과 일본에 대한 석유 수출을 전면적으로 금지한다는 강경한 보복 조치를 취하였으므로 두 나라의 관계는 더욱 험악해졌다. 그리하여 일본은 1941년 12월 7일(일본 날짜 8일), 면밀한 작전 계획에 의한 것이기는 하지만 도박이나 다름없는 진주만 기습을 감행한 것이다.

미국의 참전

일본의 진주만 기습은 결과적으로 독일의 미국에 대한 선전포고를 가져왔다. 따라서 미국이 태평양과 유럽에서 동시에 전쟁으로 뛰어들게 한 것이다. 히틀러 자신은 그 시점에서 미국을 상대로 하는 전쟁 상태로까지 확대하고 싶지는 않았다. 그는 미국의 참전이 유럽의 정세에 중대한 변화를 초래하리라는 것을 잘 알고 있었으므로 설사 불가피하다 하더라도 될 수 있는 한 선전포고를 연기하고 싶은 생각을 하고 있었다. 그런데 극동의 맹방인 일본이 사전에 아무런 연락도 없이 진주만 기습을 감행하여 그를 놀라게 한 것이다. 히틀러의 입장은 난처하기만 했다.

히틀러는 본의가 아니면서도 일본의 뒤를 쫓아서 미국에 대해 선전포고를 했다. 히틀러의 미국에 대한 선전포고는 자신도 없고 준비고 없이 형세에 이끌린 결단에 지나지 않았다.

여기에서 제2차 세계대전은 지구의 표면 전체를 덮은 세계 전쟁으로 확대되었다. 큰 나라로 전쟁에 참여하지 않은 나라는 이제 하나도 없었으며 모든 열감이 추축국과 연합국이라는 양대 진영으로 갈라져서 세계의 운명을 판가름하는 전쟁이 폭발하고 만 것이다.

(3) 히틀러의 패퇴

전투의 반전

1942년 여름, 히틀러와 무솔리니가 군사적으로 제압한 지역 북쪽은 노르웨이에서 남쪽은 아프리카에 이르고 서쪽은 대서양 기슭에서 레닌그라드와 스탈린그라드를 연결하는 선에 이르기까지 광범한 지역이었다. 유럽 대륙에다 독일의 대제국을 건설한다는 히틀러의 구상은 엄청난 것이었다.

실제로 나치스 독일의 점령지역에 들어간 유럽의 여러 민족들은 말할 수 없는 고난을 겪어야 했다.

유대인 대량 학살

히틀러의 지배 밑에 놓인 유럽의 비극에서 가장 참혹했던 것은 유대인에 대한 대량 학살이다. 독일의 점령지역에 거주하는 유대인은 이미 그 이전부터 여러 가지 가혹한 차별 대우를 받고 있었다. 식량의 배급도 일반에 비해서 훨씬 적었으며 외출 시간이 극도로 제한되어 일상생활에 필요한 물건을 구입하기도 어려운 형편이었다. 거기에다 1941년 9월부터 유대인은 표지를 달도록 했다.

그러나 이제는 그러한 고난의 생활도 끝날 때가 왔다. 독일의 지배가 미치는 모든 지역에서 게시타포에 의한 유대인 색출이 시작되어 발견된 유대인은 모조리 동쪽으로 향하는 화물 열차에 실리기 시작했다. 아우슈비츠나 트레블링카 같은 수용소에서 그 잔인무도한 가스실의 대량 학살이 시작된 것이다.

점령지의 저항운동

독일의 군사적 공격으로 최초의 희생을 당한 폴란드는 제1차 세계대전 당시까지 오랫동안 외국의 지배 밑에 곤욕을 당한 경험이 있었으므로 독일에 대한 저항운동의 조직도 신속하게 진행되어 수도 바르샤바가 함락한 그 날 벌써 저항 클럽이 조직되었다. 이 조직은

삼림지대에서 게릴라 활동을 시도하고 독·소전이 시작된 후로는 군사 정보를 소련 측에 제공한다든지 사보타지에 의해서 독일군 병참선을 교란한다든지 했다.

나치스 독일에 대한 레지스탕스는 그 밖에 프랑스에서도, 벨기에에서도, 노르웨이에서도, 소련에서도, 체코슬로바키아에서도, 독일의 군화에 짓밟힌 모든 나라에서도 일어나고 있었다. 특히 런던에 있는 '자유프랑스국민위원회'와 서로 호응하면서 전개된 프랑스의 레지스탕스 운동은 전설적이라고 할 만큼 널리 알려지고 있다.

(중략)

(4) 히틀러의 최후

노르망디 상륙작전

1944년 6월 6일 새벽, 북프랑스 노르망디 앞바다에 5134척으로 구성된 역사상 최대의 함대가 모습을 나타냈다. 연합군의 상륙작전이 개시된 것이다. 연합군은 제일 먼저 새벽 1시의 어둠 속에서 공정부대의 낙하를 시작했다. 다음에는 여명과 더불어 오른강 하구에서 코탕탱반도 동쪽에 걸친 연안 일대에 폭탄과 함포 사격의 포화를 퍼부었다. 이 포화의 엄호 아래 오전 6시 30분, 5개의 지점에서 지상군의 대대적인 상륙이 개시되었다. 모두 5134척의 선박이 동원된 가운데 해안에 접근한 선박이 1천 척이나 되었다.

연합군의 상륙작전은 성공했다. 그날 저녁나절에는 미군은 서로 고립된 두 개의 조그만 교두보를 구축하고 영국군은 폭 30㎞, 깊이 10㎞에 걸친 한 줄기의 커다란 교두보를 구축하는 데 성공한 것이다.

파리 해방

8월 15일에는 미국과 프랑스의 연합군이 남프랑스의 툴롱 근방에 상륙했다. 패치 중장이 지휘하는 연합군은 이미 노르망디 방면으로 병력을 나누어서 전의를 상실한 이 방면의 독일군을 추격하여 로온강을 따라 북진해 올라갔다. 이로써 프랑스의 남부와 중부에 주둔하는 독일군이 소탕되기 시작한 것이다.

8월 20일이 지나 미군이 파리의 위쪽과 아래쪽에서 센 강을 건넜다. 아이젠하워 장군은 최초의 예정을 바꾸어 르크렐 장군이 지휘하는 프랑스의 전차사단을 파리에 들여보내기로 했다. 프랑스군의 전차는 8월 24일, 시민의 열광적인 환영을 받으면서 파리에 들어가 독일군의 항복을 받아들였다. 이튿날 25일에는 드골 장군도 파리에 도착했다.

베를린 함락

4월 19일 낮, 미국 공군의 대편대가 베를린을 공습한 뒤를 이어 밤에는 소련 공군이 처음으로 야간 폭격을 했다. 이것은 소련의 지상군이 접근하고 있는 것을 의미했다.

이때 베를린은 시 전체가 하나의 바리케이드가 되어 있었다. 베를린 지구의 방위를 맡은 제3군 사령관은 스탈린그라드에서 구사일생으로 생환한 하우엔실트 장군이 임명되었다. 18일에는 전기와 가스 보급이 정지되었다. 소련군이 진격하는 도중에 발전소를 점령한 것이다. 도시의 기능이 마비 상태에 빠졌다. 21일에는 시가지에 포탄이 떨어지기 시작했다. 오후 4시, 괴벨스 선전상은 베를린이 '전장도시'임을 선언하고 국민 돌격대가 부서에 가서 임무를 맡을 것을 명령했다. 베르나우 교외의 독일군이 저항하고 있을 때, 베를린 동교에 전면적으로 접근한 소련 중앙군은 자동차 도로의 베를린 환상선을 돌파하여 23일 그 선봉은 런던 베르크에 다다랐다. 이 방면의 독일군 저항은 쉽게 붕괴되어 이날부터 시가전이 전개되었다.

린덴베르크에서 알렉산더 광장까지 5㎞, 알렉산더 광장 뒤는 베를린의 중심 지구이다. 그와 동시에 소련군의 우익 부대는 동북쪽에서, 좌익부대는 남쪽으로부터 도심지로 향하고 있었다.

히틀러의 자살

25일에는 3방면에서 성벽을 돌파한 소련군에 의해서 베를린은 말굽형으로 포위되었다. 25일에는 총통 관저를 중심으로 직경 8㎞의 원형만이 남겨졌다. 일진일퇴하면서 처절한 시가전이 계속 전개되었다. 4월 29일 아침, 총통 관저의 지하호에서는 히틀러와 그의 애인 에바 브라운의 결혼식이 거행되었다. 그리고 정권을 되니츠 제독에게 넘기는 유서와 개인적 유서를 작성했다. 그날 오후에는 무솔리니의 비참한 최후가 히틀러에게 전달되었다. 이튿날 1945년 4월 30일 오후 3시 30분, 히틀러와 에바 히틀러는 각각 피스톨과 극약으로 스스로 생명을 끊었다.[3]

---

3) 일설에 의하면 히틀러의 죽음도 독약에 의한 것이고 탄알은 사후에 발사된 것이라고 한다.

히틀러는 두 개의 유서를 남겼는데 그 정치적 유서에서는 전쟁의 책임은 자기에게 있는 게 아니라 국제적 유대인과 거기에 가담한 자들에게 있다는 것을 진술하고 있었다. 사적인 유서에서는 에바 브라운과의 결혼을 선언하고 유산의 처리를 지시하고 있으며 마지막에는 자기와 에바의 시체를 즉시 소각할 것을 부탁하고 있었다.

이것이 1933년 독일의 권력을 나치스가 장악한 후, 지난 12년 동안 세계를 뒤흔든 인물의 최후였다.

독일의 항복

5월 1일 밤 10시, 함부르크 방송은 총통 히틀러의 전사를 발표했다. 그리고 총통 후계자로서 되니츠 제독이 지명되었음을 알렸다. 베를린은 그 이튿날 5월 2일, 오후 9시, 소련군에게 굴복했다. 되니츠 제독은 독일군의 저항력이 종말에 다다른 것을 알고 있었다. 이탈리아 지역에 있는 독일군은 이미 4월 29일에 항복하고 있었다. 5월 4일에는 북서독일, 덴마크, 네덜란드 지역에 있는 독일군이 항복했다.

5일에는 알프스산맥 북쪽에 있는 G병단이 항복했다. 드디어 되니츠 총통은 플렌스부르크 방송을 통해서 전군에 대하여 무조건 항복의 명령을 발표했다.

그 시간은 1945년 5월 7일 정오였다. 되니츠 총통이 전권을 부여해서 파견한 요들 장군은 그날 오전 2시 41분, 아이젠하워 장군이 본영으로 하고 있는 랭스의 소학교에서 무조건 항복 문서에 조인했다. 나치스 독일의 최후였다.

(5) 일본의 패망

독일의 패망보다 일본의 패망이 조금 더 늦었다. 1945년 4월 미군의 손에 오키나와가 넘어가자 일본의 수상 고이소가 물러가고 스즈키 간타로가 신임 수상이 되었다. 그해 8월 초 일본 군부대의 갈등이 표출 되면서 더욱 어지러운 정세가 제2차 세계대전 말기의 기운을 뿜어내고 있었다. 미국이 무조건 항복 요구에 대해 평화적인 해결의 실마리를 찾는 것이 현명하다는 강화파와 마지막 타격을 가해 보자는 강경파의 치열한 논쟁이 바로 그것이었다.

가공할 신무기 원자폭탄 투하

1945년 7월 미국의 트루먼 대통령과 영국의 처칠 수상, 소련의 스탈린은 베를린 교외의 포츠담 회담을 통하여 '일본의 무조건 항복'을 권고하였다. 한편 일본 내부는 강화파보다 강경파의 입김이 거세어 결국 스즈키 내각은 미국을 비롯한 연합군의 무조건 항복에 대한 권고를 받아들이지 않고, 마지막 결전을 준비하였다.

이리하여 미국은 결국 인류의 비극을 예고하는 가공할 신무기 원자폭탄을 일본에 투하할 계획을 세우기에 이르렀다. 일본은 계속 최후까지의 천황의 지배체제 유지를 위한 항권을 고집하였다.

1945년 8월 6일, 미국은 마침내 히로시마에 원자탄을 투하하고, 9일에는 나가사키에도 투하하였다. 이 일은 일본 역사상 최대의 비극이 되었다. 두 도시에 원자탄을 투하하는 순간에 78000여 명의 인명이 즉시 살상되고 도시 전체가 파괴되었으며, 수십만 명이 그 후유증으로 비극적인 인생을 맞이할 수밖에 없는 상황을 빚어버렸다. 전 세계가 일본에 투하된 원자폭탄의 위력에 전율하였다.

일본의 무조건 항복

1945년 8월 8일에는 소련이 일본에 대하여 선전포고를 하고, 만주 북부를 공격하기 시작하였다. 이러한 전황 속에서도 일본은 '천황이 지배하는 일본'을 고집하며 끝까지 버티었다. 원자탄 투하로 전운이 어두워진 일본에 대하여 미국은 계속 목을 죄어 들어왔다.

1945년 8월 15일, 일본 천황은 마침내 '무조건 항복'을 발표하고 스스로 그 책임을 졌다. 이로써 5년 동안에 걸쳐 계속된 제2차 세계 대전은 막을 내렸다.

일본의 무조건 항복으로 대한민국은 36년간의 끔찍한 일제 치하에서 벗어나 온 국민이 감격 어린 해방의 날을 맞았다.

3. 재편성되는 세계

(1) 동서의 냉전체제

독일의 분할

2차 대전이 끝나기 직전 미·영·소 3국 연합국은 패전 독일에 대하여 연합국 통제 아래에 두며 하나의 단위로서 존재하게 한다는 계획을 세웠다. 그러나 이 계획은 지켜지지 못했다. 독일의 정치 구조, 즉 독일이 정치적으로 어느 진영에 속해야 하는가 하는 문제에 대한 전승주간의 의견 충돌이 있었다. 특히 미국과 소련의 의견은 날카로웠다.

소련의 관심은 동부 독일에서 그들의 위치를 확고하게 유지시킨다는 전략이었다. 이것은 소련이 끝까지 고수했던 전략이었다. 그 후 트루먼 독트린과 마샬 플랜이 나오게 되었던 해인 1947년 1월 미국점령지역과 영국점령지역이 합병하고, 5월에는 이 지역에 54명으로 된 경제 이사회가 구성되었다. 그리고 다음 해에 미국과 영국은 그들의 합동 점령지역을 자율적인 의회 민주주의 국가로 만드는 방향으로 이끌어 나간다. 이리하여 동독을 지배하는 소련과 서독이 갈라지게 된 것이다.

나토 창설

나토(North Atlantic Treaty Organization, 북대서양조약기구)의 창설은 2차대전 중 서구 및 미국과 소련의 동맹이 깨지면서 시작된 것이다. 이는 자유진영의 국가들이 보인 방어적인 기구인데 이는 곧 소련의 침략에 대한 두려움, 동유럽을 지배하는 소련의 과격한 반동과 그 적대감에서 오는 방어의 필요성 때문에 출발한 것이다.

냉전의 산물인 서구 동맹은 베를린 봉쇄가 계속되던 1949년 4월 4일 나토 조약의 조인으로 이루어졌다. 12년 전만 하더라도 미국과 유럽의 여러 나라에서는 프랑스와 이탈리아의 공산당 세력이 강했기 때문에 그러한 동맹은 가능할 수 없었다.

그러나 1947년 프랑스와 이탈리아의 공산당이 정부에 참여하지 못한 가운데 정부가 성립되었기 때문에 자국의 안전의 필요성에서 공감대가 이루어졌다. 이 조약의 대상 지역은 유럽 및 북아메리카의 조약 조인국과 그들 국가의 관할 아래 있는 도서지방과 알제리, 북회귀선 이북의 대서양 상에 있는 조약국의 선박 및 항공기에 적용된다. 또한 조약국의 유럽 내의 점령군에 대한 공격이 발생할 경우에 공동대처한다는 것이 내용이었다.

1952년에는 그리스와 터키가 이 조약에 가입하고 1955년에는 독일연방공화국(서독)이 가맹했다.

바르샤바조약기구

소련 공산당 지배하에 있는 동구 제국, 곧 소련의 위성국가의 군대 장교들 중에는 소련에서 훈련을 받고 돌아가 자국 정부의 통제와 감독을 하고 있었다. 이것은 곧 소련 공산당의 군사적 지배가 전 동구권에 미친다는 것을 의미하는 것이다. 이 기구는 1955년 5월 서독이 나토에 가입할 무렵 체결되었다. 소련과 위성국들로 이루어진 이 조약은 유엔 헌장 제52조의 '자위를 위한 지역적 협약'에 근거를 둔 것으로써 1955년 5월 14일 소련과 동국 7개국이 바르샤바에서 만든 것이다.

코니에프 원수를 사령관으로 하는 합동 기구 즉 바르샤바조약기구는 모스크바에 본부를 두게 되었다. 이 조약에 따라 위성국에 소련군대의 주둔이 정당화된 것이다. (중략)

(2) 중공의 등장과 한국전쟁

청 왕조의 몰락은 1911년의 혁명으로 시작되었다. 그 이후 혼란이 계속될 때 모든 혁명단체 중에서 가장 유명했던 민족주의자이며 사회주의자였던 손문이 이끄는 국민당이 어느 정도 질서와 안정을 이루어낼 수 있었으나 아직도 중국을 완벽하게 지배하는 세력은 아니었다.

또한 중국 남부지방에 소수 그룹으로 구성되어 있던 공산당은 국민당의 장개석 지휘 아래 일부 세력으로 편입되어 있었다. 그러나 국민당과 공산당 사이의 갈등, 그리고 비공산세력에서도 좌익과 우익 사이에 갈등이 심했고 공산당 자체 내에서도 혼선이 빚어지고 있었는데 모택동이 서서히 실력자로 등장하게 되었다.

특히 모택동은 고전적 마르크스주의 전력에서 벗어나 농민들을 끌어들이고 농민군을 창설해 무장화시키는 등 국민의 인기를 확대해가고 있었다. 공산당과 결별한 국민당은 사실상 중국을 지배하는 세력으로 성장했지만 모택동이 지휘하는 공산당과의 싸움에서 결국 패하고 대만으로 쫓겨 가게 된다. 모택동의 공산당은 1950년 1월 티베트를 제외한 중국의 전 국토를 지배하게 된다.

국민당 패퇴와 공산정권 수립

청 왕조의 몰락과 함께 회오리치기 시작한 중국의 내전은 그야말로 걷잡을 수 없는 혼돈과 불확실의 연속이었다. 그러다가 1941년 일본이 진주만을 기습하여 극동 전쟁이 세계 전쟁으로 확대됨으로써 중국 내전이 한때 은폐되기도 했다.

그러나 정권을 잡은 국민당은 중국 경제를 일으켜 세우지 못했고 지도층은 각자의 이해와 파벌의 범주에서 벗어나지 못했다. 더구나 국민당 행정부는 부패가 극에 이르렀고, 그것을 비밀경찰에 의존해 유지하고 있었다. 그러는 동안 국민당의 군대는 무너지기 시작했고, 반면에 공산당은 국민의 인기를 얻어가고 있었다. 따라서 공산당의 조직과 공산군의 지휘 질서는 국민당의 군대보다 뛰어났기 때문에 일본군에 대항하여 전과를 얻는다는 평판이 따르고 있었다. 이리하여 전쟁이 끝났을 때 공산당은 중국의 외곽지대에서 중심부를 장악할 힘을 가지고 있었다. 그리고 수년 후 중국 본토는 공산당 지배하에 들어가게 되었고 장개석의 국민당은 대만으로 쫓겨 가는 사태에 이른 것이다.

한국의 분단

1945년 8월 15일, 일본이 항복하자 8월 22일에 벌써 평양을 점령한 소련군은 치스챠코프 대장을 사령관으로 하는 38선 이북의 주둔군 사령부를 설치했다. 이에 비해 8월 15일, 오키나와 최전선으로 하던 미군은 남한 진주가 늦어 9월 7일에야 그 선발대가 인천에 상륙하고, 9일 서울에 진주, 미군 사령관 하지 중장이 일본 총독의 항복 문서를 받고 비로소 미국태평양지구 육군 총사령부 포고 제1호로서 38선 이남에 미군정 실시를 밝혔다.

미국태평양지구 육군 총사령관 맥아더의 이름으로 된 포고 제1호에는 북위 38선 이남은 조선에 대하여 군사적 관리를 미군 주둔군이 행사한다는 내용이었다. 이것은 1945년 8월 11일, 미국전쟁성 (후에 국무성)이 일본 항복 후 발표한 조치에서 나온 '일반명령 제11

호'에 근거한 것이었다. 미국 정부의 이러한 조치에 의해 38선 이북의 일본군은 소련군에게 투항하고, 38선 이남의 일본군은 미군에게 투항하라는 명령을 현지 일본군에게 내렸던 것이다. 따라서 38선은 미국 정부의 '일반명령 제11호'에 의해 이미 확정되어 있었던 것이다.

1947년엔 한국 문제가 유엔에 상정되고 유엔 총회는 그해 11월 14일에 즉시 독립과 유엔한국임시위원단 파견을 결의한다. 1948년 9월엔 소련이 북한에서 군대를 철수시키겠다는 성명을 발표했고 이후 미국은 당분간 남한에 군대를 주둔시킨다는 성명을 발표했다. 그리고 1948년 말, 소련이 북한에서 완전히 물러났다는 성명이 나왔고 다음 해인 1949년 6월, 미군도 남한에서 철수한다는 발표와 함께 철수를 완료했다.

북한의 남침

1950년 남한에서 제2대 국회의원 선거를 마치고 난 후인 6월 25일, 북한은 남한을 침공했다. 북한군은 파죽지세로 남한 땅을 초토화하며 남진하여 낙동강 전선에서 대치하게 된다. 이때 유엔에서는 안전보장이사회가 즉시 소집되었고, 소련이 불참한 가운데 북한의 공격을 침략으로 단정, 모든 유엔 회원국은 한국을 지원할 것을 요청하게 된다. 이에 따라 트루안 미국 대통령은 동경에 있는 맥아더 장군에게 한국 지원을 훈령하고 미7함대를 대만 해협에 파견하였다.

유엔군 총사령관으로 임명한 맥아더 장군은 곧 인천상륙작전을 단행하고 과감한 반격을 하여 한·만 국경에까지 육박해 들어감으로써 전쟁의 종결이 보이는 듯했다. 그러나 11월 26일, 예측하지 못했던 중공군이 공격을 개시, 한 달 후 중공군과 북한군은 38선을 넘어 다시 남진하게 된다.

중공군 참전과 휴전

중공군의 참전으로 해서 한국전쟁은 이제 미국과 중공의 대결 양상으로 발전되고 있었다. 한국전쟁이 세계전쟁으로 확대될 것을 우려한 인도의 네루 수상은 1950년 7월 스탈린과 미 국무장관 애치슨에게 휴전을 요청했고 중립국들도 양측이 38선을 넘지 말 것을 요청했지만 받아들여지지 않았다. 그러나 1951년 4월, 중공군의 반격은 중지되고 양측은 휴전의 방법을 모색하게 된다. 6월 말엔 유엔 안전보장이사회의 소련 대표 말리크가 휴전 제의를 방송했고, 이에 따라 7월 개성에서 정전예비회담이 개시되었다.

한국 정부는 이 같은 휴전회담을 결사반대했지만 1953년 7월 27일, 마침내 판문점에서 유엔군과 북한군 간에 휴전 협정이 조인되었다. 그리하여 38선을 중심으로 한 남북의 전쟁으로 하여 인명 손실과 파괴만을 남긴 채 다시 분단되는 결과를 낳고 오늘에 이른 것이다.

4. 미국의 역사

(1) 앵글로아메리카

1607년 5월 24일 런던척식회사 소속 이민선에 105명의 남자들이 타고 있었다. 젠트리 출신 18명과 농민, 상인, 직인(職人) 87명이었다. 이들은 영국이 아직 국가적으로 설계하지 않던 신대륙에 들어가 새로운 세계를 꾸며보자는 사람들이었다. 그러나 이들이 신대륙에 상륙했으나 예상외로 무더운 데다가 음료수 사정도 좋지 못했다. 이리하여 여름 한철 사이에 일행이 절반이 죽었고 가을부터는 식량이 모자라 굶어 죽은 사람이 생기더니 1607년 말에는 겨우 32명밖에 남지 않았다.

그들의 지도자 존 시미드의 기록에 의하면 32명은 나무 열매나 풀리로 목숨을 부지했다 한다. 그 이후 런던척식회사는 1606년부터 24년까지 18년간에 모두 5천6백49명의 영국인을 신대륙에 보냈는데 불순한 기후, 굶주림, 역병 및 인디언과의 싸움에서 쓰러지지 않는 자는 겨우 1천59명뿐이었다 한다. 생존자의 일부는 신천지*에서 환멸을 느낀 나머지 곧 귀국해버리고 그 나머지만이 버지니아에서 생애를 마쳤다.

그리고 최초의 식민자들 1백5명에 의해서 건설된 마을이 버지니아의 제임스 타운이다. 1620년 12월 25일에는 '필그림 파더즈'라고 불리는 청교도 1백2명이 플리머스에 갔는데 이들을 괴롭힌 것은 무엇보다도 혹심한 추위였다. 하지만 여기까지 낀 이 필그림 파더즈도

원래는 런던척식회사 주선으로 목적지를 버지니아로 택하였는데, 그해 겨울 바다의 모진 태풍 때문에 예정 목표보다 훨씬 더 북쪽에 있는 플리머스로 가버린 것이었다.

이처럼 처음부터 험난하기 짝이 없는 이민을 필그림 파더즈 자신은 도대체 왜 감행했던가. 영국 국교회에 반대한 혐의 때문에 정부의 박해를 받게 돼서 네덜란드에 망명해있던 10년간 그들은 하루 14시간 중노동을 한 농민, 직인 등 노동자였다. 하지만 뉴잉글랜드의 모진 추위와 굶주림에는 단 몇 달도 견디지 못해서 약 50명이 플리머스에 상륙한 지 반년도 못 가서 죽었다.

그들의 지도자 브래포드의 기록에 의하면 수십만 그루의 수목을 뿌리째 뒤엎어놓은 어마어마한 폭풍이 불어 닥쳤고, 무기를 인디언한테 팔아넘겨서 동족을 위태롭게 하는 배신자가 있었고 플리머스에 간 지 1년 만인 1621년 겨울에는 건전지가 6~7명에 불과했다. 그들이 나무를 베어내고 토지를 개간하고 씨를 뿌려 겨우 굶주림을 면하는 것 같았는데 그나마 모조리 도둑을 맞았다.

하지만 식민의 쓰라림은 민간들만이 진출했던 버지니아, 뉴잉글랜드의 어디서나 마찬가지로 겪어야 했다. 이렇게 시작한 이민 사업은 북미의 미개척 자연과 끊임없는 싸움 속에 많은 시련과 좌절을 겪으면서 이루어졌다. 그러나 이민 인구가 불어나고 환경 개척으로 삶의 터전을 마련하기 시작하면서 영국에서는 정치, 경제, 사회, 종교 등에 불만이 있는 사람들이 떼지어 신천지 앵글로아메리카로 갔다.

면역지대 반대 투쟁

청교도 혁명 때, 본국에서는 이미 폐지된 '면역지대'란 것이 식민지 통치 방법의 하나로 강행되려 했다. 문제의 면역지대란 것은 부역을 면제받는 대신에 수립의 일부를 국왕이나 영주에게 바치는 봉건적 조세의 일종인데, 이제 영주 정부는 그것을 앵글로아메리카의 농민들에게 강요하여 프리홀더(자유토지소유자)긴 아니건 국왕령에서는 국왕에게, 영주령에서는 영주에게 지대를 바치게 할 생각이었다. 그러나 토지는 완전히 '나의 것'이라고 확신하고 있던 프리홀더가 이런 봉건적인 낡은 제도를 순순히 받아들일 리 없다.

그래서 프리홀더가 압도적으로 많은 뉴잉글랜드에서는 17세기 말까지 면역지대는 유명무실해져 폐지된 거나 다름없게 되었다. 당연히 식민지에서는 면역지대가 강요되고 대의 제도가 폐지됨으로써 식민지의 자치권이 침해되었다고 느꼈다. 이에 프리홀더를 중심으로 한 식민지 주민들의 면역지대 반대 투쟁이 일어났다. 이것이 본국의 정세에 적지 않은 영향을 미쳐서 후기 스튜어트 절대주의 체제가 붕괴될 때, 뉴잉글랜드령이란 식민통치기구도 붕괴됐다. 이 변혁의 때에는 본국에서도 식민지에서도 유혈 소동이 전혀 없었으므로 전자를 '명예혁명', 후자를 '아메리카의 명예혁명'이라고도 부른다.

뉴잉글랜드에서 면역지대가 폐지된 것이 이때부터이다. 그밖에 면역지대가 처음부터 순조롭게 징수된 중부와 남부에서도 반대 투쟁이 전개되어 18세기 중엽까지는 모두 폐지되었다. 이런 식으로 13개 식민지에서는 이주자들 자신의 투쟁으로 백인들의 자유세계가 착실히 실현되고 있었다.

흑인노예제 시작

네덜란드 상선이 서인도의 흑인노예 20명을 처음으로 버지니아에 실어간 1619년에는, 이곳에 아직 노예제가 없었다. 그럼으로써 인도의 노예가 처음에는 버지니아에서 연기계약 봉직자로 취급되었고, 흑인노예제가 보급되기 시작한 1680년대만 해도 남부의 연기계약봉직자들 속에는 흑인이 적지 않았다. 예컨대 1683년의 버지니아에서는 노예가 약 3천 연기계약봉직자가 약 1만 2천이었는데, 이 속에는 흑인도 다수가 포함되어 있었다. 그들은 계약 기간이 끝나는 대로 자유인이 되었다. 이 무렵부터는 싸움에서 사로잡힌 인디언이 노예로 되는 수도 있었다. 따라서 앵글로아메리카의 경우는 흑인이라 해서 꼭 자유 없는 노예였던 것은 아니고, 노예라 해서 모두 흑인이었던 것은 아니다.

그런데 1675년에서 78년에 걸쳐, 정치 권력에 구애받지 않으려는 플랜터와 일반 프리홀더가 손잡고, 영국왕이 파견한 총독 및 이와 결탁한 특권적 플랜터를 상대로 한 '베이컨의 반란'은 플랜터 사이의 생산 경쟁과 함께 버지니아의 흑인노예제를 대폭 확장시키는 역할을 했다.

이 반란을 통해서 플랜터들이 이런 좋지 못한 경험을 한 때문이었다. 즉 자유인이 될 가능성이 있는 연기계약봉직자나 한때 연기계약봉직자였다가 자유로운 프리홀더가 된 소농민보다는 평생 자유인이 될 가능성이 없는 흑인노예가 훨씬 더 안전하다는 것이었다. 게다가 1681년에는 중부에 펜실베이니아가 건설되자 남부를 떠나는 사람들이 많아져서 남부의 사우스캐롤라이나 같은 곳에서는 노동력이 부족해서 쩔쩔매기까지 되었다. 이런 이유 때문에 1680년대부

터 흑인 노예제가 남부에서 광범하게 채용되어 18세기에는 연기계
약봉직자와 흑인노예의 수요가 거의 비슷해졌다. 즉 독립될 무렵에
는 흑인노예가 남부 인구의 40%, 13개 식민지 인구 전체의 20%나
됐고, 연기계약봉직자는 중부에나 있었다. 그들 흑인노예는 담배,
쌀, 인디고, 목화, 사탕, 대마, 석탄 따위의 생산이나 산출에 이용되
고 자본주의는 그사이에 현지히 진전을 보였다.

하지만 다른 한편에서는 이런 전근대적 사회제도가 자본주의의
발달을 저해하고 있었다. 남북전쟁은 바로 이런 경제적 사정을 그
배경으로 하고 일어난다.

인디언과의 충돌

17세기에 접어들어 존 스미스 일행 1백5명이 처음 버지니아에 닿
았을 때 수십 명의 인디언이 카누에 타고 나타났다. 하지만 놀란 식
민자들이 잠을 깨어 부산을 떨자 인디언들은 그냥 사라졌다. 얼마
후 이번에는 정장을 갖춘 인디언 사자(使者) 2명이 나타나서 자기네
추장이 곧 찾아올 것이라고 간단히 알린 뒤 사라졌다. 다시 5일 뒤,
문제의 추장은 활을 든 인디언 1백여 명을 거느리고 와서 식민자들
의 무기를 둘러보더니 화를 내며 사라졌다. 그 이튿날 식민자 몇 사
람이 근처의 인디언 부탁을 찾아갔지만 인디언들이 모두 달아나서
담배만을 주워 물고 돌아왔다. 이때까지도 식민자들은 문제의 인디
언이 우호적인지 적의를 품고 있는지 전혀 몰랐다 한다. 이로 미루
어 보면 앵글로아메리카에서는 17세기로 접어들기까지 백인과 인
디언 사이에 어떤 구체적인 접촉도 없었던 것 같다.

며칠 후 27세의 군인 출신인 존 스미스는 동료 12명과 함께 제임

스강을 카누로 60마일쯤 거슬러 올라가서 한 인디언 부족과 접촉, 제법 후대를 받았다. 하지만 그들이 제임스타운에 돌아가 보니, 그 사이 다른 인디언 4백여 명이 기습을 받아서 식민자 1명이 죽고 여럿이 부상을 당했다. 놀란 식민자들은 이때부터 한동안은 인디언과의 접촉을 피했다.

그러나 그해 가을 식량이 떨어지자 식민자들은 인디언한테서 옥수수나 마를 얻어 보려고 다시 그들과의 접촉을 시도했다. 하지만 식민자들은 인디언들에게 발견될 때마다 습격당하고 희생자가 날로 늘었다. 이것이 지금 미국 영화나 소설에서 흔히 보이는 인디언 전쟁의 시작이다. 그것은 배타적인 인디언과 이 인디언들의 토지에 식민하려는 백인 사이의 불가피한 충돌이었다.

인디언 추방

1622년 버지니아에서 처음으로 대규모의 인디언 전쟁이 일어났다. 식민자 수천 명 가운데서 10%에 해당하는 3백여 명이 한꺼번에 살해되었을 정도다. 여기서는 1641년과 76년도에도 인디언 전쟁이 대규모로 전개되었다. 북쪽의 뉴잉글랜드에서는 1637년과 1675~76년 사이에 인디언 전쟁이 일어났다.

이때 뉴잉글랜드에서는 인디언 세력이 철저히 분쇄되었다. 당시의 인디언 전쟁에서는 오히려 인디언 쪽이 더 적었고, 수많은 오합지졸의 인디언을 상대로 용감하게 싸우는 영웅적인 백인의 모습은 별로 없었다는 사실이다. 실제로, 인디언은 대개 게릴라식인데 반해 식민자들 쪽이 조직적, 대규모적이었다. 예컨대 미시시피 동쪽의 인디언 집단 가운데 가장 큰 것이었다는 이로쿼이족의 연합에서도 인디언 측은 남녀노소를 모두 합쳐 1만 명을 좀 넘었을 분이다.

식민지 시대의 인디언 전쟁 가운데서 대규모적이었던 다른 두 사례는 1760~62년 사우스캐롤라이나에서 전개된 전쟁과, 1763년 남부에서 전개된 전쟁이었다. 1763년의 인디언 전쟁은 흔히 '폰티악 전쟁'이라고 불리는데 오타와족의 추장 폰티악이 리드했던 이 전쟁은 펜실베이니아 메릴랜드, 버지니아 등 중부와 남부를 거의 다 휩쓸었다.

그러나 결과는 항상 병력의 규모도 장비도 우세했던 식민자들의 승리로 끝나고 독립전쟁이 일어날 무렵에는 앨리게니 산맥 동쪽의 10개 식민지에 인디언이 하나도 남아있지 못했다 한다. 이 때문에 인디언이 하나도 남아있지 못했다 한다. 이 때문에 인디언 전쟁의 제2무대는 미시시피 서쪽으로 바뀌게 된다. 이렇게 인디언은 백인에게 패퇴하여 산속으로 쫓겨나게 된다.

(2) 반영(反英) 자립 운동

대영제국은 몇 차례 식민 전쟁으로 하여 엄청난 재정 부채를 안고 있었다. 이 같은 국가재정의 위기를 극복하기 위해서 식민지 정책을 강화하고 새로운 식민지에 대해 규제를 가하기 시작한다. 식민지로부터 한 푼이라도 더 뜯어내려는 정책이었다.

최초의 반영 투쟁

초기의 반영 투쟁에서 가장 극적이었던 것은 인지(印紙)조례(1765

년)에 대한 반대였다, 식민지 측에서 볼 때, 항구에서 징수하는 관세는 그런대로 참을 수 있었지만 이 인지조례는 그야말로 공공연한 수탈로 생각되었던 것이다. 인지조례는 원래 본국에서 17세기 말 윌리엄 3세 때부터 실시되고 식민지에서도 지방에 따라서는 지방의회의 승인으로 이미 1765년 이전부터 인지세가 징수된 곳이었다.

하지만 이번은 사정이 좀 달랐다. 왜냐하면 1765년 이전부터 인지조례는 식민지 전체에 관한 것인데다가 식민지의 회의의사를 공공연히 무시한 것이기 때문이다. 그러므로 이 인지조례에 관한 반대 투쟁에서는 뒤에 왕당파로 몰려 망명하고 만 보수적인 사람들까지 민중 편에 가담하고 있었다. 실제로 그들의 일부라고 봐야 할 부유한 상인들이 대영(對英) 보이콧을 결의하고 민중 운동에 가담하자 데모나 폭동을 북부의 뉴햄프셔에서 남부의 버지니아에 이르기까지 13개 식민지 전역에서 수없이 반복되었다.

그뿐만이 아니다. 1765년 5월, 버지니아 의회에서 정식으로 본국 의회에 도전, 이론적 충돌을 벌이게 했다. 내용은 ①식민지인은 영국인과 똑같은 권리를 향유한다. ②의회를 무시하면서 과세하지는 않는 것에 영국 헌정의 기본 입장이므로 버지니아인들에게 과세할 수 있는 기구는 버지니아 의회뿐이다. ③버지니아인들은 외부의 어떤 법률이나 명령이 지시하는 과세에 복종해서는 안 된다는 것이었다.

버지니아 의회에서 그 결의안이 제출될 무렵 북쪽의 매사추세츠 의회에서는 웅변가로 유명한 제임스 오티스가 13개 식민지의 연합회의를 제안했다. 이 제안이 통과되자 그해 10월에 개최될 예정이었던 인지조례회의에 대표를 파면해달라는 초청장이 각 식민지에 방송되었다.

그 결과 9개 식민지 대표들이 모인 인지조례회의에서는 패트릭 헨리의 제안대로 '의회의 동의 없이 과세할 수가 없다'는 원칙을 채택하여 문제의 인지조례반대투쟁이 13개 식민지 의회 대부분의 의사임을 과시했다.

바이아메리칸운동

사태가 심각해지자 본국에서는 1766년 문제의 인지조례를 철회하더니 같은 날 '선언조례'를 제정했다. 영국 정부에서는 인지조례를 철회하면서도 사실은 식민지 측에 조금도 양보하지 않는다는 것을 그 '선언조례'에서 보여주고 있었다. 과연 1년 뒤에는 영국의 재상 타운센드가 앞장서서 몇 가지의 식민지 규제법을 가결시켰는데 이에 의해 관세 수입을 식민지방위비 및 식민지의 영국 관리에 대한 봉급으로 지출하게 되었고, 또 해관(海關) 제도와 해사(海事) 재판소를 확충함으로써 식민지 자치의 원칙에 큰 타격을 주었다. 격분한 식민지 측에서 영국 제품을 보이콧하는 것은 이미 식민지 측의 상투적인 저항 수단이었고 영국 정부에서는 전과 다름없이 식민지 규제법의 강제집행을 생각하고 있었다. 그러므로 식민지 측에서 새로운 투쟁 방안을 생각해내어야 했다.

문제의 바이아메리칸운동은 또 자급자족을 목표로 삼고 있었다. 그것은 물론 대영제국을 위한 자급자족이 아니라 식민지의 경제적 독립을 위한 것이었다. 그리고 이 목적을 달성하기 위해서 '애국자'임을 자처한 사람들이 대륙의 농업, 광업 자원을 적극적으로 개발하기 시작하고 또 제조공업을 일으켰다.

북부와 중부의 상인들도 자본을 총동원해서 방적 공장 건설을 지원하고 기술자들을 해외에서 구해왔다. 심지어는 남부에서도 토지의 고갈이나 노예가격의 상승 때문에 이익이 줄어서 고민하던 플랜터들이 이 기회에 제조공업에 손대기 시작했다. 식민지 시대 말기에 섬유공업과 제화업(製靴業) 등이 별안간 공장제 수공업 단계로 비약한 것은 반영 투쟁이라는 역사적 사정 때문이었다.

견디기 어려운 조례

영국 정부에서는 식민지의 제조공업이 크게 발달하는 것을 두려워할 수밖에 없었다. 그리하여 보스턴 시민 내지 13개 식민지 전체에 대한 규제를 강화하기 위해서 강압적인 조례를 만든다. 일종의 보복 조치 같은 이 조례가 1774년 4월에 마련되었는데 이는 견디기 어려운 조례로 불렸다. 그 내용을 보면 다음과 같다.

① 보스턴항 폐쇄 조례: 보스턴 시민이 티파티에 의해서 동인도 회사에 끼친 손해를 보상하기까지 보스턴항을 폐쇄한다.

② 매사추세츠 통치 조례: 매사추세츠에는 영국 왕이 임명한 참의원을 파견하고 통신위원회의 활동을 규제한다.

③ 매사추세츠 재판 조례: 피고를 증인과 함께 본국이나 다른 식민지에 보내서 재판해도 무방하다.

④ 매사추세츠 군대 숙영 조례: 과거의 군대 숙영 조례를 부활시키는 동시에 잠정적으로나마 군사정권을 수립한다.

⑤ 퀘백 조례: 퀘백의 영역을 확장해서 '인디언 보류지'로 정하고 대의 제도와 배심 제도를 없애고 가톨릭을 허용하는 등 프랑스의 식민지 제도를 채용한다.

이런 새로운 조례들에 따라 보스턴을 포함한 매사추세츠 일대에는 군정이 실시되고 중부나 남부에서도 서부에 진출할 수 없게 되었다. 이때 영국 왕 조지 3세는 '주사위는 던져졌다' 하고 식민지에 대한 일시적인 승리를 기뻐했으나 반대로 식민지 측에서 역시 그에 못지않은 중대한 결의를 보이고 있었다.

독립선언

영국 정부에 대항하기 위해 식민지협의회(혁명정부)는 매사추세츠 콩코드에 비밀리에 1775년 4월 군수 물자를 수송하고 있었다. 영국 정부는 이 혁명정부의 군수 물자를 압수하기 위해 4월 18일 밤에 출동한다. 그러자 보스턴 노스 처치의 탑에서는 그 정보를 재빨리 찰스강가에 대기해 있던 폴 리비아라는 식민지협의회 통신위원회에 불빛으로 통보했고 리비아는 즉시 말을 타고 콩코드에 달려가서 위기를 알리고 식민지 민병들을 소집했다.

그리하여 비밀 무기를 압수하러 나선 영국군과 식민지 민병 사이에서는 먼저 보스턴 서북쪽 10마일 지점의 렉싱턴과 콩코드에서 무력 충돌이 벌어지게 되었다. 이때 어디서 누가 먼저 발포했는가에 대해서는 자세히 알려지지 않고 있지만, 당시의 전투가 미국의 독립 및 제1차 대영제국의 해체를 재촉한 결정적인 사건이었던 것만은 사실이다.

그해 6월에는 독립전쟁 최초의 대회전이라는 벙커힐의 싸움에서 장비도 훈련도 부족한 식민지 민병대가 유럽 최강의 영국 정규군을 격파했다. 이 패배는 당연히 대영제국의 위신을 크게 손상시켰지만 영국 정부가 이때 타협이나 양보를 생각하지 않고 적극적인 무력 개입을 택했기 때문에 대영제국은 곧장 내란 상태에 돌입한 셈이다.

그런데 벙커힐 싸움이 벌어지기 1개월 전(75년 5월) 식민지 측에서는 제2회 대륙회의를 열고 '무력저항의 이유와 필요의 선언'이란 결의문을 채택, 최악의 사태에 대화하려 했다. 하지만 이때에도 대륙회의에서는 아직 독립을 결의하지는 않았다.

그러면서도 영국의 부당한 식민지 규제를 전면 거부하기 위한 이 싸움에서 이기기 위해 처음으로 아메리카 연합군을 조직하고 조지 워싱턴을 그 사령관으로 임명하고 또 유럽 여러 나라와 독자적으로 외교관계를 수립하기 위한 외교 사절의 파견 및 모든 투쟁에 필요한 지폐의 발행을 결의했다.

토머스 페인의 '커먼 센스'가 간행된 것은 워싱턴의 연합군이 영국군사정권의 본거지 보스턴을 포위한 1776년 1월 10일의 일이다. 이 조그마한 팜플렛은 반영투쟁이론의 클라이맥스에 해당하는 것으로 영국 왕을 탄핵하는 동시에 '인간으로서의 권리'에 입각한 아메리카 공화국의 건설을 적극적으로 제창하고 있었다. 이에 의해 대영제국의 한 자유로운 자치령이기를 바라던 반영 투쟁은 돌변하면서 식민지 독립 투쟁으로 비약했다.

6월 7일 버지니아 대표 리처드 헨리가 '식민지는 자유롭고 독립된 영역이어야 하고, 또 그럴 권리가 있다'는 결의안을 제출했고, 3일 뒤 대륙회의는 제퍼슨, 애덤즈, 리빙스턴, 로저 셔먼, 프랭클린 등 5명을 독립선언 기초위원으로 임명했다. 그중 초안을 작성한 것이 제퍼슨이고 애덤즈와 프랭클린이 뒷손질을 했다.

델라웨어 대표는 폭풍우 속을 밤새 달려서 7월 2일, 독립선언에 대한 '아메리카 13개 연방의 만장일치'의 표결에 참가했다. 그것이 공포된 것은 7월 4일(지금의 미국 독립기념일)이고, 그 선언문 속에서는 만인의 평등, 조물주가 부여하신 모든 인간의 권리가 강조되고 생명, 자유, 행복의 추구 역시 그 권리의 하나임을 강조했다.

(3) 독립전쟁

독립선언서가 공포되기 전날, 영국군은 이미 강력한 증원부대가 롱아일랜드에서 뉴욕으로 진격하기 시작했고, 2개월 뒤에는 13연방의 정치적 중심지나 다름없던 뉴욕을 점령했다. 그해 그믐께에는 대륙회의가 메리랜드의 볼티모어로 피난할 만큼 더욱 악화되었다.

이런 상황 속에서 독립전쟁은 무려 8년이나 계속되었는데, 정도의 차이는 있을망정 13개의 주(州) 가운데서 전화를 겪지 않은 곳은 단 한 군데도 없다. 실제로 전선은 북부에서 중부를 거쳐 남부까지 이동해서 그사이 중대한 결전이었다고 얘기되는 격전이 12회나 벌어졌고 독립군은 여러 번 전멸의 위기를 겪었다.

더구나 독립파와 왕당파로 나뉘어 있었는데 왕당파는 거의 독립전쟁을 거부했고 때때로 독립군을 위기에 빠뜨렸다.

1775년의 13연방식민지 인구를 약 3백 만으로 보고, 그중 40%가 독립파였지만 그 40%에 해당하는 1백 20만 명의 5분의 1가량인 23만 명 정도가 전투에 참여할 수 있었다고 한다. 그러나 당시의 독립군 병력은 3~4만 명에 불과했다. 실제로 총사령관 워싱턴이 1775년에 장악했던 병역은 부상병을 포함해도 1만 6천 명밖에 안 됐다. 반대로 영국군에 봉사한 사람은 4~5만 명이나 됐다. 그리하여 워싱턴은 주로 기습작전에서 승리하고 정면충돌에서는 번번이 패배하고 말았다.

왕당파와 독립파

독립파는 완전 독립에 의해서 어떤 기회를 잡을 수 있었던 사람들이고 왕당파는 반대로 영국에 예속된 상태에서 이미 기회를 잡은 사람들이었다.

따라서 왕당파의 중심을 이룬 것은 총독, 관리 및 그 추종자들이었다. 특히 입법부의 상원이요 최고 재판소요 총독의 자문기관이기도 했던 참의회(參議會)가 왕당파의 중추구실을 했다.

실제로 13개 식민지 참의원 2분의 1 내지 3분의 2라는 다수가 왕당파였는데, 그들은 대개 영국 상인들의 자본을 빌려서 대지주와 대상인이 된 사람들이었다. 영국 교회의 성직자들이나 그 추종자들도 왕당파였고 그밖에 영국 상인들이 자본에 의지하고 있던 상인들, 수공업자들, 플랜터들 가운데에도 왕당파가 적지 않았다.

반대로 독립파에는 영국과 직접적인 거래를 하지 않는 상업 자본가들, 중부의 대지주들, 남부의 플랜터들, 독립된 전문직을 가진 사람들 외에도 독립 국가의 건설에 관심이 많은 소상인, 프리홀더들, 수공업체나 농장의 노동자들, 소장 법률가나 저널리스트 등이 많았다.

흑인노예들의 참전

독립전쟁이 일어날 무렵 50만 명에 이른 흑인노예들의 참전은 독립전쟁의 승리에 크게 이바지했다. 흑인들은 노예해방운동을 식민지독립운동에 결부시키고 독립군에 가담해서 싸웠기 때문이다. 흑인병사들 속에는 흑인여자들도 적지 않았다 한다. 특히 매사추세츠 제4연대의 흑인여자 군인 데보라 카네트는 17개월간 군복을 입고 용감하게 싸워서 공을 세웠고 매사추세츠 의회로부터 상장과 상금을 받기도 했다.

흑인부대의 활약 가운데 가장 빛나는 것은 1779년 사베나 싸움에서 세운 공이다. 아메리카를 지원하고 있던 프랑스군 소속의 흑인 7백 명이 죽음을 무릅쓰고 영국군과 맞섰기 때문에 연합군 주력이 후퇴할 수 있었다.

이 싸움에서 프랑스군은 1천1백 명 이상을 잃었다. 당시 독립군에 정식으로 편입된 흑인병사는 약 5천 명이었고 그밖에 프랑스군이나 다른 반영(反英) 게릴라에 가담해서 활약한 숫자도 수천 명이었다.

프랑스의 참전

훈련, 장비, 숫자 등 모든 면에서 불리한 여건에다 식민지 전체 인구의 지원도 없는 독립군이 승리할 수 있었던 것은 여러 가지 원인이 있었다.

첫째가 독립전쟁의 지리적 조건이다. 영국군은 3천 마일이나 되는 바다를 건너왔고, 또 1천 마일이나 되는 넓은 광야에서 싸워야 했다. 거기에다 독립군은 지휘체계나 전략이 부족했다 해도 언제 어디서나 조직될 수 있었다. 이처럼 지리적 조건과 영속성을 가진 독립군의 지구전이 승리의 원동력이 되었다 할 수 있지만, 또 하나의 승인(勝因)은 프랑스의 참전이다.

프랑스는 1777년 가을 사라토가 싸움 때부터 이 전쟁에 뛰어들고 있었다. 그러니까 독립전쟁은 아메리카와 프랑스 동맹이 영국에 대항하는 싸움으로 확대된 것이다.

원래 영국, 프랑스는 17세기 팔쯔 전쟁에서 19세기 초의 나폴레옹 전쟁에 이르기까지 두 나라 사이에 전개된 제2차 백년 전쟁의 일부였다. 이때 프랑스에서는 직접 참전하기 이전에도 독립군을 거의 공공연히 지원하면서 얼마 전 프렌치 인디언 전쟁 때에 잃은 영광과 모든 손실을 이 기회에 회복하려 했다.

그밖에 에스파냐와 네덜란드 역시 영국에 뺏긴 것을 모두 회복하려고 반영 전선에 참가했고, 러시아와 프로이센 등지에서는 중립을 지켰다. 이런 유럽 여러 나라의 세력 균형 정책은 드디어 영국을 고립시켰고, 대영제국의 굴복은 곧 13연방의 독립을 가능하게 했다.

초대 대통령, 조지 워싱턴

독립전쟁이 진행 중이던 1777년 13개 식민지는 '연합 규약'을 만들었고, 1781년에 효력이 발생한 이 규약에 따라 연합회의를 구성했다. 이것이 곧 합중국의 시초였다. 그러나 이때는 합중국의 기능이 국가로서의 권위를 갖추지는 못하다가 1787년 2월에 들어서야 비로소 강력한 중앙정부의 필요성을 느끼고 합중국 헌법을 마련한다.

이 헌법에 의해서 간접 선거가 실시되고 조지 워싱턴이 대통령으로, 그리고 존 애덤스가 부통령에 당선된다. 미국 역사상 최초의 대통령 취임식이 행해진 것은 1789년 4월 30일 합중국 수도 뉴욕의 월 가에서였다.

국부로 추앙되는 워싱턴은 버지니아의회 의원으로, 또 대륙회의 대표, 독립군 사령관을 거쳤던 인물이다. 그는 독립 직후에 부하들이 그를 국왕으로 추대하려 했지만, 그는 이를 거절하고 오직 공화정의 실현을 주장했다. 오늘날 미국의 국부로 추앙되는 것은 바로 그의 이러한 정신 때문이다.

(4) 합중국의 발전

초대 대통령 조지 워싱턴은 1796년 9월 17일 은퇴할 뜻을 밝히면서 '이제 합중국은 내분에서 벗어나고 국외의 소요에 말려들지 말 것이며 세계 어느 나라와도 영원한 우호 관계를 유지해야 한다'는 고별사를 남기고 떠난다. 제2대 대통령 존 애덤스 시대에도 미국 내 내분과 외환으로 소란했으나 영국과 관계는 조약에 의해서 다소 조정될 수 있었다. 그러나 프랑스나 국내의 연방파들의 관계는 더욱 악화돼 있었다.

애덤스 정부의 노력에도 보람이 없어 프랑스와는 '선전포고 없는 전쟁'의 상태에 놓이고 국내의 반대파와는 외인법(外人法)과 동란법을 에워싸고 대립해 있었다.

외인법이란 것은 국내의 평화와 안녕을 저해하는 위험한 외국인을 국외로 추방할 수 있는 권한을 대통령에게 주려는 법률이고, 동란법이란 것은 대통령이나 정부의 명예를 훼손하는 문서를 발행하거나 반란을 선동하는 자들에 대한 처벌을 강화하려는 법률이었다.

애덤스 대통령은 자신은 이런 법률들을 이용해서 위험인물을 추방한 일이 한 번도 없었지만 그런 법률을 제정, 공포한 것만으로도 치명적인 타격을 입었다. 그리하여 1800년의 대통령 선거에서 반대파의 제퍼슨이 승리하고 새로이 건설된 워싱턴으로 수도를 옮기게 된 것이다. (중략)

(5) 노예해방

　북군의 승리로 끝난 남북전쟁은 노예해방을 위한 전쟁, 혹은 자유를 위한 전쟁으로 불린다. 어쨌든 이 전쟁은 미합중국의 민주주의 역사 속에서 가장 빛나는 역사의 장으로 미화되고, 또 링컨 대통령이 노예해방을 실현한 위대한 인물로 찬양되고 있다. 하지만 링컨 자신이 처음부터 노예해방을 부르짖고 남북전쟁을 지도한 것이 아니라 연방의 분열을 막기 위한 전쟁이었다는 것은 앞에서도 밝혔다. 그러나 결국 노예해방을 선언하게 된다.
　'1863년 1월 1일부터는 합중국에 반기를 든 어느 주나 그 주의 특정 지역 내에서 노예였던 자 누구나 당일부터 즉시, 그리고 그 후 영원히 자유롭게 살 수 있다.'
　이 선언을 발표한 후에도 링컨은 다른 문서에서 이렇게 밝히고 있다.
　'노예해방은 남부의 반란을 진압하는 데 알맞고도 필요한 수단에 불과하다.'
　어쨌든 노예해방선언은 이제까지 오랫동안 사슬에 묶여있던 4백만여 명의 노예에게 새로운 희망을 주고 남부의 사회체제를 그 밑바닥에서부터 뒤엎고, 북부에서는 대통령을 중심으로 해서 모두 일치단결하게 하고, 외부에서는 북부의 입장을 지지하게 하고, 그 결과는 거의 의외랄 만큼 전세를 유리하게 호전시켰다. 그리고 문제의 노예해방선언은 65년 헌법수정제13조에 의해 재확인된다.

5. 중국 고대사

(1) 진의 시황제(始皇帝)

기원전 221년 처음으로 진에 의해 통일국가가 출현한다. 실제로 한(漢)족을 주체로 한 중앙집권적 통일국가가 이룩된 것은 처음의 일이다. 이 대업을 이룬 것은 진 왕조이고 진의 시황제는 제1대 황제가 된다.

통일정책

기원전 238년 22세가 된 시황제는 진의 정책에 따라 성년(成年)의식을 거행하고 친히 정치를 펴나간다. 먼저 시황제는 동방의 6국에 대해서 군사적으로 서서히 이들을 침략하여 각개격파의 방책을 취하는 일면 정치적으로는 6국이 연합하여 진에 대항하는 이른바 합종(合從) 정책을 방지함과 동시에 6국의 지배자 그룹 내부의 부패를 이용하여 그 나라의 대신이나 장군을 매수하고 군주와 신하의 사이를 이간하는 방책을 썼다. 이러한 방책이 모두 성공한 것이다.

통일 후에는 치안을 우선 확립하고 중앙집권체제를 더욱 견고히 했다. 또한 전국에 흩어져 있는 성채를 모두 파괴하여 무장을 해제시키고 군웅할거의 거점을 완전히 없애버렸다. 무기 또한 모두 수습하여 함양에 옮겨 두었다. 그리고 왕의 칭호를 바꾸어 황제로 칭하는 조치를 위한다.

분서갱유(焚書坑儒)

시황제는 전제정치를 강화하기 위한 첫 조치로 사상의 통일을 기한다. 민간 학자들이 법교((法敎) 제도를 비방하고 그로 인해 지방 세력이 중앙에 대항하는 것을 막는다는 정책에서 나온 것이다. 따라서 의약복서(卜筮), 농업 등 실용적인 서적을 제외하고는 민간에 소장되어있는 시경, 서경은 물론 제자백가의 서적을 모조리 수집하여 소각시켜버린 것이다. 이것이 곧 시황제의 사상탄압으로서 악명 높은 분서갱유 정책이다.

아방궁 축조

기원전 212년 함양의 경전이 너무 작다 하여 위수남안의 상림원(上林苑)이라는 정원 속에 대규모의 궁전을 건설할 것을 계획하고 먼저 전전(前殿)인 아방궁을 건립한다. 동서가 5백 보(약 700m), 남북이 약 50장(약 120m)이나 되고 이 궁전에는 1만 명이 앉을 수 있으며 지붕은 높이 5장의 기를 세울 수가 있는 황제의 상징인 대궁을 건립한 것이다. 궁전의 주위에는 회랑(回廊)을 만들었으며 이를 통하여 남산으로 갈 수 있었다. 남산의 정상에는 문을 세웠다. 또 이 중의 도로를 만들어 아방궁에서 유수를 건너 함양에 자유롭게 왕복할 수 있는 대규모 궁전이었다.

여산능

아방궁과 함께 유명한 것이 시황제의 여산능인데 시안의 동쪽에 있는 린통현 부근에 지금도 그 웅대한 모습을 남기고 있다. 능은 이중의 방분으로 되어 저변은 동서가 480m, 남북이 500m, 높이가 78m이다. 그 바깥쪽에는 또담이 있고 사면에는 문이 있었다고 한다. 현궁은 위에는 천문성신(天文星辰)의 도상을 그리고, 아래에는 수은으로 백천, 5악 9주의 지리를 표시하고 명주로 일월을 만들고 물고기 기름으로 초를 만들고 금은으로 부안의 형상을 만들고 곽은 구리로 만들었으며 부장의 보물은 진기를 극하였다고 한다.

무산된 불사(不死)의 꿈

시황제의 통일 사업과 남북에 걸친 출병, 그리고 수많은 토목 사업으로 백성의 부담은 너무나 컸다. 따라서 농민의 불만과 소요는 잠재되고 있었다. 이러한 백성의 괴로움을 외면한 채 자신의 불로장생을 제국과 더불어 영원히 살고자 했다. 이때 동방의 바다 가운데 봉래산이 있는데 거기에 불로불사(不老不死)하는 선인(仙人)이 살고 있다는 미신을 믿는 시활제는 불사약을 자기도 얻어 영생불사할 생각을 한다.

이리하여 기원전 215년에 연의 방사 노생이란 사람의 말을 듣고 불사의 선약을 구해오도록 했으나 물론 실패했다. 기원전 210년에는 자신이 평원진이라는 곳까진 갔었으나 여기서 병을 얻어 귀경 도중 죽었다. 향년 50세였다.

(2) 만리장성(萬里長城)

흉노(匈奴)

전국시대 말기에 중국의 북방에 해당하는 현재의 몽골고원에는 대체로 유력한 민족이 있었다. 동부 몽골에 있었던 동호(東胡)와 서부 몽골에 있었던 월지와 또 그 중간에 있었던 흉노가 그것이다. 그들은 유목 생활을 하고 있었으나 서방의 스키타이의 강한 영향을 받아 강력한 기마민족으로 발전해 있었다.

그들은 중국 민족이 동이, 서융, 남만, 북적이라고 부르는 극변의 여러 민족 중에서 항상 대립적인 민족이었다. 따라서 중국 민족과 자주 충돌했고 또한 항상 위협을 느끼고 있었다.

흉노 정벌과 장성 축조

진(秦)이 중국을 통일하고 나서 기원전 215년에 시황제는 북변을 순행하였으나 그때 연의 노생은 '진(秦)을 멸망하는 자는 호(胡)이니라' 하는 도참이 있다고 하였다. 호란 흉노를 가리키는 것이다.

이 예언에 충격을 받았다기보다는 실제의 정세를 판단한 결과라고 생각되지만, 시황제는 장군 몽념으로 하여금 병사 30만 명을 이끌고 흉노를 토벌케 하였다(기원전 214년).

몽념은 그 조부인 몽오, 아버지인 몽무와 더불어 진의 장군으로서 명성이 있으며, 몽념 자신도 제를 공약하여 무공이 있었다. 몽념은 시황제의 명을 받아 흉노를 무찌르고 이를 오르도스로부터 추방하고 황하에 연하여 34개의 현성을 마련하여 이에 수비병을 두고 다시 유목민이 기마로 침입하는 것을 막기 위하여 지세를 이용해 길게 연결된 장벽을 쌓았다. 이것이 유명한 만리장성이다. 이 장성은 그 후에도 여러 왕조에 의해서 연장 축조되어 오늘의 모습으로 이룩된 것이다.

(3) 아편 전쟁

중국과 동남아시아 사이에는 정크라고 불리는 중국식 배에 의한 왕래와 교역이 이루어지고 있었다. 광저우 항구는 수심이 얕아서 오늘날 같이 대양을 횡단하는 거대한 선박은 입항을 할 수가 없지만 예로부터 중국 남부의 가장 훌륭한 천연의 항구로서 정크무역의 중심지였다. 명나라 말엽에 제일 중국 무역을 열망한 포르투갈 인은 이 정크 무역의 뱃길을 좇아 광저우에 다다랐다.

에스파냐, 네덜란드, 영국, 프랑스 등의 유럽 여러 나라의 배들도 모두 광저우로 모여들기 시작했다. 광저우는 동남아시아와 유럽을 향한 중국에 있어서의 거의 유일한 무역항으로서의 번영을 누리게 됐다.

아편 밀무역 성업

인도나 더운 지방에서는 일찍부터 말라리아 등 열병의 예방약이나 또 고열로 인한 고통을 완화시키기 위해서 아편을 먹는 습관이 있었다. 중국인들도 아편을 약으로 쓰고는 있었으나 포르투갈인 선원이나 상인들이 인도산 아편을 반입하기 시작한 후로는 기호품으로 피우기 시작하여 인이 박여갔다.

처음 포르투갈인들이 담배에다 섞어 피우는 것을 본뜬 중국인들도 아편을 먹지 않고 담배통에 담아 피웠다. 그러나 인도산 아편이 계속 흘러들어왔다. 옹정 7년(1729년)에는 아편 판매를 금하는 칙령이 내려서 영국의 동인도 회사에서는 한때 표면상으로는 아편 취급을 안 했으나, 거래량은 여전히 증가일로에 있다가 무역 역조의 개선책으로 아편이 등장한 18세기 말에는 이미 동인도 회사가 경매한 아편이 영국 상인들의 손을 거쳐 대량으로 밀무역되고 있었다.

아편을 피우는 습관은 삽시간에 퍼져서 자금성 안까지 침투하여 이에 놀란 가경제는 팔지도 피우지도 못 하게 하는 금령은 여러 번 내렸으나, 이미 청나라 관료층에는 아편 밀매를 단속할 만한 질서나 기강이 없었다. 특히 광저우의 관리들은 거액의 뇌물을 먹고 아편 밀수를 묵인하고 있었다. 19세기 초엽의 아편 밀무역은 대부분 영국 무역업자 손으로 운영되었으며 동인도 회사가 적극적으로 뒷받침하자 그들은 삽시간에 거부가 됐다.

그러나 중국인들의 아편 소비량은 비약적으로 증가했다. 광저우 성 북부에서 반란이 일어났을 때 토벌에 나선 정부군이 거의 아편쟁이여서 아무 쓸모가 없었다. 아편의 대가로 유출되는 은의 양도 방대해서 1830년대 후반에는 공식 집계로도 5백만 냥을 초과했다. 은이 해외로 흘러나감에 따라서 국내의 통화로 유통되는 은마저 결핍되는 기현상이 일어나고 있었다. 조정에서는 이의 대책을 둘러싸고 심각하게 논의하기 시작했다.

청 제국의 강경책

도광(道光) 18년(1838년), 당시 호광총독으로 있던 린쩌쉬(林則徐)가 흠차대신(欽差大臣)에 임명되어 수십 년 동안 악풍을 뿌리 뽑기 위해 광저우에 부임하라는 명령을 받았다. 강경론자로 알려진 그는 비상한 결심을 하고 도광 19년(1839년) 7월 상순 광뚱에 도착하자 곧 외국 상인들에게 포고령을 내렸다.

'3일 안으로 청국 관헌에게 인도하고 이후 다시는 아편을 반입하지 않는다는 서약을 제출한다면 지난날의 아편 밀수의 죄를 묻지 않겠다. 황제 폐하의 특별 명령으로 막중한 권한을 부여받은 나는 아편이 완전히 근절되지 않는 한 절대로 돌아가지 않을 결심이다.'

그는 곧 외국인 거류지를 봉쇄하고, 외부와의 교통을 차단해버렸다. 밀수업자들은 이번에도 어물어물 끝나려니 하고 대수롭지 않게 여겼으나 린쩌쉬는 약간의 타협도 용서하지 않았다. 외국인들은 식량과 물이 부족해서 괴로움을 받기 시작했다. 가지고 있는 아편 1천 상자를 내놓겠다고 제의했다. 그러나 린쩌쉬가 노리는 것은 항구 밖에 정박하고 있는 배에 실린 아편이었다. 거류지의 영국인들은 1주일 만에 굴복했다.

당시 무역 감독관은 해군대령 찰스 엘리엇이었는데, 후에 영국 정부에서 보관하기로 약속하고 무려 2만여 상자의 아편을 제출했다. 린쩌쉬는 외국인들의 입회하에 몰수한 아편에 생석회를 섞어 바다에 버리거나 불태웠는데 2만 상자를 처분하는 데 20일간이나 걸렸다.

그런데 7월 7일 술에 취한 영국 선원이 주룽의 마을에서 주민들과 난투 끝에 중국인을 때려죽인 사건이 발생했다. 린쩌쉬는 중국인을 죽였으니 마땅히 그 재판권이 청나라 측에 있다고 범인의 즉시인도를 요구했으나 엘리엇은 영국인에 대한 재판권은 당연히 자기에게 있다고 이를 일언지하에 거절했다.

린쩌쉬는 마카오의 영국 인계에 저항하여 물자 공급을 차단하는 한편, 포르투갈 총독에게 영국인의 추방을 명령했다. 엘리엇은 영국인들을 이끌고 홍콩의 북쪽 수도로 후퇴하여 배에서 지내면서 탄압에 대항하는 자세를 더욱 분명히 취했다. 당시의 주룽이나 홍콩섬은 띄엄띄엄 주민이 모여서 사는 궁벽한 땅에 불과했다.

8월 말에 인도에서 군함 한 척이 오고 뒤이어 또 한 척이 도착했다. 9월 4일에는 식량을 조달하기 위해 상륙하려던 영국군이 이를 가로막은 청국 병선에 포격을 가해서 쌍방이 포격으로 응수했다.

아편 전쟁 발발

광저우의 아편몰수사건은 그해 9월 영국에 알려졌다. 상업회의소를 중심으로 청국을 응징하라는 여론이 빗발쳤다. 물론 배후에서 아편 밀수의 거물들이 맹활약하고 있었다. 1840년 2월 영국 정부는 출병을 결의하고 의회에서도 젊은 글래드스턴 등의 강력한 반대를 물리치고 정부안을 승인했다. 6월에 찰스 엘리엇의 사촌형제인 해군 소장 조지 엘리엇이 이끄는 원정군이 도착했다.

영국 병력은 군함 16척, 수송선 27척, 육군 약 4천 명에 달했다. 청의 총독 치싼과 찰스 엘리엇은 광저우에서 만났으나 강화조건이 시원치 않자 엘리엇은 이듬해 1월 7일 후먼의 포대를 공격했다. 드디어 치싼이 굴복하여 1월 20일, '홍콩섬의 할양, 6백만 달러의 배

상, 양국간의 평등한 교섭' 등을 내용으로 하는 '천비조약'이 체결
됐다.

그러나 이 조약은 양국 정부의 승인을 얻지 못했다. 청나라로서는
패전을 자인할 수가 없었다. 한편 영국 외상 파머스턴은 청나라의
완전 굴복을 원했다.

도광제는 칙령을 내려서 후난, 쓰촨, 구이저우의 구원병을 광저우
에 파견시켜 전열을 가다듬은 한편, 가조약을 맺은 치싼의 관등직위
를 박탈하고 사슬에 묶어 죄인으로서 압송케 했다. 광저우의 청나라
군대가 증강된 기미를 눈치챈 영국군은 기선을 제해 2월 26일, 교
외에 있는 후먼의 포대를 기습해서 수사제독(수군사령관) 이하 수많
은 청나라 장병을 죽이고 포로 1천 명, 대포 수백 문을 노획했다.

그런데 광저우성 안에서는 구원병으로 온 후난병들이 약탈, 강간,
폭행, 난동을 일삼아서 시민들의 원망을 사고 있었다. 당시 중국인
들은 지방색이 강했고, 또 후난병들에게는 말도 안 통하는 광저우
사람들이 외국인이나 다름없을 뿐 아니라 전의도 없고 자체 내의 군
기도 엉망이었다. 그래서 성을 지키기는커녕 본토박이와 외지에서
온 구원병 사이에 위협하고 증오하며 티격태격 집안싸움에 여념이
없었다. 영국군은 순식간에 성 밖에 있는 외국인 거류지를 점령하고
광저우성을 위압했다.

3월 20일, 일시적인 휴전협정이 맺어졌으나 5월 21일에는 다시
전투가 벌어져서 광저우성 주변의 포대는 거의 영국군의 수중에 들
어갔다. 광저우가 함락되고 영국군의 약탈로 쑥대밭이 되는 것을 겁
낸 광저우의 관료들은 '1주일 내에 6백만 달러를 줄 것과 광저우에
응원 온 다른 성의 청국군과 영국군 쌍방이 광저우성 밖으로 멀리

철수할 것'을 조건으로 엘리엇과 휴전 협정을 맺었다. 이 무렵 영국 군과 관병(官兵)의 약탈, 횡포에 시달리던 광저우 시민과 근교의 농민들이 평영단이라는 깃발을 앞세우고 궐기하여 스스로를 지키는 한편 영국군을 자주 습격했다. 이후 광저우 일대의 배외저항운동이 부쩍 성해져서 집요하게 테러가 계속된다.

패전과 불평등 조약 체결

8월 21일에 군함 10척, 기선 4척, 그리고 2천5백 명의 영국군은 북상을 개시하여 이모이를 점령하고 꾸랑섬에 주둔한 후, 다시 조우 산섬의 명하이를 함락하고 전하이, 닝보, 위야오, 츠치, 횡화를 제압 하고 이듬해, 즉 도관 22년(1842년) 홍콩이 자유항임을 선언했다. 5 월에는 증원군이 도착하여 영국군은 군함 25척, 기선 14척, 병원선, 측량선 등이 9척, 육군보병만도 1만 명을 넘었다.

준비를 마친 영국군은 5월 18일 차푸를 공략했다. 차푸는 만주8 기병의 주둔지로 완강히 저항하던 8기병들은 지휘관 이하 아녀자들 까지 거의 몰살했다. 6월에는 빠오산 상하이성이 연이어 떨어지고 드디어 전쟝 공격을 개시하여 7월 21일 이를 점령했다.

영국군은 수송선 60척으로 해군까지 집결하여 드디어 난징성 총 공격의 막을 올렸다. 양쯔강과 대운하가 봉쇄되고 베이징으로 가는 식량 수송 루트까지 끊긴 청나라 측은 이미 전의를 상실하고 있었으 며 드디어 8월 14일 무릎을 꿇었다. 항복 3일 후, 포팅어가 제안한 강화 조건이 그대로 받아들여지고 8월 29일 양쯔강 상의 영국군함 위에서 포팅어와 흠차대신 시임(기영, 耆英), 미리뿌(일리부, 伊里布) 사이에 강화조약이 체결됐다.

이 조약을 강녕조약(江寧條約), 혹은 난징조약이라고도 한다. 그 내용은 다음과 같다.

① 홍콩의 할양
② 광저우, 이모이, 푸저우, 닝보, 상하이 등 5개 항의 개항
③ 개항한 5개 항에 영사를 설치
④ 행상의 부채 3백만 달러, 몰수 아편 배상금 6백만 달러, 전비 1천 2백만 달러, 합계 2천 1백만 달러를 영국에 지불
⑤ 행상의 무역 독점의 폐지
⑥ 양국 관리의 대등한 교섭

영국 측은 아편 무역의 공인을 원했으나 청나라 측이 이 문제를 회피해서 결국 아편 전쟁의 직접 원인이 된 아편 밀무역 문제는 이 조약에서 아무런 결정도 보지 못했다.

청나라가 일방적으로 우위에 섰던 광저우의 무역제도는 이렇게 해서 자유무역을 강요하는 영국의 군사력 앞에 무너져 내렸다. 그리고 이어서 청나라 측은 불리한 불평등 조약의 함정에 빠져들어 갔다.

6. 십자군 전쟁과 그 시대 유럽

(1) 교황권과 황제권

카놋사 사건

11세기 후반, 황제권과 교황권 사이에는 중세 유럽의 역사상 최대의 충돌이 있었다. 그 발단은 교황 그레고리우스 7세가 1075년 초 속인(俗人), 즉 국왕 및 제후의 성직자 선임권을 부인하고 또 교황권의 절대성을 선언하는 교서를 내면서 시작된다.

이때 독일 국왕 하인리히 4세는 왕권도 역시 신이 직접 창설한 것이라고 주장하고 교황권의 절대성을 적극 부인했다. 이에 교황은 그해 12월 국왕의 순종을 명하는 서한을 보냈는데 하인리히는 굽힘이 없이 제국의 국회를 소집하고 교황 그레고리우스 7세를 폐위시킨다는 결의안을 통과시켰다. 이해 부활절 직전에 소집된 교황의 공회의에서는 독일 국왕 하인리히에게 파문을 선언하고 그리스도교도는 누구나 그 국왕과 접촉을 못 하게 했으며 신아들도 국왕에게 충성을 하지 말라고 했다.

국왕에 오른 지 얼마 안 된 하인리히는 세력이 불리함을 느끼고 피신했다가 얼마 후 교황의 카놋사성의 3중의 성문에 들어가 잘못을 빌고 사면을 애걸했는데 이 사건을 '카놋사의 굴욕'이라고 한다.

이 사건으로 미루어 보면 중세의 교회 권력이 어느 정도였는지를 짐작할 수가 있다. 따라서 이 사건은 황제권의 비극이고 또한 황제권의 안전한 패배라 할 수 있다. 그렇게 막강한 교회는 그 권력이 막강한 만큼의 부패도 극에 달하고 있었다.

특히 집사단의 재정 수입은 대단한 것이었다. 그들은 성당 안에 있는 재단들이 올려진 공물 따위를 마음대로 처분하고 또 그들의 권리는 일종의 주식처럼 매매되기도 하고 상속되기도 했다. 심지어는 로마의 성 베드로 대성당에서조차 성직매매나 공공연한 승려의 결혼 등이 이루어져 타락한 교회의 황금시대를 만들어 놓고 있었다.

교회개혁

성직매매나 승려의 결혼에 대해서 사람들이 별로 죄의식을 갖지 않았던 만큼 황제나 국왕이 그의 신성한 사명에 따라 교회 정치에 개입하더라도 간혹 두려움을 느낀 사람은 있을지언정 그것을 불법 행위로 느낀 사람은 없었을 것이다. 이와 같은 전통과 관습에 반대하고 나선 것이 클루니의 개혁운동이었다.

클루니는 프랑스의 아키뎬 공이 910년에 세운 수도원이다. 이 수도원은 모든 세속 권력의 지배에서 자유롭고 원장의 선거는 완전히 교회법대로 행하도록 하고 오직 베네딕투스 계율을 힘써 실행하도록 해야 한다는 것이 그 초기의 문서에서 강조되어 있다. 클루니는 이런 건설 취지에 따라 엄격한 수도생활을 행했으므로 그 명성은 즉시 유럽 전역에 퍼졌다.

사람들은 다투어 클루니에서 배우고 또 각 처의 왕후 귀족은 기꺼이 자재(資材)를 내놓아서 클루니계 수도원을 건설하고 그 개혁방안을 도입했다. 그리하여 클루니를 중심으로 한 수도회(修道會)의 조직이 대대적으로 확대되고 낡은 세속된 교회에 청신한 기품을 불어넣게 되었다. 동시에 10세기에서 11세기까지 클루니 수도원은 곧 교황 다음으로 중요한 유럽 정신계의 지도적 역할을 하였다.

부르군드 왕국, 로트링겐 등 신성로마제국의 서부, 즉 신성로마제국의 로만스어 사용지역에 깊이 침투했다.

프랑스에서 이 운동을 받아들이는 것은 노르망디 후(侯)나 플랑드르 백(伯)이었지만 독일에서 이 개혁운동을 지지한 것은 그 자신 종교적 정열이 대단했던 황제 하인리히 3세였다. 그는 클루니 수도원식의 이상(理想)으로 독일 내의 성직 매매자들이나 대리승들을 제재했을 뿐 아니라 로마 교황청의 개혁에도 손을 댔다.

또 그가 황제로 될 때에는 불결한 교황의 손에서 황제의 관을 받기는 싫다 하여 1046년 스트리실베스데르 3세, 베네딕투스 9세를 성직에서 파문하고 그의 마음에 드는 독일인 사교 클레멘스 2세를 교황에 즉위시키고 이 교황한테서 황제의 관을 받아냈다.

클레멘스 2세가 1년 만에 죽고 다시 하인리히 3세의 손에 다마수스 2세가 교황이 되었으나 이 사람 역시 1년 만에 죽었다. 그리하여 하인리히 3세의 손에 세 번째로 교황이 된 사람이 레오 9세인데 그에 의해서 본격적으로 시작된 교회개혁은 그가 죽고 독일 황제 하인리히 3세도 죽은 후 5세의 어린 하인리히 4세가 모후(母后) 아그네스의 섭정으로 독일을 지배하기 시작한 혼란한 시대에 급속히 전파되고 있었다.

워름스의 협약

하인리히 4세와 교황 그레고리우스 7세의 투쟁에서 중요한 문제로 등장하였던 성직자 선인권은 황제 하인리히 5세와 교황 칼릭투스 2세 사이에 성립한 워름스 협약에 가서 일단락된다. 하지만 이것은 독일의 경우이다. 독일 외의 다른 지역에서도 교황권과 왕권의 충돌이 가능한 상태에 있었다. 그것이 독일의 경우에는 카놋사 사건을 비롯한 많은 사건이 빚어졌지만, 프랑스나 영국의 경우는 큰 파란 없이 타협이 이루어졌다.

프랑스의 경우는 1097년의 일이고 영국의 경우는 1107년의 일이다. 거기에서 해결의 중요한 단서가 된 것은 사르트르의 사교 '이보의 제창'(사교의 지위를 성적인 것과 세속적인 것으로 구별하는)이었다. 즉 종교상의 권능 수여는 교전에, 봉토(封土)의 수여는 속권에 이임하자는 것이었다. 이것을 확대해석하면 그때까지 황제권에 포함되어 있던 황제의 것과 신의 것을 분리해서 황제의 것은 황제에게, 신의 것은 신에게 위임하자는 말이 된다.

이 원칙에 의하면 국왕은 종교적 지배권을 상징하는 반지와 사교장으로 사교를 임명하는 권리를 포기하는 한편 사교령을 국왕의 봉토로 정하고 또 그것을 사교에게 내리는 권리를 확보하게 되었다. 그리고 이와 같은 내용의 협약이 교황과 독일 황제 사이에서도 체결되었을 때 유럽의 모든 왕(황제를 포함)은 카알 대제나 옷토 대제 이래 계속되어온 신정정치를 포기, 명실공히 세속적인 군주로 차별되었다.

그 후 황제권은 교황이나 사교들의 지위를 좌우하지 못하게 되었고 모든 성직자는 교회법에 의해서 사교 교회의 역승단이 선출했다. 그러나 문제는 또 있었다. 영국, 프랑스의 경우 국왕은 비록 성직자 선입권을 포기하긴 했으나 그 선거에 어느 정도 간여하고 또 성직자의 충성을 요구할 권리를 인정받고 있었으며 독일의 경우는 워름스 협약에 의해서 성직자 선거는 국왕 또는 그 사절의 눈앞에서 실시하고 선발된 자에게 성직이 주어지기 전 사교령의 수봉을 먼저 행하기로 되어 있었다.

즉 왕권은 비록 성직자 선입권을 포기했을망정 그 선거와 서임에 간섭할 수 있었다. 예외는 서임을 먼저 행하고 수봉을 뒤에 행하기로 한 이탈리아와 부르군드 뿐이었다. 게다가 교황은 여전히 국왕을 파문할 수 있어서 이 권리에 의해 국왕을 추방, 또는 그 즉위를 방해할 수 있었다. 이런 문제점 때문에 12~13세기에도 왕권과 법왕권의 충돌이 가끔 일어나지만 열광적인 십자군 무드 속에서 만사는 법왕권에 유리하게 처리되어 나갈 뿐이었다.

(2) 십자군 전쟁

지중해 세계에 침입했던 이슬람 세력은 10세기 이래로 더 확대되지 못하고 11세기에는 오히려 유럽 측으로부터 반격을 받아 수세에 몰리고 있었다. '국토회복운동'이라고 불리는 그 반격에 가장 적극적이었던 것은 히스파니아 반도 북부의 2개 그리스도교 왕국, 아라곤과 카스티야였는데 반도의 대부분을 차지하고 있던 이슬람 세력은 반대로 분열해서 쇠퇴일로에 있었다.

스페인의 국민적 영웅 시드가 활약한 것은 바로 이 국토회복운동 때의 초기였다. 그에게는 '용사(勇士)'라는 별칭도 있었는데 원래는 카스티야 왕국의 귀족의 한 사람 디에고 라이네스한테서 태어났으므로 처음에는 카스티야 왕 산초 2세에게 봉사하면서 용명(勇名)을 날렸다. 그러나 산초 2세의 뒤를 이은 알폰스 6세와는 뜻이 맞지 않자 때로는 이슬람 측에, 때로는 그리스도교 측에 봉사하는 용병대장으로 활약했다.

그러나 1090년경에 가서는 이슬람 세력권에서 발렌시아를 뺏고, 죽을 때까지 이곳을 확보하였다. 그리고 한때 이슬람 군주를 도운 일이 있었다고는 해도 그의 용맹, 관용의 미덕, 불굴의 독립정신 등은 스페인 사람들 사이에서 거의 이상할 만큼 인기가 높고 후세의 여러 영웅시에서 노래되어 있기도 하고 끝내는 스페인의 민족적 영웅으로 찬양되고 있다. 그의 반 이슬람 투쟁의 공적으로 노르만인 모험기사 오트빌의 형제들의 남부 이탈리아, 시칠리아, 모몰타 등지에서 이슬람 및 비잔틴 세력을 몰아내고, 그리하여 피사, 제노바, 나폴리, 베네치아 등의 이탈리아 도시들이 거기 합세한 것도 거의 같은 시기의 일이다.

말하자면 11세기 후반은 유럽 측에서 지중해 세계 회복 운동의 막을 올린 십자군 운동의 시초에 해당된다. 사실 십자군 운동에서 주요 역할을 맡게 되는 노르만과 프랑스의 기사들 및 이탈리아의 도시들은 이미 국토회복운동에서 중요한 역할을 맡고 있었다.

동로마의 경우 이 제국은 쇠퇴기에 접어든데다가 무능한 황제들 밑에서 유럽의 봉건 사회와 비슷한 권력의 분리 현상이 두드러지게 나타나고 있었다. 이와는 반대로 동방에서는 바그다드 중심의 동칼리프 국가에서 이란의 유목민 셀주크투르크인이 이슬람 세력의 새로운 핵심체로 급작스럽게 성장, 1070년대에는 소아시아 전체를 장악하고 동로마 제국을 직접 위협했다.

비잔틴 황제 로마누스 4세는 이 위기를 극복하려고 서방에 구원을 요청했다. 서방은 이 무렵 카놋사 사건을 앞둔 혼란기였을 뿐만 아니라 교황청 측에서는 1054년 이후 그리스 정교의 반항, 또는 독립을 못마땅하게 생각하고 있었다. 로마누스 4세의 요청은 전혀 고려되지 않았다.

그러나 셀주크투르크의 세력은 날로 확장되고 1090년경에는 시리아마저 그들의 손에 들어갔다. 이제 유럽인은 동방의 성지 예루살렘에 갈 길을 잃었다. 이때 동로마 제국 콤니노스 조(朝)의 알렉시오스 1세도 제국 자체를 위기에서 구하고 또 성지순례의 길을 회복하기 위해서는 서방에 구원을 요청하는 수밖에 다른 방법이 없었다.

십자군 원정

이슬람 세력한테 시리아를 점령당하고 이 성지를 탈환해야 한다는 것은 우선 그리스도교 세계의 최고 책임자로 되어 있는 로마 교황의 의무로 생각되고 있었다. 그러나 교황 우르바누스 2세가 십자군을 일으키게 된 이유는 그것뿐만이 아니었다. 즉 동서 2대 세력권으로 분할된 그리스도교회를 이 기회에 다시 합일시켜야겠다고 생각한 것이다. 따라서 교황 우르바누스 2세에게는 성지 회복 외에 동로마 황제권 제압 내지는 그리스도교 세계의 재합일이라는 또 다른 목표가 있었다. 그러나 교황 직속의 군대가 있을 리 없다. 우선 동로마 황제의 요청에 응하고 그리스도교 세계 전체의 지배권을 장악하려는 원대한 계획을 실현하기 위해서는 강대한 군대가 필요했다.

그렇다면 우르바누스 2세는 이 문제를 어떻게 해결했는가. 원래는 신성로마제국 황제의 군대야말로 교황군의 주력이어야 했다. 그러나 교황은 당시에 독일 황제와 아직 대립해 있었다. 따라서 독일군을 동원하는 것은 우선 불가능한 일로 생각되었을뿐더러 교황 자신이 그런 것은 원치 않았다.

여기서 동원이 가능한 것은 프랑스군이었다. 왜냐하면 우르바누스 2세 자신이 프랑스 출신이었고 또 유럽에서 가장 강력한 봉건 기사군(騎士軍)은 프랑스군으로 생각되었기 때문이다. 프랑스군 확보 여부는 곧 우르바누스 2세의 원대한 계획을 좌우하게 되었다.

1095년 말, 우르바누스 2세는 프랑스의 클레르 등에서 공회의를 개최했다. 클루니 개혁운동의 초기에 해당하는 교황 레오 9세 때의 랭스공회의와는 달리 클루니 및 그레고리우스의 개혁운동은 이 무렵 유럽 전역을 휩쓸고 있어 유럽 어디서나 사람들은 클레르몽으로 몰려들었다.

웅변술이 뛰어난 우르바누스 2세는 성지 예루살렘을 잃은 그리스도의 비참과 동방에서 투르크인이 가해오는 위협을 조리 있게 설명하고 성지 회복을 위한 성전(聖戰)과 순교의 영광을 강조했다. 감동한 청중은 자리에서 일어나며 이구동성으로 신이 그것을 바라고 있다고 외쳤다.

십자군을 일으키기 위한 교황 우르바누스 2세의 노력은 또 다른 방향에서도 작용했다. 선동가들이 각지에 파견돼서 성지 탈환의 큰 뜻을 알리고 동방에는 성유골(聖遺骨) 외에도 금은재보와 미녀가 많다는 것을 잊지 않고 과장해서 선전하였다.

그뿐만이 아니라 종군한 사람들의 가족과 재산은 로마 교회(교황청)에서 직접 보해줄 것이며 성전에서 희생된 자는 모든 죄를 용서받고 천국에 갈 것이라고 선전하였다. 이리하여 곳곳에서 수천 명이 혹은 성지와 성유골 탈환을 위해 혹은 금은보화를 얻기 위해, 혹은 미녀를 얻기 위해 종군을 자원하고 어깨에는 십(十)자의 표지를 달았다. 이 종군자들은 십자군이라고 불렀다. 그들은 곧 도나우강을 건너 발칸반도를 가로지르고 콘스탄티노플에서 아시아로 건너갔다.

성지 탈환과 만행

몇 차례 실패를 거듭한 끝에 예루살렘 가까운 시리아 해안에 도착한 십자군은 계속 살인과 약탈을 자행하며 남하했다. 1099년 6월 7일에는 드디어 목적지 예루살렘 성벽에 도착했다. 이 성지 탈환전은 처절한 학살의 싸움이었다. 전투는 6주일이나 계속되고 십자군 병사들은 적의 전투원 외에 비전투원까지 남녀노소를 가리지 않고 살해했다. 성이 함락된 것은 7월 15일, 여기서 제1회 십자군은 완전히 성공을 거둔 것이다. 그러나 1096년 여름에서 1099년 7월까지 보인 이교도에 대한 잔학성이나 약탈행위는 역사상 그 유례가 드물 만큼 혹심했다.

예루살렘을 함락시킨 후 십자군이 저지른 만행으로는 신전, 회랑, 거리에서 피의 향연을 벌인 후 대약탈을 감행하기 시작했다. 약탈을 그들은 신의 영광으로 돌리고 있었다. 성지 탈환 외에 동방의 금, 은 등 재보와 미녀들을 무차별 약탈했고 함부로 살인을 일삼았다.

이슬람 세력의 반격

제1회 십자군 침략은 비교적 성공이었다. 유럽에서는 각국의 국가 형태가 있지 못했기 때문에 교황의 지휘하에 그처럼 각국의 기사들이 일치된 행동을 취할 수 있었다. 이슬람 측에서는 그리스도교도의 침입을 저지할 만한 공동의 조직을 가지고 있지 못하였다. 그러나 12세기에 접어들면서 사정은 갑자기 변한다. 이슬람 세력권에서 반격을 가한 것이다. 여기에서 흥미 있는 것은 유럽에서 십자군의 시리아 탈환을 '성전'으로 생각한 것처럼 이슬람 측에서도 시리아 탈환을 그들 나름의 '성전'으로 생각했다는 사실이다. 그 중심인물은 모술의 태수 장기였다. 그는 1128년 알레포를 탈취하고 44년에는 에데사 백령을 탈취하였다. 이슬람에서는 다마스쿠스의 누레딘이 가장 신임하는 장군의 조카에 해당한다는 살리딘이 파티마 왕조의 이집트에서 재상이 되더니 얼마 안 가서 그 자신이 군주의 지위에 올라 압바스조의 칼리프한테서 술탄이라는 칭호를 얻고 누레딘이 죽은 후에는 이집트와 시리아의 단독 지배자로 성장하여 사라센인의 종교적 열정과 전투열을 고취해서 1187년에는 예루살렘 왕복을 정복했다.

그리하여 제1회 십자군이 거둔 성과는 1백 년도 지나지 않아서 빛을 잃고 이듬해에 그리스도교는 겨우 티루스, 트리폴리, 안티오키아 등 3개 도시만을 확보하고 있었다. 이 무렵에 시리아에서 성지 확보를 위해 필사의 노력을 기울인 것이 '요한 기사단'과 '템플 기사단'이다. 그중 중요한 기사단은 제1회 십자군에 종군했던 수도승 게라르트에 의해 조직돼서 1113년에는 교황의 승인을 얻고 상병자(傷病者) 치료를 전담했기 때문에 '병원 기사단'으로 불렸다. 그들은 검은 외투에 흰 십자가를 착용하고 본부를 예루살렘에 두고 있었는데 경우에 따라서는 서슴지 않고 실전에도 가담하여 당시 승려들이 호전적이었음을 실증하고 있다. 템플 기사단은 요한 병원기사단보다 좀 늦게 1119년 유고드 페이앙 이하 8명의 프랑스 기사들이 조직한 것으로 백색의 외투에 붉은 십자가를 착용했고 본부는 예루살렘의 솔로몬 신전에 두고 있었는데 성지 방어가 주요 사명으로 되어 있었다. 교황이 이를 공인한 것은 1128년, 이 두 기사단에 제3회 십자군 운동 때에 생겨나는 '독일 기사단'을 합쳐서 성지 수호의 3대 기사단이 이른바 '종교 기사단'으로 불린다.

그러나 1180년대에 요한, 템플 2개 기사단만으로는 사라센인을 격퇴할 수 없었고 시리아의 다른 그리스도교들이 분열 또는 사라센 측에 가담해 있었을 때 성지 예루살렘은 다시 사라센인의 손에 넘어가 있었다.

십자군의 성과

제2회, 제3회 십자군 원정에서 가장 두드러진 현상의 하나는 1회 때의 종교적 정열은 간데없고 정치상의 이해에 따른 침략 행위가 되어버렸다. 그리고 제4회 원정 때의 탈선행위를 보면 교황권의 쇠퇴를 의미한다기보다 정치 또는 경제상의 이해관계가 종교적 정열을 제압하고 있었다는 것을 알 수 있다. 이는 곧 십자군 원정의 본래 의도가 전면적으로 빗나갔다는 것을 의미한다. 이집트 탈환을 희망하는 교황 인노켄티우스 4세의 의도와도 빗나가는 것이었다. 그러나 그리스 정교를 귀일(歸一)시켰다는 제4회 십자군의 성과였다. 그밖에 라틴 제국의 성립과 동시에 베네치아를 비롯한 이탈리아의 도시들은 동지중해 및 그 연안의 섬들을 지배하게 되었거니와 이런 사정을 1201년 라틴 제국이 멸망하고 비잔틴 제국이 부활한 뒤에도 마찬가지였다.

십자군 전쟁의 결과

전술한 바와 같이 제4회 때부터는 종교적 정열보다도 정치적, 경제적, 이해관계가 십자군 원정의 방향을 좌우해서 성지 아닌 다른 엉뚱한 지역이 공격의 목표가 되었다. 제4회 십자군이 콘스탄티노플에서 라틴 제국을 세우자 교황 인노켄티우스 3세와 그 후계자 호노리우스 3세의 노력으로 제5회 십자군이 명목상의 예루살렘 국왕 존의 지휘하에 제1목표를 이집트의 다미에타, 제2목표를 예루살렘으로 정하고 1218년 봄에 떠났다. 다미에타 공방전은 무려 17개월이나 계속된 끝에 카이로의 술탄 알카밀은 절망 상태에서 요단강 서쪽의 예루살렘 왕국을 전부 돌려줄 것을 제의하고 십자군이 아프리카에서 철수해 주기를 요청하는 조건부 항복을 해왔다. 그러나 알바노의 추기경 펠라기우스가 반대하여 십자군은 공격을 계속하여 카이로 및 이집트 전역을 탈환해야 한다고 주장한다.

다미에타가 함락된 것이 1219년 11월 5일, 그로부터 전투는 21개월간이나 더 계속되었다. 그러나 때마침 나일강이 범람해서 전투는 중단되고 십자군도 철수한다. 이리하여 제5회 십자군은 성지 탈환은 달성할 수 있었으나 그 기회를 놓치고 만다.

제6회 십자군은 1227년에, 제7회 십자군은 1248년에, 제8회는 1267년에, 이처럼 계속해서 동원되긴 했으나, 번번이 종교적 의미보다는 정치적, 경제적 타산이 앞서서 좌절되고, 또 1261년에 콘스탄티노플에서는 다시 비잔틴 제국이 분할하고 시리아에서는 13세기 말 그리스도교 최후의 보루아크레가 다시 사라센의 손에 넘어감으로써 십자군 운동은 아무 성과 없이 종말을 고한다.

(3) 영국이 인도를 제패하다

영국은 15년간(1746~61년)의 주도권 싸움에서 드디어 프랑스를 압도했다. 인도에 있는 영국 모험가들은 본국으로부터 충분한 후원을 받고 있었지만 뒤플렉스나 그 동료들은 프랑스로부터 조금도 그런 원조를 받지 못했다. 알고 보면 그리 이상할 것도 없다. 인도 주재 영국인의 배후에는 동인도 회사의 주주로 있는 영국 상인들이 후원자가 되어 막강한 그들의 힘이 의회와 정부를 움직이는 적극성을 보였다.

이에 반해 프랑스인의 배후에서는 파국이 다가오는 것도 아랑곳없이 그날그날의 즐거움에 도취된 루이 15세(루이 14세의 증손이며 그의 후계자)의 허약함이 대조를 이루었다. 더욱이 영국이 해양을 지배했다는 것도 영국의 제패에 크게 기여했다.

그리고 영국인도 프랑스인도 '세포이(sepoy)'라고 일컬어지는 인도인 군대를 양성했다. 세포이는 시파히(sipahi, 병사)에서 온 말이다. 그들은 지방 군대에 비해 장비도 훈련도 잘 되어 있었으므로 많이 고용되었던 것이라고 한다. 영국인은 인도에서 프랑스인을 격파하고 프랑스인 도시 찬데르나고르와 퐁티세리를 철저하게 파괴해 버렸다. 그 파괴가 얼마나 격심했느냐 하는 것은 두 도시 전체의 지붕이 하나도 남지 않았다는 것으로 충분히 짐작할 수 있다. 그 뒤로 인도 무대에서 프랑스인의 세력은 약해졌으나 그 후 되찾아 오늘에 이르기까지 그것을 유지하고 있다고 역사는 전한다.

(4) 700년에 걸친 아일랜드와 영국 간의 분쟁

다시 대서양을 건너 구세계로 되돌아가자. 해로나 항공로를 이용하는 여행자의 눈엔 맨 처음 띄는 육지는 아일랜드다. 그러니 우리도 먼저 여기에 들르기로 하자. 이 초원으로 덮인 아름다운 섬은 유럽의 서쪽 멀리 대서양의 물결에 씻기고 있다. 이 섬은 세계 역사의 본류에서 멀리 떨어진 작은 섬이다. 그러나 작지만 과거 몇 세기 동안 민족의 자유를 위한 투쟁을 통해 여러 난관을 겪으며 불굴의 용기와 희생정신을 발휘했다. 또한 아일랜드는 강대한 이웃 나라에 대한 투쟁에서 놀라운 불굴의 기록을 남겼다.

항쟁의 시초는 750년 전의 옛날로 거슬러 올라간다. 그리고 지금도 그것은 해결되지 않고 있다. 우리는 이미 영국의 제국주의가 인도에서, 중국에서, 또 그 밖의 나라들에서 맹위를 떨치는 것을 보았다. 그러나 아일랜드는 훨씬 옛날부터 그 화살을 받아야만 했다. 그래도 아일랜드는 결코 나약하게 굴복하지 않았기 때문에 영국에 대한 항전을 경험하지 못한 세대는 거의 없었다고 해도 좋을 것이다.

가장 용감한 이 나라 아들들은 모두 자유를 위한 투쟁으로 쓰러지고 또는 영국 관헌의 박해에 시달렸다. 아일랜드인 가운데 사랑하는 조국을 버리고 외국에 이주한 사람도 엄청나게 많았다 한다. 또 조국을 지배하고 압박하는 나라에 항거해서 그들의 힘을 바칠 기회를 얻으려고 영국과 전쟁을 하는 외국 군대에 참가하는 사람도 많았다. 아일랜드의 망명자는 먼 나라까지 흩어져 어디를 가건 가슴 속에 한 조각의 아일랜드 정신을 깊이 간직하는 것을 절대 잊지 않았다.

불행한 개인이나 압박받고 해방을 찾아 싸우는 국가, 이 모두는 불만을 품고 현재를 즐기는 길을 찾지 못했을 경우 모두 과거로 눈을 돌려서 거기에서 위안을 찾으려고 한다. 그들은 과거를 과장하고 위대했던 지난날을 회상하는 데서 기쁨을 찾는다.

현재가 암울할 때는 과거가 구원과 감화를 제공하는 피난처가 된다. 그리고 또한 과거의 비운은 가슴에 맺혀서 절대 잊히지 않는다. 과거의 환상만 좇는 일은 한 민족으로서는 결코 건강한 태도는 아니다. 건전한 국민, 건전한 나라는 현재에 행동하며 미래를 바라본다. 그러나 자유를 갖지 못한 개인이나 국가는 건강을 유지하지는 못한다. 따라서 그들이 과거를 돌이켜보고 어떤 의미에서는 과거 속에 묻혀 사는 것도 무리는 아니다.

그래서 아일랜드는 지금도 과거에 살며 아일랜드 국민은 자유로웠던 지난날의 꿈을 소중하게 간직하고 자유를 위해 싸운 숱한 투쟁과 과거의 비운을 생생하게 기억하고 있다. 그들은 6세기까지 거슬러 올라가 아일랜드가 서유럽 학문의 중심으로서 먼 곳에서 온 학생들을 모았던 1400년 전을 생각한다. 로마 제국이 이미 망하고 반달족과 훈족이 로마 문명을 유린할 그 무렵부터 아일랜드는 유럽에 새로운 문명이 재생되는 날까지 문화의 등불을 즐곧 켜 온 몇 안 되는 곳 중의 하나였다고 한다. 기독교는 일찍부터 아일랜드에 건너갔다. 아일랜드를 수호한다는 성 패트릭이 이것을 전했던 것으로 되어 있다. 영국 북부는 아일랜드에서 기독교가 건너갔던 곳이다. 아일랜드에는 옛날 인도의 아슈림이나 불교의 사원과 비슷한 수도원이 많이 세워졌는데 이런 곳이 학문의 중심이 되어 야외에서 학습이 행해졌다. 이 같은 수도원에서 전도자들이 배출되어 북부와 서부 유럽을 돌아다니면서 이교도들에게 새로운 기독교의 가르침을 알렸다. 또 일부 아일랜드 수도원의 성직자들이 쓰고 손수 장정한 아름다운 필사본이 만들어졌는데, 약 1200년 전에 쓴 것으로 보이는 '켈스 전적(Book of Kells)'이라고 일컬어지는 아름다운 필사본이 지금도 더블린(Dublin)에 남아있다 한다.

6세기부터 이 200~300년 동안 많은 아일랜드인에 의해 게일문화가 절정에 이르러 아일랜드의 황금시대로 일컬어지고 있다. 아마 시대의 격차가 이 낡은 시대에 일종의 매력을 주어 그것을 실제로 있었던 것보다 더 위대하게 보이게 하는 것이리라. 그 무렵 아일랜드는 많은 부족으로 분할되어 있었고, 이 부족들은 끊임없이 서로 다투고 있었다. 아일랜드의 약점은 인도와 마찬가지로 동족 내부의 분규에 있었다. 그 뒤 영국과 프랑스에 건너간 덴마크인과 노르만인이 여기로 건너와 아일랜드인을 박해하고 광대한 영토를 빼앗았다. 11세기 초에 브라이언 보루마라는 유명한 아일랜드 국왕이 덴마크인을 무찔러 얼마 동안 아일랜드를 통일했으나 그가 죽은 뒤에 나라는 또 분열되었다.

정복자 윌리엄이 거느린 노르만인이 11세기에 영국을 정복했던 일을 기억할 것이다. 그로부터 100년 뒤에 이 앵글로 노르만인 아일랜드를 침략해 그들이 정복한 토지를 페일(울타리로 둘러진 장소)이라고 불렀던 것이다. 흔히 특권층이나 사회적 그늘 이외의 것을 가리켜 '페일 저편'이라는 표현을 사용하는 것은 이런 연유에서 나온 말일 것이다. 이 1169년의 앵글로 노르만인의 침입은 고대 게일인의 문화를 몹시 손상시키고 그때부터 거의 쉴 새 없이 계속된 아일랜드 여러 부족과의 전쟁의 실마리가 되었다.

몇백 년 동안이나 계속된 이런 전쟁은 말할 수 없이 야만적이고 잔혹한 것이었다. 영국인 앵글로 노르만인은 언제나 아일랜드인을 일종의 반(半) 미개종족으로 보고 경멸했다. 영국인은 앵글로색슨인이고 아일랜드인은 켈트인이라는 인종의 차이가 있는데다 뒤에 영국인은 프로테스탄트가 된 데 비해 아일랜드인은 여전히 로마가톨릭교의 신앙을 가졌다는 종교상의 차이가 덧붙여졌다. 그 때문에 이러한 영국이 대 아일랜드인의 전쟁은 인종전쟁과 종교전쟁의 가혹함을 띠고 있었다. 영국인은 세심하게 두 종족의 혼혈을 막았다. 그리하여 영국인과 아일랜드인의 혼인을 금지하는 법률(킬케니의 율법)이 제정된 적도 있었다.

아일랜드에는 반란이 잇달았다. 그러나 언제나 지독하게 잔학한 방법으로 진압당했다. 그럴수록 아일랜드인은 그들의 외국인 지배자와 압제자를 향해 기회가 있을 때마다 반란을 일으켰고, 기회가 없어도 봉기하는 판이었다. '영국의 어려움은 아일랜드의 좋은 기회'라는 말은 낡은 속담이지만 종교적 이유와 정치적 이유로 아일랜드는 자주 프랑스와 스페인을 비롯한 영국의 적국 편에 가담했다.

이것이 영국인을 몹시 화나게 했으며, 뒤통수를 호되게 얻어맞은 것처럼 느낀 그들은 온갖 잔학한 수단을 동원해 보복을 가했다. 엘리자베스 여왕시대(16세기)에 아일랜드인 사이에 영국의 지주를 육성함으로써 저항을 근절시키려는 방침이 정해졌다. 그 때문에 토지가 몰수되고 예로부터 이어온 아일랜드의 지주계급은 그 지위를 빼앗겼다. 그리하여 아일랜드는 사실상 외국인 지주를 섬기는 가난한 농민의 나라가 되어버렸다. 또한 이 지주들은 몇백 년이 지나도 여전히 아일랜드 쪽에서 보면 이국인인 것이었다.

엘리자베스 여왕의 뒤를 이은 영국의 제임스 1세는 아일랜드의 정신을 꺾기 위해 또 다른 책략을 꾸몄다. 그는 아일랜드 안에 외국인 이민의 상설 농장을 만들기로 결정하고 북아일랜드 얼스터 지방의 6개 건의 모든 땅을 이 목적을 위해 거의 고스란히 몰수했다. 공짜로 차지할 수 있는 토지가 생기자 영국과 스코틀랜드에서 무모한 자들이 떼를 지어 몰려왔다. 이들 영국인과 스코틀랜드인의 대부분은 토지를 얻어 농민으로서 그곳에서 살았다. 런던시도 이 개척에 협력해서 얼스터 개발을 위해 특별한 단체를 만들었다.

북부(아일랜드)의 테리시가 런던테리라고 일컬어지는 것도 이 때문이다. 그리하여 얼스터는 영국의 영토가 되었는데 이것이 아일랜드인을 몹시 화나게 한 것은 당연한 일이었다. 한편 새로운 얼스터 지방인은 아일랜드인을 증오하고 그들을 경멸했다. 아일랜드를 두 진영으로 갈라놓은 영국의 술책은 제국주의자로서 자못 빈틈없는 것이었다. 300년 이상이나 지난 오늘날에도 얼스터 문제는 해결되지 않는 채 남아 있다.

얼스터의 개발 뒤 곧 영국에서는 찰스 1세와 의회 사이에 내전이 일어났다. 의회 측에서는 프로테스탄트[4]와 퓨리탄[5]이 한 편이 되고, 가톨릭인 아일랜드는 당연히 국왕 편을 들었으며, 얼스터는 의회를 지지했다. 퓨리탄이 가톨릭파를 박멸할까 봐 두려워한 아일랜드인의 우려는 반드시 근거가 없는 것은 아니었다. 그래서 그들은 1641년에 크게 반란을 일으켰다. 이 반란과 그 진압은 지금까지의 그 어느 것보다도 잔혹하고 야만적인 것이었다. 아일랜드의 가톨릭교도

---

[4] 선교도.
[5] 청교도.

는 가차 없이 프로테스탄트를 살육했고, 크롬웰의 보복도 처절한 것이었다. 아일랜드인, 특히 가톨릭 성직자에 대한 학살이 잇달았고 크롬웰은 지금도 아일랜드인의 가슴 속에 비분의 기억을 남겨두고 있다.

이렇게 테러리즘과 포악한 행위가 기승을 부렸어도 몇십 년 뒤에는 또다시 내란과 내전이 발생해 런던데리와 리머릭의 두 도시가 포위되는 사건이 일어났다. 얼스터에 있는 프로테스탄트 도시인 런던데리는 1668년 가톨릭교도 아일랜드인에게 포위되었다. 이곳을 지키는 사람들은 식량도 없어 굶주림에 허덕이면서도 뛰어난 무용을 발휘했다. 4개월간의 포위와 곤궁을 견딘 끝에 드디어 영국의 배들이 식량을 싣고 와서 그들을 구출했다. 1690년 리머릭의 경우는 사정이 달라 가톨릭 아일랜드인이 영국인에게 포위되었다.

이 공격전의 영웅은 우세한 대적을 맞아 리머릭을 끝까지 훌륭하게 지킨 패트릭 사스필드(Patrick Sarsfield)였다. 아일랜드인은 여자들까지 싸웠고, 사스필드와 그 부대의 용감성을 전해주는 게일어 노래는 지금도 아일랜드의 시에서 불리고 있다. 사스필드는 결국 리머릭을 포기했으나 그 뒤 곧 영국과 명예로운 협약이 맺어졌다. 이 협약의 한 조항에는 '아일랜드인 가톨릭교도는 완전한 시민권과 종교적인 자유를 가진다'는 것이 규정되었다.

이 리머릭 협약은 영국인이라기보다는 아일랜드의 영국인 지주 문벌에 의해 파기되었다. 이들 프로테스탄트 문벌은 더블린의 속령 의회를 좌우하고 있어 리머릭에서의 엄숙한 서약에도 불구하고 가톨릭교도에게 시민으로서의 자유와 신앙의 자유를 주는 것을 거부했다. 게다가 그들은 가톨릭교도를 징벌하는 법률이며 아일랜드의 양모무역을 파괴하는 법률을 가결했다. 아일랜드의 소작인은 무자비하게 짓밟혀 토지에서 추방당했다. 이것은 소수의 외국인 프로테스탄트 지주가 가톨릭이며 대부분이 소작인이던 압도적 다수의 국민에 대해 행한 처사였음을 잊어서는 안 된다. 그러나 권력은 모두 이러한 영국인 지주의 손아귀에 들어 있었고, 그들은 소작인들을 잔혹하고 탐욕스러운 대리인과 소작료 징수인에게 맡기고 영지에서 멀리 떨어진 곳에서 사는 것이었다.

리머릭의 이야기는 옛날이야기이다. 그렇지만 엄숙한 서약을 배신함으로써 폭발된 원한과 분노는 지금도 가라앉지 않고 있다. 그리고 오늘날에도 리머릭은 아일랜드에 대한 온갖 영국의 배신행위 가운데서도 제일 먼저 아일랜드 민족주의자들의 가슴을 끓어오르게 하는 것이다. 그 무렵이 협약의 위반과 종교상의 박해, 탄압과 지주의 잔혹한 처사를 견디다 못해 많은 아일랜드인이 다른 나라로 빠져나갔다.

우수한 아일랜드 청년이 외국으로 건너가서 영국과 싸우는 나라라면 어느 나라에나 협력했기 때문에 영국을 상대로 하는 전쟁이 있는 곳에서는 어김없이 아일랜드의 모습을 볼 수 있을 정도였다. 『걸리버 여행기』의 저자 조나단 스위프트는 이 시대 사람이었는데, 그가 아일랜드인에게 준 '석탄 이외에는 닥치는 대로 영국의 것을 불사르라'는 권고는 그가 영국인에 대해 얼마나 분노를 느끼고 있었는가를 짐작하게 한다. (중략)

아일랜드의 자치와 신페인

수없이 무장봉기를 되풀이한 아일랜드는 기근을 비롯한 그 밖의 여러 재해 때문에 이런 종류의 방법으로 자유를 얻는 것에 좀 피로한 빛을 보이기 시작했다. 19세기 후반 영국 의회에 대한 선거권이 확장되었을 때 많은 아일랜드의 민족주의 의원이 영국 하원에 보내졌다. 사람들은 이들이 아일랜드의 자유를 위해 무엇인가를 해줄 것이라는 희망에 차기 시작했다. 그들은 그 옛날의 무장봉기 방법을 버리고 의회 활동에 기대를 걸게 된 것이다.

북부의 얼스터 지방과 아일랜드의 다른 여러 지방의 격차는 매우 심해졌다. 인종·종교적 차이가 여전히 지속되는 위에 경제적 차이가 유난히 두드러졌다. 얼스터는 잉글랜드나 스코틀랜드와 마찬가지로 공업화해 큰 공장에서의 생산이 시작되고 있었다. 그러나 얼스터 이외의 다른 지방은 농업적이고 중세적이며 인구가 희박하여 가난했다.

아일랜드를 둘로 나누는 영국의 낡은 정책은 너무나 효과적이었다. 그 때문에 영국이 뒷날 거기에서 생긴 곤란을 극복하려고 했을 때 영국 자신이 그 불가능을 원망하는 판이었다.

얼스터는 아일랜드의 독립에 최대의 암적 존재가 되었다. 얼스터의 부유한 프로테스탄트는 아일랜드가 독립한 날에는 자기들도 아일랜드의 가난한 가톨릭처럼 되지 않을까 하고 걱정했다.

영국 의회와 아일랜드에서는 새로운 용어가 사용되었는데, 자치(Home Rule)라는 말이 바로 그것이다. 아일랜드의 요구는 이제 '자치'인 것으로 알려졌다. 이것은 700년 동안 있었던 독립의 요구에 비하면 훨씬 작은 소망이며, 또 훨씬 성질이 다른 것이었다. 그것은 지방적인 정무만을 다루는 아일랜드 속령의 회의 설립을 의미할 뿐, 일정한 중요한 사항에 관해서는 여전히 영국 의회에 처리를 맡기는 것을 의미하고 있었다. 많은 아일랜드인은 예로부터의 독립의 요구에 이런 식으로 찬물을 끼얹는 것을 수용하지 않았다.

그러나 그들은 반란과 투쟁에 지쳐 때로는 결국 실패로 돌아간 봉기의 기도에 동조하기를 거부한 적도 있었다. 영국 하원의 아일랜드 의원 가운데 찰스 스튜어트 파넬이라는 사람이 있었다. 그는 영국의 보수당이나 자유당이 조금도 아일랜드에 관심을 기울이지 않는 것을 보고 그들이 정중한 의회 놀이를 계속하는 것을 방해하기로 결심했다. 그는 몇 명의 아일랜드 의원과 짜고 오직 시간을 끄는 것을 목적으로 하는 장광설과 그 밖의 전술로 의사 진행을 방해하기 시작했다. 영국인 의원들은 이런 전술에 몹시 골치를 앓았다.

그들은 그것이 의회 정치에 어긋나는 일이며 신사적이지 않다고 말했지만, 파넬은 이런 종류의 비판에 전혀 귀를 기울이지 않았다. 그는 영국식 규칙에 맞는 점잖은 의회 놀이를 하기 위해 일부러 의회에 온 것은 아니었다. 그는 아일랜드에 이바지하기 위해 왔으며, 그리고 그것을 정상적인 방법으로 이룰 수 없어서 변칙적인 방법을 사용해서 관철한다는 것이 조금도 부정한 일이 아니라고 생각했던 것이다.

아무튼 그는 영국의회가 아일랜드에 주의를 기울이게 하는 데에는 성공했다. 파넬은 양국 하원 안의 아일랜드 자치당의 지도자가 되고, 이 정당은 재해의 영국의 두 정당에게 눈엣가시가 되었다. 이 2대 정당이 서로 다툴 때 아일랜드 자치당은 어느 쪽으로든지 방향타를 잡을 수 있었다. 이렇게 하여 아일랜드 자치당은 언제나 중요한 존재가 되었다.

글래드 스턴은 마침내 아일랜드의 자치에 동의해 1886년 하원에

'자치법안(Home Rules Bill)'을 상정했다. 이것은 매우 이론적인 자치 정부안이었지만 그래도 거센 반향을 불러일으켰다. 보수당은 말할 것도 없이 정면으로 반대했고, 글래드 스턴의 당인 자유당조차 이것을 달갑게 여기지 않아 당은 두 파로 갈라져 한 파는 짐짓 보수당에 합류했다. 이 한 파는 아일랜드와의 통일을 지지했으므로 '통일파(unionists)'라고 일컬어졌다.

'자치법안'은 부결되고 그와 함께 글래드 스턴도 실각했다. 7년 뒤인 1893년 이미 84세의 고령이 된 글래드 스턴은 다시 내각을 조작해 제2차 자치법안을 제출했는데, 이것은 근소한 차로 하원을 통과했다.

그러나 모든 법안은 법률화되기에 앞서 상원을 통과해야 한다. 그런데 상원은 보수당원과 반동가의 소굴이었다. 그것은 선거를 통해 뽑힌 것이 아니라 대지주에다 약간의 주교들을 곁들인 세습회의체였다. 이 상원이 하원에서 통과된 '자치법안'을 통과시킬 리가 없었다.

이처럼 하여 아일랜드가 원하는 것을 성취하려고 한 의회 내의 노력도 실패로 돌아갔다. 지금도 아일랜드 민족주의당은 성공을 기대하면서 의회 활동은 계속하고 있으며 대체로 그들은 아일랜드 인민에게 신인을 받고 있다.

그러나 이런 종류의 방법과 영주 의회에 대한 신뢰를 버린 사람도 적지 않다. 또한 좁은 의미에서의 정치에 정이 떨어져 문화 활동이나 경제 활동에 전념하는 아일랜드인도 많다. 20세기 초 아일랜드에는 일종의 문화적 르네상스가 일어났다. 특히 지금도 서부 농촌지방에서 사용되고 있는 오래된 국어인 게일어를 부활하려는 움직임이 활발해졌다.

켈트어에 속하는 이 언어는 아일랜드의 문학을 풍요하게 발달시켰지만 몇 세기에 걸친 영국의 지배가 이것을 도시에서 몰아냈기 때문에 거의 소멸되어가고 있었던 것이다.

아일랜드의 민족주의자는 아일랜드 그들 자신의 국어를 매개로 해서만 그들의 정신과 그들의 전통적인 문학을 보존할 수 있다고 생각해 이것을 서부의 마을들에서 열심히 발굴해서 일상어로 사용케 하는 데 힘썼다. 외국에 의존하는 운동은 결코 대중을 장악하지 못하며, 또 그 속에 뿌리박지도 못한다.

아일랜드에서 영어는 거의 외국어라고는 할 수 없을 정도로 전국적으로 보급되어 사용되고 있었다. 확실히 그것은 게일어 이상으로 잘 알려져 있었다고 할 수 있을 것이다. 그러나 그런데도 아일랜드인은 그들의 전통적인 문화와 접촉을 끊지 않기 위해서는 게일어의 부활이 기어코 필요하다고 생각했던 것이다.

이 무렵 아일랜드는 힘의 원천이란 외부에서 오는 것이 아니라 내부에서 솟아난다는 자각이 싹트고 있었다. 의회에서의 정치적 차원의 활동에 대해서는 이미 환멸을 느껴 그와는 다른 방법으로 만족을 더욱 견고한 기초 위에 놓으려는 시도가 있었다. 20세기 초기에 새로운 아일랜드는 옛날의 아일랜드와는 그 연모를 달리하고 있었다.

여러 방면에서 르네상스의 기운이 감돌았다. 문학과 문화 방면에 대해서 뿐만 아니라 경제 방면에서도 농민협동조합의 기초 위에 재편성하려는 노력이 기울여져 드디어는 성공했다.

그러나 이러한 모든 것의 배후에는 자유에 대한 갈망이 여전히 작용하고 있다. 영국 의회에서의 아일랜드 민족주의 당 의원은 아일랜드 인민의 신임을 받는 것처럼 보였지만, 사실상 그들에 대한 신망은 흔들리고 있었다. 그들은 그저 연설만을 좋아할 뿐 실제로는 아무것도 할 능력이 없는 단순한 정치꾼에 지나지 않는다는 생각이 고개를 들기 시작했다.

예전의 페니언 당원이나 독립을 찾는 사람들은 이러한 국회의원과 그들이 말하는 '자치'를 신뢰한 적이 없었다. 그러나 이제는 새롭고 젊은 아일랜드 또한 의회에서 눈을 돌리기 시작했다. 자주·자립 사상이 시대의 풍조가 되어 있을 때 어떻게 이것을 정치에 적용하지 않을 수 있겠는가? 사람들의 가슴 속에 무장 반란의 관념이 다시 싹트기 시작했다. 그런데 이같은 행동에 대한 의욕에서 새로운 전기가 주어졌다.

아일랜드의 한 청년 아서 그리피스가 '우리 스스로의 손으로'라는 뜻의 '신페인(sinnpein)'이라는 이름으로 알려지게 된 새로운 정책을 제창했던 것이다. 이 용어 자체가 그 배후의 정책을 시사하고 있는데, 신페인주의자는 스스로를 의지할 뿐 영국의 원조와 동정을 구하지 않는 아일랜드를 원했다. 그들은 아일랜드의 힘을 내부로부터 기르려고 했다. 그들은 게일이 부활운동과 학문부흥을 지지했다.

한편 그들은 무장 봉기를 실행할 수 있는 것으로는 생각지 않았다. 그들은 의회 활동에 대립한다는 의미에서의 '직접행동' 즉 영국 정부에 대한 일종의 비협력수단에 호소할 것을 제창했다. 아서 그리피스는 한 시대 정에 수동저항정책에 성공한 헝가리의 예를 들어 이와 비슷한 정책을 채용함으로써 영국을 궁지에 몰아넣고자 역설했던 것이다.

최근 13년 동안 우리는 인도에서 온갖 형태의 비협력운동에 관여해 왔다. 그래서 이 아일랜드의 선례와 우리 것을 비교해 보면 퍽 재미있다. 온 세계에 널리 알려져 있듯이 우리 운동의 기본을 이루는 것은 비폭력이다. 아일랜드에는 이러한 토대 또는 배경이 없다. 그렇지만 제안된 비협력의 힘은 평화적인 수동 저항에 있다. 그 투쟁은 본질적으로 평화적인 것이었다.

신페인 사상은 서서히 아일랜드 청년들 사이에 번져나갔다. 그러나 아일랜드에 금방 이 운동의 불길이 타오르는 것은 아니었다. 아직 의회에 기대를 거는 사람도 많이 있었는데, 특히 1906년 자유당이 다시 대다수를 차지해 정권을 잡았기 때문에 이 기대감은 더욱 고조되었다.

자유당은 하원에서 다수를 차지했는데도 보수당과 통일파가 여전히 수많은 세력을 차지하고 있는 상원에서 반대에 직면해야만 했다. 그리하여 얼마 뒤 양자 사이에 충돌이 생겼다. 그 결과 상원은 권한이 제한되었다. 재정 문제에 관해서는 연속 3회기에 걸쳐 상원이 반대한 법안을 하원이 가결함으로써 그들의 간섭을 배척당하게 되었다.

이처럼 자유당은 1911년 의회조례를 통해 상원을 무력하게 만들었다. 그러나 상원에는 아직도 대폭적인 묵살과 간섭의 권한이 남겨져 있었다. 상원에서의 반대가 여전히 계속되는데도 자유당은 제3차 자치법안을 제출했고 이것은 1913년 하원을 통과했다. 상원은 이 법안을 일축해 버렸지만, 하원은 3회기 가결의 귀찮은 절차를 밟아 1914년 이것을 법률화했고, 곧 얼스터를 포함하는 아일랜드 전역에 적용시켰다.

아일랜드는 간신히 자치를 얻는 것처럼 보였지만, 그러나 여기에는 또 여러 가지 단서가 붙어있었다. 1912년과 1913년에 의회에서 자치를 토의하고 있는 동안 북아일랜드에는 이상한 일이 생겼다. 얼스터의 지도자가 그들은 그것을 받아들이지 않을 것이며 또 설사 그것이 법률화 되더라도 거기에 대해 항쟁할 것이라고 말하기 시작한 것이다.

그뿐 아니라 그들은 이 자치와 싸우기 위해서는 어느 외국-이것은 독일을 의미하고 있었다-의 원조를 구하는 것도 서슴지 않을 것이라고 성명했다. 이것은 논의할 여지도 없이 공공연한 반역죄에 해당하는 것이었다. 더욱 재미있는 일은 영국의 보수당 지도자가 이 반역적인 움직임을 환영해서 이를 후원하는 자도 적지 않았다는 사실이다.

부유한 보수 계급으로부터 얼스터에 많은 돈이 뿌려졌다. 이른바 '상류계급(upper classes)'이나 또는 지배계급이 대개 얼스터를 지지하고 있었음이 명백하며, 또 이들 계급 출신인 군장교의 대부분도 같은 태도를 취했다.

무기가 밀수되고 의용군이 공공연하게 훈련받았다. 시기가 도래하면 국정을 담당하기 위해 임시정부가 설립되기까지 했다. 얼스터의 지도적 '반도(rebeis)'의 한 사람이 보수당 의원이며 버큰 헤드로서 나중에 인도상과 그 밖의 고관을 지낸 스미스였다는 것이 주목을 끈다.

반란은 역사상으로는 흔히 있는 현상이고, 특히 아일랜드에서는 그 사례가 적지 않았다. 그렇지만 이 얼스터 반란 계획은 배후에서 그것을 조정하는 자가 입헌적, 보수적인 성격을 스스로 자랑하는 당파라는 점에서 특수한 흥미를 끄는 것이다. 그것은 입버릇처럼 '법과 질서'를 설교하는 당파이며, 이 법과 질서를 어지럽히는 사람들을 엄벌에 처하는 데 찬성하는 정당이었던 것이다. 그런데도 버젓한 이 정당의 간부들이 공공연히 반역을 거론하고 무장봉기를 계획해서 반도들에게 자금은 보내 이를 지원했다니!

그리고 특기할 것은, 이 계획된 반란이 바로 자치법안을 의심 중이었고 후에는 이것을 통과시킨 의회의 권위를 향해 꾸며진 것이었다는 점이다. 이로써 민주주의의 토대 자체가 충격을 받았으며 예로부터 그들 자신이 법의 지배와 입헌적 활동의 신봉자라고 자랑해 오던 영국 국민의 투철한 정신적 전통은 소멸되고 말았다.

1912~14년의 얼스터 '반란'은 이 위장과 미사여구의 가면을 벗겨내 정치적 지배와 근대 민주주의의 본성을 백일하에 폭로했다. '법과 질서'가 지배계급의 특권과 이익의 옹호를 의미하는 한 그것은 바람직한 것이며, 민주주의가 이러한 특권이나 이익을 방해하지 않는 범위 안에서 그것은 용인되어도 좋은 것이었다.

그러나 혹시 이러한 특권이 공격당하는 일이 있다면 이 계급은 싸울 것이다. 따라서 '법과 질서'란 그들에게는 그들 자신의 이익을 의미하는 듣기 좋은 말에 지나지 않는 것이다. 이것은 영국 정부가 사실상 특정 계급만의 정부이며 의회에서의 다수가 이에 반대할 때조차도 쉽게 그것을 물리칠 수 없음을 명백하게 증명해준다. 가령 그와 같은 다수가 그들의 특권을 축소하는 듯한 사회주의적 법률을 가결하려고 했다면 그들은 민주주의의 원칙 따위는 내동댕이치고 이에 항쟁할 것이다.

이것은 명심해 두는 것이 좋다. 왜냐하면 이것은 어느 나라의 경우에나 적용되는 일이며, 더구나 우리는 자칫하면 동정 어린 제의나

귀가 솔깃해지는 말에 속아 이 현실을 쉽게 잊어버리기 때문이다. 이런 관점에서 말하면 혁명이 쉴 새 없이 일어나는 남아메리카의 공화주의는 안정된 정부를 가진 영국이든 이들 사이에 어떤 본질적인 차이는 없다. 인정이라는 것은, 지배계급이 박아놓은 쐐기가 그만큼 길어 지금 당장은 그것을 파헤칠 만한 강력한 다른 계급이 없다는 것을 의미한다. 1911년 그들의 방패의 하나인 상원은 힘이 줄어들자 깜짝 놀랐고 그래서 얼스터가 반란의 구실로 이용된 것이다.

얼스터가 반란을 위해 무기와 의용군을 모으는 동안 정부는 이것을 조용히 방관하고 있었다. 이 반란 계획에 대해 긴급명령 한 번 내리지 않았다. 얼마 뒤에는 얼스터 이외의 아일랜드에서도 얼스터를 본받아 반란이 일어나 '국민의용군'을 결성했다. 그러나 이것은 자치를 위해 싸우려는 것이었고, 필요하다면 얼스터와도 일전을 불사하기 위해 일어난 것이었다. 이리하여 아일랜드에는 서로 대립하는 두 군대가 생겼다.

얼스터의 반란의용군에는 추파를 던지던 영국 정부가 '국민의용군'에 대해서는 그것이 자치법안을 반대하는 것도 아닌데 발 벗고 나서서 탄압을 하려는 우스운 일이 벌어졌다. 아일랜드의 두 의용군 사이의 충돌은 피할 수 없는 형편에 이르러 내전은 불가피한 것으로 보였다. 마침 그때 더 큰 전쟁-세계대전-이 1914년 8월에 시작되었다.

이 때문에 다른 일은 모조리 뒤로 밀려나 눈앞에서 치워져 버렸다. 그렇지만 자치법안은 확실히 법률화되었고 동시에 전쟁이 끝날 때까지는 그것을 발효하지 않는다는 규정이 곁들여졌다. 그래서 자치는 여전히 손이 닿지 않는 곳에 멀찍이 앉아있게 되었고, 아일랜드는 전쟁이 끝날 때까지 또 다사다난한 길을 걸어야만 했다.

나는 지금 세계대전이 일어나기까지의 여러 나라의 사정을 설명하는 가운데 아일랜드의 국면에 도달했다. 그래서 우리는 이쯤에서 잠시 걸음을 멈춰야겠다.

그러나 이 편지를 끝내기 전에 말해두어야 할 것이 하나 있다. 얼스터 반란의 지도자들은 그들의 반란 때문에 벌을 받기는커녕 얼마 뒤에는 그 공로로 내각에 입각해 영국 정부의 고관이 되었다는 사실이다.

(5) 동독의 민주화 운동

1980년대 중반 고르바초프가 등장하면서 동유럽 국가들은 민주화에 적극적이었으나 동독의 지도부는 국제적인 조류를 전혀 파악하지 못하고 있었다. 이러한 가운데 동독의 개혁은 상부가 아닌 아래로부터 민중들이 관심을 가지면서 적극성을 가지기 시작했다. 1989년 가을 라이프치히에서 일어난 군중데모와 1989년 초부터 시작된 원탁회의 토론은 동독 사회 변화를 갈망하는 사회적 요구의 출발점이었다.

외부로는 폴란드와 헝가리의 민주화가 동독의 사회 변화에 영향을 미쳤다. 1989년 6월 폴란드에서 자유총선거가 실시되었고, 그 여파로 동유럽의 국가들도 자유선거를 실시하여 50년간 동유럽을 통치하였던 공산당 일당 체제가 사라졌다. 제일 먼저 자유총선을 실시했던 폴란드가 주는 교훈은 공산주의국가에서 국민의 의사를 무시한 채 이데올로기에 의해 집권하고자 한다면 결국은 국민의 지지를 받지 못한다는 것이다.

동유럽에서의 공산주의 붕괴는 곧바로 동독의 민주화 운동의 도화선이 되었고, 공산주의 체제에 안주하여 통치했던 호네커는 시대적 변화에 적응하지 못해 종말을 고하고 말았다. 유럽에서 사회주의의 몰락은 독일 통일로 이루어졌다. 이로써 유럽의 정치지도가 재편되었고, 이념과 체제를 달리하던 동·서 유럽이 하나의 단일체제로 전환하는 계기가 되었다.

동독 시민은 텔레비전 방송에서 얼마 전까지만 해도 경찰의 탄압을 받던 인사가 폴란드 총리가 되어 개혁을 지휘하는 모습, 헝가리 시민들이 개혁 정책의 결과 오스트리아의 국경선이 폐지된 후 빈에 가서 쇼핑을 하고 헝가리로 돌아가는 모습 등을 볼 수 있었다. 주변 국가에서는 개혁이 진행되고 있는 사이 동독 시민은 불만의 목소리가 높아지면서 동독을 떠날 준비를 하고 있었던 것이다.

1989년 라이프치히에서 리프크네히트와 로자 룩셈부르크 70주년 추모일 군중집회가 열렸고, 표현의 자유와 집회의 자유, 언론의 자유를 요구하면서 군중시위가 시작되었다. 이때 80명이 체포되었다. 동독의 민주화요구는 이것으로 끝나지 않고 동독 탈출 행렬이 계속되고 있을 때, 동독 최초의 재야 단체인 노이에스 포럼이 결성되어 민주화를 요구하였다. 이때 정부는 이 단체를 반정부 단체로 규정하고 어떠한 종류의 대화도 수용하지 않았다. 동독의 10월 혁명은 재야 단체와 지식인들이 주도하였다. 사회 분위기가 계속 민주화를 요구하고 있을 때, 지식인 단체인 동독의 작가 동맹은 모든 사회계층 간에 민주적 대화를 요구했다. 1953년 민주화운동과 같은 무력 충돌을 피하기 위해서였다. 재야 단체는 '우리의 국민'이라는 슬로건을 내걸었다. 이는 진정한 민주국가를 건설하는 것이 목적이었다. 하지만 민주화운동이 점점 확산되면서 '우리는 국민이다'라고 주장하면서 호네커 정권의 비민주적 형태를 더는 인정할 수 없다는 입장이었다. 계속되는 민주화 요구에 호네커는 건강상의 이유로 더는 난국을 이끌어 나갈 수 없어 퇴임하였다. 후계자로는 에곤 크렌츠가 임명되었고, 한스 모드로우가 총리에 취임하였다.

크렌츠는 위기를 극복하기 위해 개혁의 방향을 제시했지만 동독의 주민들은 사회 통일당의 정책을 신뢰하지는 않았다. 크렌츠는 개혁을 요구하는 국민들의 요구를 받아들여 민주화 체제개혁, 자유선거 실시를 약속했지만 동독 주민들의 민주화 요구는 수그러들지 않았다. 시간이 지나면서 정국은 위기의 상황으로 전개되었다. 크렌츠는 위기를 극복할만한 방법을 제하지 못한 채 마지막 처방으로 1989년 11월 9일 베를린 장벽 개방을 선언하였다.

이로써 베를린 장벽은 설치된 지 28년 만에 개방되었다. 이때 동서독의 젊은이들은 베를린 장벽에 올라가 샴페인을 터뜨리며 장벽의 개방을 환영하고, 동독 사람들은 밤새워서 베를린 거리를 활보하였다.

그다음 날인 11월 10일, 동독에서 서베를린으로의 여행은 러시아워를 이루었다. 이때 서독정부는 서베를린과 서독을 방문하는 동독 주민들에게 200마르크를 지불하였다. 동독 주민들은 서독 정부가 지불하는 돈으로 그동안 텔레비전을 보면서 가지고 싶었던 서방세계의 제품을 구입하였다. 동독 주민들은 자본주의 매력을 느끼며 통일에 대한 열기가 높아지기 시작했다.

콜 수상은 동독의 국무의장 모드로우를 만난 후 동독의 자체적인 개혁은 불가능하다고 인정하고, 서독외무부장관 겐셔와 상의 끝에 소련의 간섭 없이 독일 내적인 힘으로 통일을 이룰 수 있다는 확신을 가지게 되었다. 콜 수상은 지금이야말로 통일을 할 수 있는 적절한 시기라고 생각하고, 통일을 위한 발 빠른 행동을 시작하였다. 그 시작이 1989년 11월 28일에 선포한 10개 조항의 선언문이었다. 콜 수상의 10개 조항의 발표는 동독에 통일의 희망을 불러일으키는 도화선이 되었다. 이 계획안에 대한 동독 주민들의 반응은 콜 수상이 크리스마스 전에 동독의 드레스덴에 방문하였을 때 나타났다.

동독 주민들은 애국심으로 충만해 있었고, 콜 수상을 환호하기 위해 광장 주변에 있는 지붕 위까지 올라가 대환호하면서 통일을 외치고 있었다. 동독 정치권은 국가 체제를 재정비할 수 없는 상황에 처하게 되었다.

이때까지도 소련은 독일의 통일을 반대하는 입장이었고 동유럽의 사회주의 국가들은 소극적인 입장이었다. 그해 12월 3일 몰타에서 고르바초프는 부시 대통령과 정상회담을 했고 독일 통일은 유럽 안정에 위협이 된다고 반대 입장을 밝혔다. 하지만 부시 대통령은 앞서가는 언급을 자제하면서 서독 콜 수상이 10개 항을 발표한 것은 독일 통합을 위한 점진적 과정으로 이해하였다.

콜 수상의 통일 정책에 대해 동독 정부의 어떠한 반응도 없을 때 동독의 재야 단체는 이제는 민주주의가 필요하다는 슬로건을 내걸고 민족 통일을 위한 3단계 구상을 제시하였다.

콜 수상은 통일에 대한 본인의 의사를 동독에 타진하기 위해 크리스마스 무렵인 12월 19일과 20일 양일간 동독의 드레스덴을 방문하여 동독의 모드로우와 정상회담을 가졌다. 두 사람의 만남 이후 베를린을 여행할 때 적용하던 최소의 환율 규정과 동독 방문 때 필요한 비자 발급이 폐지되었다.

모드로우는 1990년 1월 말 소련을 방문하여 고르바초프와 회담을 했다. 여기서 그는 동독의 정치 체제를 더는 이끌고 나갈 수 없다고 실토하고 동독 붕괴의 책임을 지겠다고 언급했다.

모드로우는 귀국 후 독일 통일을 위해서 의무감을 가지고 최선의 임무를 다할 것을 약속했다. 또한 독일 통일은 모든 분야에서 획기적인 변화를 가져와야 한다고 그의 희망사항을 밝혔다.

베를린 장벽 붕괴

1989년 5월 7일 치러진 동독의 지방선거는 과거 여느 때와 마찬가지로 부정선거가 이루어졌다. 동유럽에서 불고 있는 개혁의 바람을 전혀 인지하지 못한 정치가들은 구습에 젖어있었다. 개혁의 조류 앞에 방향을 잃어버린 동독에서 시민들은 개혁의지와 능력도 없다고 판단했다. 그래서 일부는 서독으로 탈출을 감행하였고, 일부는 그해 6월부터 매월 7일에 부정선거를 규탄하는 저항 시위를 전개하였다.

라이프치히 니콜라이 교회에서는 9월 4일 평화기도회를 마친 시민들이 매주 월요일에 자유를 요구하는 집회를 개최하기로 결정했다. 월요시위는 시민들의 지속적인 관심에 힘입어 10월에는 엄청난 숫자가 참가하였다. 이러한 분위기는 더욱더 활기를 띠어 9월에는 '노이에스 포럼'과 이제는 민주주의가 결성되었고 10월에는 민주주의 새출발이 구성되었다. 사회적으로 개혁의 요구가 높아지고 있는데 동독의 정치가들은 내부문제를 해결하기 위해 고심하지 않고

1989년 10월 7일 동베를린에서 동독건국 40주년 기념행사를 성대하게 개최하였다.

이 행사장의 주역인 동독의 정치가들은 앞으로 몇 달 후에 다가올 그들의 운명을 전혀 예견하지 못한 채 축제 분위기에 젖어 있었다. 행사가 열리고 있는 도중 동베를린에서 대규모 시위가 있었는데 경찰의 강경 진압으로 부상자가 발생했고 3천 명 이상이 체포되었다. 정치권에서 전혀 개혁의 의지를 보이지 않자 동독 내에서 민주화 운동이 전국적으로 확산 되었다. 드레스덴을 중심으로 켐니츠, 할레에르푸르트, 포츠담, 라이프치히에서 민주화 운동이 빠른 속도로 진행되었다.

동독의 통합사회당 중앙위원회는 호네커 정부가 더 이상 시민들의 불만을 해소할 수 없다고 한단하고 1989년에 곧 크렌츠 체제를 출범시켰다. 크렌츠가 지도자로 등장했지만 시민들은 전혀 그를 지지하지 않았고, 그의 말을 믿으려 하지 않았다. 개혁의 변화에 대해 구시대적인 사고를 가진 크렌츠의 과거 행적, 즉 부정선거 조작 흔적과 천안문 사태 때 중국을 방문하여 중국 정부를 지지했던 것이 시민들에게 부정적인 이미지로 남았던 것이다. 크렌츠가 취임하고도 사태는 조용해지지 않고 데모는 계속되었다. 취임 후 첫 월요일에는 약 30만 명 이상이 시위에 참가하였다. 1989년 11월 4일에는 동독 역사에서 가장 큰 시위가 일어났다. 동베를린 알렉산더 광장에 모인 군중들은 통합사회당의 강압 정치 철폐, 자유선거 실시, 자유로운 여행 보장, 슈타지 폐지를 요구하였다. 개혁의 요구는 단지 수도 베를린으로만 제안되지 않고 라이프치히, 드레스덴, 할래, 캠니츠 등 전국으로 확산되었다. 동독의 정치권은 이러한 사태를 수습할 능력을 갖추지 못한 가운데 통합사회당 지도부 정치국이 해산되었다. 새롭게 형성된 정부의 신임 정부 수반에는 개혁주의자인 모드로우가 선임되었다. 그럼에도 제3국을 통한 서독으로의 이주와 국내에서 민주화 시위는 정치권을 압박하는 요인이었다.

이에 대한 부담을 느낀 크렌츠는 임시여행규정안을 만들어 발표하였다. 두 쪽의 문서는 통합사회당 언론담당 샤보브키에게 건네져 잘못 발표되는 바람에 사실상 베를린 장벽이 붕괴되었다. 이 소식을 뉴스로만 들었을 뿐 정식 통보를 받지 못한 동독 국경수비대는 몰려드는 시민들에게 문을 개방하고 말았다.

뒤늦게 소식을 접한 크렌츠도 이 소식을 통보받고 국경을 통과하게 명령하였다. 이로써 독일 분단의 상징인 베를린 장벽은 1961년 8월 13일 자정에 설치된 이후 28년 만에 붕괴되었고, 그날 밤 동서 베를린 경계선 주변에 약 1만 명의 시민이 서로 얼싸안고 샴페인을 터뜨리며 축하의 분위기를 즐겼다.

1953년 6월에 일어난 동독의 민주화 운동은 소련이 사회주의 체제를 강화하기 위해 강제로 진압하였다. 그러나 1989년 민주화 운동은사회주의 체제에 환멸을 느낀 아래로부터의 민주화 운동이라 개혁은 추진하는 소련도 시대적 대세를 수용하였다. 1989년 동독에서 일어난 혁명은 소련이 무력적인 방법을 동원하지 않고 시민의 의견을 존중하여 성공을 거둘 수가 있었다. 베를린 장벽이 붕괴된 1989년 11월 9일 밤 콜 수상은 역사적인 일이 벌어지던 독일에 있지 않고 폴란드를 방문 중이었다. 그러나 콜 수상은 폴란드 방문 일정을 중도에 포기한 채 수도 밑으로 가지 않고 미군용기로 역사적인 현장 베를린으로 갔다. 그때까지 콜 수상은 베를린 장벽 붕괴가 통일로 이어지리라고 전혀 예상하지 못했다. 그러나 이후부터 통일의 분위기가 조성되기 시작했고, 소련이 동독의 정치 질서를 더 이상 추스를 수 없다는 판단을 내보이자 콜 수상은 통일에 대한 구체적인 작업을 시작했다. 11월 28일 통일에 대한 10개 항의 프로그램을 연방의회에 공개하면서 통일에 대한 여론이 공론화되었다. 그러나 이 프로그램은 폴란드와 오데르 나이세 국경선 문제를 협의하지 않았고 연합국과 사전에 협의가 이루어지지 않아 많은 비판을 받았다. 콜 수상의 이러한 빠른 결정은 사전에 폴란드 및 연합국과 합의를 한다면 많은 시간을 낭비하여 정작 통일이라는 큰 대업을 망쳐버릴 수도 있기 때문에 몇몇 측근들만 아는 가운데 신속하게 일을 처리하였다.

통일의 과정

국민의 신뢰를 잃어버린 당 지도부는 더는 정권을 수행할 능력을 갖지 못했다. 1989년 12월 3일에 정치국 중앙위원회가 해산되었고, 그로부터 7일 후인 12월 6일 크렌츠는 서기장 및 국방위원장직에서 물러났다. 힘의 공백에 빠진 정치권은 모드로우와 그의 측근들이 장악하였다.

모드로우는 위기에 빠진 국가를 구하려고 노력했지만, 동독이라는 사회주의 호는 침몰의 소용돌이에 빠져들고 있었다. 동독에서 모드로우가 취임했지만 정치적 안정은 기대할 수 없고 정권 붕괴 위기에 직면한 모드로우와 원탁회의의 참가자들은 사태의 심각성을 인정하였다. 그래서 조기에 총선을 실시하기로 결정했다.

이로써 1990년 3월 18일 동독에서는 독일민주공화국이라는 이름으로 처음이자 마지막으로 자유민주선거가 실시되었다. 93.38퍼센트라는 매우 높은 선거 참가율 속에서 콜 수상이 지원하는 통합기민당이 압도적인 승리를 거두어 192석을 차지하였다. 반면 동독사민당은 88석의 의석을 확보하는 데 그치고 말았다.

동독에서 기민당의 승리는 콜 수상의 승리였다. 통합기민당이 대승을 거두었음에도 폭넓은 기반 위에서 통일의 과업을 이룩하기 위해 사민당과 대연정을 구성하였다.

동독 총리는 절대적인 지지를 받은 통합기민당 출신의 드메지에르가 선출되었다. 선거 결과는 통일 운동을 더욱 가속화하는 계기가 되었고, 통일 전에 우선 화폐통합, 경제통합, 사회통합을 이루어 동독 사회를 안정시키고 동독에서 서독으로 이주를 중단시킬 수가 없었다.

1990년 7월 1일, 경제통합과 사회통합이 이루어져 서독연방은행이 동독통화와 금융을 관리하게 되었다. 따라서 동독은 40여 년간 적용했던 중앙계획통제경제를 포기하고 사회적 시장경제체제로 편입되었다.

국제질서를 존중하는 차원에서 독일의 통일에는 주변국의 동의가 반드시 필요했다. 해당 국가와 기구는 연합국 폴란드, 서독의 파트너 기구인 나토와 유럽연합 등이 있었다. 연합국, 주변 국가, 나토, 유럽연합은 독일 통일이 유럽 통일이라는 틀에서 이루어져야 하고, 통일 후 유럽 평화와 안정에 기여해야 한다는 명분을 제시하였다.

통일 전에 반드시 해결해야 할 문제는 폴란드 서부 국경선인 오데르 나이세 경계선 문제였다. 연합국은 물론 해당 국가인 폴란드도 통일 전에 오데르 나이세 경계선 문제를 반드시 재확인해야 한다는 입장이었다. 주변국의 입장이 강경한 상황에서 독일은 오데르 나이세 문제로 통일이라는 대사를 그르칠 수는 없었다. 독일이 끝까지 오데르 나이세 국경선 문제를 인정하지 않으면 통일 작업은 그만큼 지연될 수밖에 없었다.

오데르 나이세 경계선 문제는 폴란드에게는 죽느냐 사느냐 하는 민족의 운명이 걸린 상황이었다. 이 문제를 확실하게 해결하지 못할 경우 제2차 세계대전 이후 최초로 등장한 민주 정권인 마조비에키 내각이 붕괴할지도 모르는 상황이었다.

이때 폴란드에서는 독일의 보복주의가 구 제국영토를 수복하기 위해 다시 무력을 동원할지도 모른다는 생각을 하게 되었다. 콜 수상은 폴란드의 고민에 대해 깊이 고려하지 않고 외교적 명분 쌓기에 전념하고 있었다.

독일과 폴란드 언론, 지식인들은 역사적 경험을 설명하였다. 독일의 국력이 강해졌을 때, 예를 들어 빌헬름 2세와 히틀러 시대에 폴란드가 독일의 희생국가였던 슬픈 과거사를 반복하지 않기 위해 폴란드의 제안을 수용하는 것을 지지했다.

오데르 나이세 문제는 통일 전 동독과 서독의회에서도 충분한 의견이 교환되었고, 여야 합의가 이루어진 상황이었다. 그럼에도 콜 수상은 외교적 실리를 위해 오데르 나이세 경계선 문제를 빨리 해결하지 않고 명분을 축적하면서 시간을 조율하였다.

8월 31일에는 통일의 실무협상을 담당했던 서독의 쇼이불레 내무부 장관과 동독의 크라우제 내무부 장관이 통일 조약에 서명하였다. 9월 12일에는 모스코바의 2+4의 마지막 회담에서 조약을 체결하여 오데르 나이세 경계선을 폴란드 서북국경선으로 인정하였다. 9월

20일에는 서독의 연방회의와 동독의 인민회의에서 통일조약을 통과시켰다. 이로써 서독은 베를린 장벽이 붕괴된 지 326일 만에 빠른 평화 통일을 이룩하여 45년 만에 완전한 주권을 회복하게 되었다.

소련의 동의 아래 통일된 독일은 북대서양조약기구(나토)의 회원국으로 남기로 했고, 유럽은 나토와 바르샤바조약기구를 대체하고 유럽전체를 수용할 수 있는 안보체제를 구축하기로 했다. 나토 회원국인 독일은 바르샤바 조약국과도 비군사 부분에서 협력관계를 유지하기로 하였다.

1990년 10월 3일, 독일연방공화국 기본법 제23조에 의해 서독이 동독을 흡수 통일하였다. 동독은 서독의 기본법에 따라 독일연방공화국의 영토가 되었고, 동독의 5개 행정자치단체는 그해 10월 14일 기본법에 따라 주의회와 정부를 구성하기 위한 선거를 실시하였다. 12월 2일에는 통일된 독일의 첫 번째 총선이 실시되어 수상을 선출하고 새 정부를 구성하였다. 이로써 1949년 출범한 독일민주공화국(동독)은 40년의 통치 기간이 종식되고 역사에서 사라졌다.

그동안 사회주의 국가 동독도 통일을 그들의 정치적 목표로 설정했다. 그러나 단지 구호로만 내걸었을 뿐, 양국의 현실적인 접근이나 독자적인 정치 질서 수립에 대해서 노력하지 않고 소련의 모델에 의해서 사회주의 국가를 건설하였다. 동독에서는 통합사회당이 홀로 아무런 계획도 없이 40년간 국가를 통치했는데, 이 때문에 시대의 변화와 민심을 제대로 파악하지 못하고 결국 붕괴하고 말았다.

7. 인도와 이집트

(1) 고대 인도사

　세계 4대 문명 발상지의 하나인 인더스 문명은 이집트의 제1왕조와 거의 같은 시기의 가장 오래된 인류 문명으로 인정되고 있다. 5천 년의 긴 역사를 가진 이 문명은 아직도 베일에 가려진 채 극히 일부만 그 유적이 발굴되고 있다. 그러나 아직도 그 발굴 작업은 부단히 계속되고 있다.

　지금까지 발굴 작업에서 드러난 인더스 문명의 특색은 메소포타미아의 도시국가 시대의 유적에서 보듯 언덕 위에 세워진 성채와 성벽에 싸인 시가지와 그 주변의 농경지, 방목지로 이루어진 점이다.

　그러나 인더스 문명의 모헨조다로, 또는 그곳과 기본 형태가 같은 화랍과 등 여러 도시의 유적을 메소포타미아의 그것과 비교하여 볼 때 유독 다른 점은 성벽 내부의 도시 계획이 정연하게 이루어진 점, 그리고 일반 시민의 주택으로 보이는 많은 집들이 벽돌로 지은 비교적 훌륭한 구조를 가지고 있다는 점이다.

　정연하게 구획 정리를 했고 급수시설과 배수시설의 완비, 계획적 공사의 진행 등은 인더스 문명의 높은 수준과 많은 경험이 축적되어 있었다는 사실 등이다. 이로 미루어 볼 때 그 지역에는 강력한 중앙집권적인 제도가 수립되었다는 것을 짐작할 수가 있다.

　또한 넓은 지역에서 발견된 인장(印章)의 상형문자가 모두 같은 양식이며, 그리하여 주민들이 같은 문자를 사용하고 있었다는 것도 알 수 있다. 그들은 스스로 실을 뽑아 옷을 만들어 입었다는 것과 그 재료로 양털과 무명실을 사용한 것도 밝혀졌다. 보리, 밀을 주식으로 한 식량이며 깨, 콩, 대추, 야자열매 등을 식용했고 사냥과 고기잡이도 성행해서 금속제의 낚시 바늘도 사용했고 그물도 많이 발견되고 있다.

현재 이 지방은 사막이다. 그러나 당시에는 벽돌을 굽는 연료로 장작을 무제한 쓸 수 있을 만큼 주위에 숲이 울창했던 것 같다. 관개 설비의 유적을 보면 수량도 풍부했던 것 같다. 이러한 문명은 어느 날인가 서쪽에서 침입해 온 새로운 이민족 앞에 멸망된 것으로 밝혀지고 있다. 그것은 비참한 것이었다.

모헨조다로에는 남녀노소의 유골이 길거리나 집안에 흩어져 있었다. 뿐만 아니라 그 유골에는 무기에 의한 상처 자국이 그대로 남아 있었다. 이것은 외적의 침임에 의한 대량 학살이 자행되었다는 사실을 웅변으로 말해주고 있는 것이다.

이 살육을 자행한 침입자들은 누구였을까. 여기에는 많은 의문에 부딪힌다. 처음에 인더스 문명을 이룩한 사람들이 누구인가 하는 의문, 그리고 그것을 파괴한 인간들은 어느 민족인가 하는 의문이 동시에 남는다. 아득한 옛날 아메리카 신대륙에서 백인 침략자들이 잉카 문화를 순식간에 짓밟아버리고 스페인 신부 손으로 마야 문화의 비밀을 간직한 기록들이 영원히 사라져간 것처럼 아마도 우수한 무기를 사용하는 야만인의 침입 앞에 인더스 문명은 비극적 최후를 마친 것이 아닐까?

아무튼 유물에서 발견된 생활 용구와 같은 것은 아직도 인도 민족이 사용하고 있음을 볼 때 적잖이 그 문명이 전수한 것으로 짐작할 수도 있다.

신흥 종교 탄생

기원전 6세기경 갠지스강 상류에 정착한 아리아인은 그 후 다시 동쪽으로 진출해서 갠지스강 중류에 자리 잡고 사회적, 문화적 큰 변혁을 겪었다. 우선 전통적인 원주민과 혼혈(混血)이 성해서 당연히 별종의 새로운 민족이 형성됐다. 그들은 전통적인 풍습, 의식, 신앙을 지키지 않고 자유로운 입장을 취했다. 속어(俗語)를 사용하고 베타 문화를 무시하고 브라만교의 문화는 그리 중요치 않게 됐다.

이러한 경향은 물질적 생활이 향상되고 새로운 도시가 발생함으로써 더욱 강조됐다. 그들이 정착한 갠지스강 중류 지방은 상류 지역보다도 더 기름져서 소출이 많고 물자가 풍성했다. 따라서 차차 상공업이 발달하고 수많은 도시가 성장하여 사회생활의 중심이 되었다. 즉 도시국가가 나타난 것이다.

이 도시국가를 유지해 가기 위해서는 브라만의 주술이나 성전(聖典)의 암송이나 제사보다는 더 현실적인 힘이 필요해서 자연히 브라만지상주의가 흔들리게 됐다. 상공업이 발달되고 생활 물자가 풍부해짐에 따라 이 시대에 화폐 경제가 현저하게 진전돼서, 고고학적으로 가치가 있는 이 시대의 화폐가 지금도 많이 발견되고 있다. 화폐 경제의 진전은 자연히 도시에 막대한 부력을 쌓게 하여 도시의 경제적 실권을 잡는 사람이 곧 사회적 패자로 등장하게 된다.

한편 도시국가의 대립경쟁 과정에서 도시는 발전하고 경제생활은 향상되고 국가는 틀이 잡혀간 반면, 일반 서민들은 자유나 평등사상에 눈을 뜨고, 혹은 술과 여자는 쫓는 향락생활에 취하여 기강이 문란해지고 윤리도덕이 퇴폐하고 죄악의 소용돌이는 도시생활을 쓸었다.

그 결과 브라만교의 전통이나 교의는 맥을 못 쓰고 그 여파로 쾌락론을 위시해서 갖가지 학설이 일어났다. 원시불교경전에 보면 이러한 학파가 62개라 했고 자이나교의 문헌에는 더 많은 이단 제파를 전하고 있다. 후대에 전하는 유물론, 회의론, 쾌락론, 운명론, 적취설, 윤회설, 그리고 수행법(修行法)으로는 유가행이나 고행(苦行) 등이 다 이 시대의 기운을 타고 성장했다.

이상과 같이 기원전 6세기 후반에 새로운 종교 운동이 일어날 기운이 익어서, 그 기름진 토양에 뿌리를 내리고 종래 있어 온 브라만 계급의 권위와 존엄성을 거부하는 새로운 종교개혁운동이 두 크샤트리아 출신에 의해 추진되었다. 하나는 바르다마에 의해 창시된 자이나교이고, 다른 하나는 그보다 좀 늦게 고타마 싯다르타가 창도한 불교였다.

― 자이나교

자이나교는 지나, 즉 승자(勝者)의 종교라는 뜻이다. 교조 바르다마나는 마하비라, 즉 위대한 영웅, 큰 용사라 불리고 있으며 불교 경전에 나오는 육사외도(六師外道)의 한 사람인 니간타 나타붓타는 곧 이 마하비라를 가리키는 말이다. 나타족 출신인 크샤트리아였기 때문에 나타붓타, 즉 나타족의 아들이라 부른 것이다. 그는 불교의 나타마와 같은 시대, 같은 지방에서 활약하였으며 고타마보다 좀 일찍난 것은 확실하다. 그 연대가 여러 설이 있어 확정지을 수가 없다. 어떻든 기원전 400년 때에 활동한 것만은 틀림없다.

바르다마나는 30세에 출가하여 12년간에 걸친 고행 끝에 완전한 지혜를 깨달아 자이나가 되고 마하비라로서의 명성과 많은 신자를 얻고 30여 년간의 포교활동 끝에 72세에 세상을 떴다. 그는 고대의 애니미즘을 계승하여 동식물이나 자연현상에도 영혼의 존재를 인정했으며 깨끗한 영혼을 지키며 정신적인 자율성에 의한 해탈을 위해 살생을 금하는 등 엄격한 한계율을 세우고 금욕과 고행을 중시했다.

이러한 고행을 통한 해탈의 경지는 자연세속을 떠나서 염세적이 되며 이런 점은 불교와 성격이 비슷하다. 뿐만 아니라 불교와 함께 당시의 최대 강국인 마가다의 시수나가국의 빔비사라왕과 그 아들 아자타사트루의 보호를 받아 교세가 급격히 퍼지고 특히 상업과 공업에 종사하는 계급에 교도가 많았다.

― 싯다르타의 불교

기원전 6세기 중엽에 지금의 네팔 국경 가까운 중인도 히말라야 산기슭의 룸비니에서 고타마 싯다르타는 샤카족의 카필라 성주 정반왕의 아들로 태어났다. 싯다르타는 장성함에 인생의 무상함을 깨닫고 29세에 출가하여 해탈의 길을 찾았다.

당시 인도에서는 세력 있는 큰 나라가 작은 나라를 병합하고 있었으며 젊은 날의 싯다르타 왕자도 인생의 무상과 함께 어쩌면 자기 부족의 운명을 민감하게 예감하고 있었는지 모른다. 왜냐하면 샤카족은 싯다르타 생존 중에 과연 코살라국에 의해 멸망 당했기 때문이다.

7년간의 수도 끝에 싯다르타는 35세 되던 12월 8일에 우주의 진리를 깨쳐 붓다가 되었다. 붓다는 '진리를 깨달은 사람' 곧 '각자'를 말하며, 그를 또 석가모니라고 하는 것은 '샤카족의 성자'란 뜻이다.

불교도 자이나교와 같이 윤회설과 비관론을 시인하고 그 해탈을 목적으로 했다.

페르시아의 침공

아리아인이 갠지스강 중류에 진출하여 도시국가와 영역국가가 일어서고 불교, 자이나교 등 새로운 종교 세력이 등장하여 번역을 겪을 무렵, 서쪽에서는 페르시아에서 그리스, 마케도니아의 세력 교체가 한창 진행되고 있었다.

페르시아는 분리항쟁하고 있는 오리엔트 세계의 여러 민족을 정복하여 처음으로 통일을 이룩한 동양적인 전제국가였다. 이 페르시아 제국을 세운 키루스 대왕은 대업을 이루자 이번에는 동방으로 방향을 돌려 인도서북부에 침입을 시도했으나 별 재미를 보지 못했다.

그러나 3대째인 다리우스 1세와 다음대인 크세루세스의 대에 와서는 기어이 성공하여 서북인도 지방을 페르시아의 판도 안에 편입했다. 현재까지의 사학자들의 연구 결과로는 인더스 지역의 정복을 대개 기원전 518년의 일로 잡고 있다.

이 다리우스 시대의 페르시아 제국의 영역은 인더스강 하구에서 그 서쪽과 북쪽의 더 상류지역, 그리고 인더스강의 동족에 해당하는 라지푸타나의 사막지대로까지 포함됐다.

이 영토는 크세루세스왕의 치세 하에서도 유지됐으며, 기원전 480년에 행한 크세루세스의 그리스 원정에는 아시아 여러 나라에서 징발되어 간 군대 안에 인도인의 보병과 기병도 페르시아인의 지휘하에 종군한 기록이 남아있다.

페르시아에 의한 인도의 지배권은 1세기나 계속되었다. 이러한 페르시아와의 교류는 문화적으로나 사회적으로 적지 않은 영향을 끼쳤을 것으로 짐작된다.

그중에서도 통화제도(通貨制度)의 확립을 들 수 있다. 다리우스 왕이 서북인도를 병탄한 것은 빔비사라왕과 그 아들의 치하에 있던 마가다가 영역국가로 발전한 것과 거의 동시대였다.

알렉산더의 침입

페르시아에 뒤이어 쳐들어온 것은 페르시아를 정복하고 오리엔트를 서방세계의 지배하에 둔 마케도니아의 알렉산더 대왕의 군대였다. 그것은 붓다 시대에서 좀 내려온 기원전 327년에서 325년에 걸친 3년 간의 일이다.

당시 북서인도에는 여러 왕국이 결합한 것도 아니고 연합한 것도 아닌 그런 상태에서 뿔뿔이 흩어지고 어울려 다투고 있었다. 따라서 알렉산더가 이끄는 마케도니아의 군대는 인도 민족의 결합된 저항을 별로 받지 않았다. 그들 중에는 도리어 끼리끼리 증오하고 이웃을 미워한 나머지 침략자인 알렉산더를 맞아들이고 도와주는 왕까지 있었다.

기원전 327년 알렉산더 대왕은 카이버 협곡에 사는 인도의 여러 부족을 정복하면서 동쪽으로 진격하여 기원전 326년 봄에는 인더스 강을 건너 펀잡 지방에 들어갔다. 우선 간다라 지방을 정복하고 다시 동쪽으로 나가 히다스페스, 즉 지금의 젤룸 강변에서 포루스 왕을 격파했다. 이 포루스왕만은 침략자를 맞아 완강하게 대항했다. 그는 2백여 마리의 코끼리를 포함한 강력한 군대를 젤룸강 언덕에 배치하여 알렉산더를 괴롭혔다.

폭풍우가 치는 밤, 어둠을 타고 강을 건넌 알렉산더는 마케도니아의 기병대를 돌격시켜 적의 좌우를 압박하여 코끼리 부대를 중심으로 한 인도군을 포위하는 데 성공, 이를 분단 공격하여 결정적인 승리를 얻었다. 싸우고 싸우다 칼은 부러지고 화살은 떨어져 군대는 뿔뿔이 흩어지고 코끼리는 쓰러져 아무도 따르는 자가 없는데도 푸루스왕만은 몸에 아홉 군데 상처를 입고 쓰러져 사로잡힐 때까지 저항했다.

포루스와의 전쟁 결과 마케도니아군의 사기가 떨어졌다고 한다. 이미 먼 원정길에 지친 병사들은 인도 깊숙이 진격하는 것을 거부하게 됐다. 뿐만 아니라 동쪽 갠지스강 지방에서는 기병 8만, 보명 20만, 전차 8천 대, 코끼리 6천 마리를 대기시킨 대군이 기다리고 있다는 소문이 돌았다.

알렉산더는 회군할 수밖에 없었다. 돌아가는 길에서는 토착민들의 치열한 저항을 받고 알렉산더 자신도 중상을 입었다. 이러한 저항은 이민족의 침략을 겪고 나서 비로소 인도의 사이에 민족적 자각이 싹튼 것이라고나 해석할까?

어쨌든 알렉산더의 인도 원정은 전후 3년에 걸쳐 행해졌으나 원정에서 돌아간 대왕이 곧 죽은 후에는 3년이 못 가서 그리스가 지배했던 흔적은 자취도 없이 인도에서 사라졌다. 그 후의 인도의 문헌은 그리스인의 인도 원정을 완전히 무시하고 있다.

(2) 이집트 문명

나일강 유역

이집트하면 피라미드를 연상할 정도로 거대한 문명의 유적을 남겨놓고 있다. 어느 민족의 운명이든 그들이 처한 자연환경에 의해 이루어진다고 하지만 이집트 문명 역시 나일강이 모체가 되어 이루어진다. 따라서 이집트 문명을 나일강의 문명이라고도 말한다.

그리스 역사학자 헤로도토스는 '나일강이 범람하여 관계가 되는 토지가 이집트이며 그 강의 물을 마시는 이는 이집트인이다'라고 말하며 이 나일강의 역사적 효용을 다음과 같이 말하고 있다. '그들은 삽으로 밭이랑을 일구는 노고도, 애쓰는 어떠한 일을 하는 노고도, 다른 인간이 수확에 관해서 애쓰는 어떠한 일을 하는 노고도 하지 않아도 강이 스스로 수량을 더하여 그들의 전답에 물을 대며 또 그것이 원래의 상태로 감수되면 바로 각자가 전답에 씨를 뿌리고 거기에다 돼지를 풀어 씨를 밟게 하면 그 뒤엔 수확을 기다릴 분이다. 그것도 돼지를 이용해서 곡식을 뿌리째 뽑게 한 다음 거두어들인 것이다.'

이집트인은 이처럼 자연의 혜택을 입고 있었으므로 나일강의 선물을 받는다는 말을 들을 수 있게 되었다.

나일강의 또 하나 중요한 구실은 이집트 유일의 공로(公路)였다는 점에 있다. 전체 길이 6700㎞에 달하는 이 강은 미시시피강, 아마존강 다음으로 세계 제3의 긴 물줄기를 가지고 있다. 물로 문명이 발달한 곳도 이처럼 긴 강 유역이다.

사막과 물의 투쟁

나일강변에 문명이 발상되고 나서의 고대 이집트 유구한 역사는 보통 두 가지로 대별된다. 대략 5천 년 전 파라오가 처음으로 등장하여 통일국가를 이룩한 무렵을 중심으로 하여 그 이전을 선왕조시대, 그 이후를 왕조시대로 부른다. 선왕조시대는 또 문자 이전의 시대이다.

먼 옛날 나일강변으로 이주해온 사람들은 먼저 사막의 묘지에 나일의 범람이 남긴 습지를 이용해서 곡물을 재배하는 것을 알았다. 그들은 또 초원에 서식하는 라이언과 표범을 사냥하기도 하고, 또 강변의 소택지에 몰려드는 새, 짐승, 물고기, 파충류를 잡아서 식용으로 쓸 수 있었다.

그러나 이 지대의 건조가 더욱 진척되고 이주와 자연 증가에 의해서 나일강 유역의 인구가 불어남에 따라 사람들은 이제 나일강 물이 범람하고 또 줄어드는 것을 그대로 보고만 있을 수 없었다. 강을 관리하는 것을 연구하기 시작하였던 것이다. 이른바 치수 사업이 시작된 것이다.

사람들은 이 치수 사업에 의해서 광대한 농경지를 획득하였을 분 아니라 경험에 의해서 기하학, 천문, 역법(曆法) 등의 지식을 연구 개발하고 그것을 또 배웠다. 나일강을 연구하며 그것과 투쟁하면서 이집트 문명을 만들어 나갔던 것이다.

이집트인이 선사시대에서 역사시대로 옮겨갈 즈음하여 문자, 건축, 기타의 면에서 당시의 선진 지방 메소포타미아로부터 어떤 영향을 받았다 해도 이집트 문명의 빼어난 기반은 이 수백 년, 수천 년에 걸친 나일강과의 싸움에 있었던 것이다. 농경과 목축에 의한 생산경제가 시작된 것은 메소포타미아보다는 약간 늦게, 기원전 6천 년 경의 일이었다. 그러나 이집트는 메소포타미아보다는 자연의 혜택이 더 많았다.

티그리스나 유프라테스강의 홍수가 거칠었으나 나일강의 범람은 정기적으로 일어났고 물의 증감도 움직임도 완만하였다. 농토를 단번에 휩쓸어버리지 않았다는 것이다. 거기에다 홍수 때 상류에서 비옥한 진흙을 운반해 와 농사짓기에 아주 좋은 토지를 만들어 주었다. 관개용수만 잘하면 수확이 보장되는 지역이었던 것이다.

나일강의 치수작업은 커다란 노동력, 대규모적인 공동 작업을 필요로 하였으므로 사람들의 집단은 점차로 크게 되었으며, 선사시대 말기에는 상·하 이집트의 각 지방에 수십 개의 소왕국이 건설되었고 다시 이들의 국가는 점차로 통합되어 상·하 이집트의 두 왕국이 되어 최후에는 제1폭포에서 지중해에 이르는 지역에 통일 왕국이 건설되었다.

이 나일강변의 나라는 지리적으로 거의 고립되어 있었다. 북은 지중해, 남은 폭포에 의해서 차단되었고, 동서는 지질시대에 형성된 석회암의 단구와 이에 계속되는 끝없는 사막이 천연의 성벽을 이루고 있다. 따라서 그 안에 강고한 국가가 존재하는 한, 의적의 침입은 곤란하였으니 흥망을 되풀이한 메소포타미아에 비한다면 이곳의 주민은 평화를 즐길 수가 있었다.

경제적으로도 거의 자급이 가능하였다. 풍부한 농산물, 축산물에 더하여 남방의 뉴비아 지방이 금을, 뉴비아와 나일 동안의 구릉지대가 석재를, 시나이 반도가 동(金銅)을 공급하였다.

이처럼 풍요한 자연적 조건은 고대 이집트인을, 평화를 애호하고 전통을 존중하고 일종의 중화사상을 갖는 민족으로 만드는 데에 큰 영향을 미쳤다.

고대 이집트인의 신관(神觀)

이집트의 심벌과 같은 피라미드도 이집트 역사에 최초부터 있었던 것은 아니다. 기록에는 남아있지 않은, 이른바 선사시대의 기나긴 세월을 거듭하고 다시 기록에 남아있는 수백 년의 역사적 발전을 경과한 뒤에 비로소 출현한 것이다. 왕의 거대한 분묘인 피라미드에 이르기까지의 분묘의 변천을, 유적과 기록을 통해서 살펴본다는 것은 매우 흥미있는 일이며 또 이집트의 역사를 이해하기 위해서는 불가결의 과제인 것이다.

먼 옛날부터 각각 공동체 안에서 지도적 역할을 하는 소수의 사람들이 존재하였던 것은 확실하며, 그러한 사람들의 묘는 공동체의 일반 구성원의 그것에 비해 훌륭하게 만들어졌던 것으로 생각되나, 통일 이전의 시대에 있어서는 특수한 신분을 가진 이의 묘라 하더라도 일반인의 묘가 지하의 수혈을 파고 매장하였던 것에 비해서 그것은 수혈의 내부를 연와로 쌓았을 정도의 차이가 있을 뿐이었다.

이 시대의 이집트 사회를 상상해보면 이것은 어느 고대 사회에서도 공통된 일이지만, 이집트 역시 씨족제도를 기반으로 하고 있다. 그리고 각 집단은 각각 토템(totem)을 가지고 있다.

이집트인은 동식물, 자연현상 속에 무수한 영혼을 상정(想定)하였다. 그중에서도 특히 중요한 것을 그들은 신(神)으로서 숭배하였다. 신은 새, 악어, 하마, 개, 고양이, 소 등 동물의 형태로 나타났다. 동물신이 이집트 본래의 신이며, 인간의 모습을 한 신은 외래의 것으로 생각된다. 동물의 형태를 한 지방신(地方神)이 일반 민중의 숭배를 받았다. 그리고 이들 동물신의 행동은 매우 인간적이었다.

자연과 인생과의 사이에 확고한 선을 긋지 않고 있었던 이집트인은 자연의 현상과 신의 작용과의 사이에도 선을 긋지 않았다. 그러므로 이집트인에게 있어서 세계는 수많은 신과 수많은 인간이 함께 거주하는 곳이었다.

나일강변의 경관(景觀)은 '신의 시간'인 '영원'에 적합하였다. 영원히 빛나는 태양, 유구히 흐르는 나일, 끝을 알 수 없는 창공, 무한한 사막, 기복이 없는 능선을 보며 자란 사람들에게는 세계가 마치 정지하고 있는 것처럼 생각되었다. 고대 이집트인이 역사적인 감각이 부족하였던 것은 이 때문이다. 그들은 어느 때부터인가 이 영원의 시간을 신과 공유(共有)할 것을 원하였고, 불사(不死)를 기원하게 되었다.

이러한 때에 또 주위의 풍물이 그들에게 '부활'의 관념을 부식하였다. 겨울에는 가늘어지고 여름에는 굵어지는 나일강, 저녁에 지고 아침에 떠오르는 태양, 대지에 묻혔다가 이윽고 싹트는 종자가 '부활'의 사상을 심어주었다. 그리고 사막의 간단한 묘혈에 매장된 시체가 천연적으로 미이라화 하는 현상이 무엇보다도 내세에의 강한 신앙을 심어주었다. 그들은 현세보다도 내세에 대해서 보다 깊은 관심을 가지고 있었던 것이다. 이집트인이 가장 좋아한 신화의 하나인 '호루스와 세드의 싸움'은 이러한 그들의 심정을 잘 나타낸 것이다.

왕조의 탄생과 통일국가

자연조건을 활용하여 나일강변에 모여 사는 각 씨족들이 연합하여 작은 왕족을 만든 것은 기원전 3500년경의 일이다. 이들은 외적의 침략을 막기 위해 군비를 갖추고 대표를 뽑아 왕으로 추대하기에 이른 것이다. 동시에 왕권도 점차 강화된다.

이러한 소왕국이 점차 통합되고 나중에는 두 개의 민족적인 통일국가가 성립된다. 그러나 소왕국의 영역은 행정단위로 아직 존속되어 40여 주에 이르렀다. 이렇게 구성된 두 개의 통일국가는 기원전 332년 알렉산더에 의해서 정복될 때까지 3천 년에 가까운 이집트 왕조사가 이루어져 있었다.

당시 조각에 나타난 상이집트 왕은 백색 왕관을 썼고, 하이집트 왕은 적색왕관을 쓰고 있었다. 통일 왕조의 왕은 두 왕관을 결합한 이중 왕관을 썼으며 군사적으로나 정치적으로 훌륭한 재간을 갖춘 후루스 부족의 족장이 대왕이 되었다. 이를 파라오 대왕이라 불렀다.

파라오의 이집트

나일강변에 통일국가가 탄생한 뒤의 이집트의 역사는 파라오를 중심으로 하여 전개된다. 오늘날 구미 각국에서 왕조시대의 일을 파라오의 이집트라고 부르고 있는 것도 이 때문이다. 기원전 3세기의 이집트 신관(神官) 마네트는 파라오의 등장(기원전 3100년경에서 알렉산더 왕의 도래 기원전 332년)까지의 대략 3천 년을 30의 왕조로 나누어서 '이집트사'를 썼다. 이 구분 방법은 지금도 전통적으로 채용되고 있다. 30왕조 중, 이집트가 번영한 시기를 고·중·신 왕국 시대로 부르고 혼란의 시기를 중간기로 부르고 있다.

이집트의 역사 전설에 의하면 최초의 파라오를 메네스라고 하였으며 그는 상·하이집트 왕국을 통일하고 그 두 나라의 경제에 새로운 도시를 만들고 멘노페르[6]라 불렀다고 한다. 메네스 왕의 실재를 뒷받침할 만한 사료는 아직 발견되지 않고 있다.

출토된 사료를 통해 건국의 주인공으로서 거의 확실한 것은 앞에서 말한 나르메르 왕이다. 상이집트의 신전 유적지에서 출토된 이른바 '나르메르의 팔레트'에는 왕명이 나르메르로 되어 있고, 그 업적은 메네스 왕의 그것과 거의 같다. 그래서 이들 양자는 동일인이라는 학설이 유력하다.

나르메르 왕의 이름이 있는 팔레트(화장판)는 이집트의 통일을 말하여 주는 최고의 역사기록으로서 유명하다. 길이가 64㎝나 되는 점판암(粘板岩)으로 만든 화장판은 봉납용(奉納用)으로 만들어졌을 것이라고 한다. 이집트로서는 기념할 만한 건국비이다.

피라미드의 출현

이집트의 역사 전설에 의하면 제1왕조의 시조는 메네스 왕이다. 메네스는 상·하이집트 왕국을 통일하고 양국의 경계점 멤피스에 새 왕도(王都)를 마련하였다고 했다. 그런데 고고학적 증거라고 할 수 있는 앞에서 말한 화장판에서는 왕명이 나르메르로 되어 있었다. 그러나 그 업적은 메네스의 그것과 같다. 그래서 이들 양자는 동일인이라는 학설이 유력한 것이다. 또 통일왕국 완성의 대사업에 종사한 몇 사람의 왕을 메네스라는 이름으로 대표케 하였다는 설도 있다.

어쨌든 이 시대에 이집트의 통일이 완성되었고 그것과 관련하여

---

6) 그리스식으로는 멤피스.

왕이 신격화되었으며 이집트 왕조가 개막된 것만은 확실하다. 그것은 지금으로부터 대략 5천 년쯤 이전의 일이었다. 제2왕조에 대해서는 별로 알려지는 것이 없으나, 제3왕조가 되면서부터 피라미드 시대가 다가올 전조(前兆)가 나타나게 된다. 그래서 사학자는 제1왕조, 제2왕조를 초기 왕조시대라고 하고, 제3왕조부터를 고왕국이라고 한다.

그 전조란 무엇인가? 이른바 계단 피라미드의 출현이다. 이것은 제3왕조의 시조 제세르 왕이 수도의 교외 삭키라에 쌓아 올린 그 자신의 분묘로서 마스타바를 몇 단 겹쳐서 쌓은 것과 같은 형상을 하고 있었으나 멀리서 보면 피라미드처럼 보이므로 계단 피라미드라는 이름이 붙은 것이다. 공사를 주관한 재상 임호텝은 명성을 얻어 후년에는 건축의 신으로 숭배되었다. 신하가 신으로서 숭배를 받은 것은 이집트에서는 이례적인 일이다. 고왕국 시대로 접어들면서 중앙정권이 안정되었으므로, 파라오는 종전의 마스터바 분묘 대신에 석조의 거대한 피라미드를 만들게 된 것이다.

제세르 왕의 후계자들도 이를 본받아, 계단 피라미드를 만들었다. 1954년 모래 속에서 발견된 세켐케트 왕의 피라미드 유구도 그 하나이다. 근래 이 피라미드는 드물게 미도굴이라 하여 세인의 관심이 고조되었다. 석관실(石棺室)에는 매장 당시 그대로의 석관이 있었다. 사람들은 피라미드 주인공의 유체가 있을 것을 믿어 의심하지 않았다. 그런데 개관되었을 때 모두가 아연실색하였다. 속이 텅 비었을 뿐만 아니라 처음부터 사용된 흔적도 없었다.

다음 시대, 즉 제4왕조로 접어들자 드디어 진짜 피라미드가 만들어졌다. 문자 그대로 거대한 피라미드였다. 우뚝 솟아있는 3기의 거대한 피라미드의 주인공, 카프라, 멘카우라의 여러 왕 때에 피라미드의 조영은 가장 성하였다. 기원전 2600년의 일이다. 그중에서도 가장 큰 쿠프왕의 대피라미드는 완성시의 높이 152m 정방형의 전면적 대략 6헥타르, 기저의 각 변은 정확하게 네 방위를 가리키고 있다. 이를 만들기 위하여 평균 2.5톤의 석재가 230만 개나 소요되었다고 전하여지고 있다. (중략)

파라오 악세와 피라미드 종말

나일강의 관계통제라는 경제적인 욕구와 지리적인 조건이 유리한 이집트는 일찍부터 통일국가를 성립시켰으나 그 목적이 충족된 뒤에는 밑바닥에 잠재하고 있던 지방 세력이 머리를 치켜드는 것은 당연한 이치였다. 유력한 귀족들은 세력을 유지시켜 점파로 반독립적인 체제를 갖추어 나가게 된다. 그들은 본거지의 영내에 한결 훌륭한 분묘를 마련하였다. 중앙에 있어서도 정부의 중요한 지위는 왕족에게서 유력한 귀족의 손으로 옮겨지고 또 세습되는 경향이 생겼다. 따라서 피라미드의 규모는 점차 작아졌고 그 대신 제5왕조 말에서 제6왕조에 의해서는 내부의 방과 통로의 벽에, 죽어서 오시리스인이 될 파라오를 위해서 짧은 주문집이 그려졌다. 이른바 피라미드의 텍스트다.

파라오의 지위도 제6왕조 초기부터 이미 불안정한 상태에 있었다. 초대의 페피 왕은 자신의 수행원한테 살해되었다고 전하고 페피 1세의 대에는 하렘의 음모사건도 있었으나 미연에 발각된 일도 있었다. 파라오의 명에 의해 단독으로 사건의 신문을 담당한 재상 우니는 '왕은 없고 나만 있을 뿐'이라고 묘비명에 적어 영예를 자랑하고 있을 정도다.

  파라오는 권위회복과 재정의 확보를 위해 원정을 되풀이했다. 또 유력한 귀족의 딸과 결혼하여 동맹을 맺으며 세력을 만회하려 했으나 급속히 기울어지는 대세는 막을 길이 없었다. 제6왕조 페피 2세의 90년에 걸친 치세의 만년에는 멤피스 정부의 지배력은 이미 돌이킬 수 없는 지경에 이르렀다. 이리하여 비나는 피라미드 시대는 종말을 고하고 대신 여기에 6백여 년에 걸친 봉건시대가 도래된다.

8. 세계사에 대한 나의 독후감

인간은 한 번뿐인 한시적 존재이건만 욕구 충족을 위해 약육강식으로 지구를 피로 물들이고, 죄 없는 인류들이 참혹하게 쓰러져 가고 있는 흔적들을 역사의 기록 속에서 전쟁의 참혹함을 새삼 느껴보게 된다. 대표적인 전쟁으로는 제1차 세계대전을 비롯해서, 제2차 세계대전 그리고 아일랜드와 영국 간의 700여 년 동안 분쟁을 일으켜온 역사의 흔적만 보더라도 그렇다.

지금 내가 글을 쓰고 있는 이 시간에도 TV에서는 러시아와 우크라이나 간에 전쟁으로 인간의 소중한 생명과 함께 지구의 한 부분이 잿더미로 파괴되고 러시아가 점령한 마리우폴이라는 곳은 거대한 무덤이 되어가고 있다. 전쟁이란 이렇듯 참혹한 것이다.

가끔 북쪽에서 들려오는 미사일의 굉음은 우리들의 선잠을 깨운다. 한국인에게 6월은 뼈아픈 과거가 있어 잊을 수가 없다. 전쟁이란 악(惡)의 산실(産室)일뿐, 비생산적이고 잔인무도한 악의 전쟁은 이 지구상에서 영원히 살아져야 한다고 생각해보게 된다.

제2장

철학 산책

1. 피타고라스는 누구인가

'철학(philosophy)'이란 말을 최초로 만들어낸 사람은 누구일까? 개나 곰과도 이야기할 수 있었던 철학자가 있었다면?

사람들은 흔히 소크라테스와 플라톤이 서양 철학 원조인 것으로 생각하지만, 그들 이전에 사유의 큰 틀을 만들어 놓은 사람이 바로 피타고라스다. 당시 최고의 선진 문명들을 섭렵한 후 그리스 철학을 한 단계 업그레이드 시킨 지식수업업자, 만물의 근본을 캐고 들어가 수학이라는 위대한 질서를 발견한 1세대 수학자, 최초의 철학 공동체를 만들어 운영한 철학 학교 교장. 이 모두가 피타고라스가 이루어 놓은 서양 문명의 바탕이다.

서양인들의 세계관을 알고 싶다면 꼭 거쳐야 할 첫 번째 관문, 피타고라스의 세계로 들어가 보자.

서양의 세계관을 들여다보면, 피타고라스가 공동체 학교를 세운 곳은 이탈리아의 크로톤 섬이었다. 크로톤 섬은 그리스인들이 개척한 도시 중에서도 가장 부유하고 지적 수준이 높았다. 피타고라스가 도착할 당시 아폴론을 수호신으로 한 그 도시는 최고의 번영을 누리고 있었다.

피타고라스가 탄 배가 항구에 닻을 내리자 소문은 금세 퍼졌고, 현자를 보기 위해 군중들이 모여들었다. 피타고라스는 광장에 모인 젊은이들에게 첫 연설을 했다.

연설 내용은 인간은 삶에서나 자연에서나 먼저 온 것이 나중에 온 것보다 우월하다. 새벽은 저녁보다 좋고, 동쪽은 서쪽보다 좋으며, 시작은 끝보다 좋다. 마찬가지로 탄생은 죽음보다 좋고, 원주민은 이주민보다 좋으며, 어른은 젊은이보다 좋다.

젊은이들은 어른들을 공경해야 한다. 어른들은 젊은이들에게 생명을 준 분들이다. 자제하라. 가장 욕구가 왕성한 젊은 시절은 성품이 단련하는 시기이다. 자제는 몸과 마음에 좋은 모든 것을 줄 것이다. 자제는 건강을 지켜주고, 최상의 성취를 가능하게 하는 것이다. 트로이 전쟁에서 양편의 군사들이 그토록 많은 희생자를 낸 것은 한 사람의 자제력이 결여되어서였다.

공부하라. 최상의 지적능력을 갖기 원하면서 공부하는 데 시간을 내지 않는 것은 이상한 일이다. 몸을 아껴보았자 사라진다. 공부를 하여 고귀한 정신을 갖게 되면 죽더라도 계속된다. 모든 뛰어난 지도자들은 어려서부터 공부를 열심히 했다. 힘과 미모와 건강, 용기는 다른 이에게서 물려받을 수 없어도, 공부만은 물려받을 수 있다. 마음만 먹으면 할 수 있는 것이 공부다.

젊은이들은 부모에게 피타고라스의 연설을 권했고 어른들은 피타고라스를 초청하여 또 연설을 들었다. 각계각층 사람들을 불러왔다. 2천 명의 남녀가 자신의 가족들과 함께 피타고라스의 제자가 되기로 했다. 그렇게 피타고라스의 '철학 공동체'가 형성되었던 것이었다. 사람들은 피타고라스를 성인이나 현자로 알고 찾아왔다. 그러나 피타고라스는 자신이 성자나 현인이라기보다는 단지 지혜를 사랑하는 자에 지나지 않는다고 겸손하게 말했다고 한다.

2. 철학은 인생의 나침반

고대 그리스 사람들은 철학을 필로소피아(philosopir)라고 불렀다. 필로(philo)는 사랑이란 뜻이고, 소피아(sopir)는 지혜라는 뜻이다. 즉, 철학은 '지혜를 사랑하다'이다.

철학은 존재하는 모든 것에는 자연도, 사회도, 인간도 포함되므로 우리의 삶과 밀접한 관계를 이루고 있다. 그러므로 전혀 모르는 지역을 갈 때는, 잘 아는 길은 필요 없지만, 아주 높고 험난한 산이라든지 넓은 바다를 나가는 경우에는 나침반이 필요하듯 철학은 어떻게 보면, 우리에게 나침반과 같은 구실을 한다.

철학은 나무만 보지 말고 숲을 보라고 한다. 이것은 하나의 사물을 볼 때 부분적 작은 단면만을 보지 말고 전체를 보라는 의미가 내재되어 있다. 다시 말하자면 사물을 볼 때는 단면만을 보고 속단하지 말고 꼼꼼하게 전체를 보라는 것이다.

철학은 한마디로 말해서 '사유의 역사'이다. 혹은 '사유하는 방법'의 역사이기도 하다. 예컨대 공자는 '태도'를 중시해서 예의를 강조한 반면, 소크라테스는 '행위'를 중시해서 옳고 그름을 판단하는 지혜를 강조했다. 플라톤이 말하는 철학자란 동양의 군자에 해당하는 인물이다. 그렇다면 철학은-플라톤이 의도했듯이- 학문이 아니다.

서양에서 플라톤과 아리스토텔레스의 계보를 잇는 전통적인 의미에서의 진짜 철학자를 꼽으라면, 프랜시스 베이컨, 데카르트, 스피노자, 볼테르, 그리고 아마도 니체 정도일 것이다. 이에 반해 라이프니츠와 칸트와 헤겔 같은 사람들은 철학자라기보다는 학자에 가깝다고 봐야 옳을 것이다. 무엇보다도 그들 철학에는 운명이 배제되어 있기 때문이다. 적어도 데카르트는 자신의 문제를 스스로에게서 얻었다. 반면 칸트는 자신의 주제를 선배 철학자들에게서 발견했다.

앙드레 말로는 예술이 자연으로부터가 아니라 예술 자체로부터 태어난다는 사실을 알고 있었다. 마찬가지로 철학은 인생으로부터가 아니라 철학 자체로부터 태어난다는 사실을 인정해야만 한다. 이를테면 플로티노스는 플라톤의 형이상학을 가감 없이 받아들여 자신의 철학을 전개해 나갔다. 그리고 기독교로 개종한 후기 로마시대의 교부(敎父) 철학과 중세시대 스콜라 철학의 모태가 된 것은 플라톤과 아리스토텔레스로 대표되는 고대 그리스 철학이었다. 근대에 들어와서도 이점에서는 마찬가지였다. 예컨대 18세기의 칸트는 자신의 관점에서 바라본 존 로크와 데이비드 흄과 루소의 사상에서 '순수 이상 비판'의 주제를 얻었고, 19세기의 쇼펜하우어는 칸트의 기본 사상을 근간으로 해서 자신의 철학 체계를 펼쳐 나갔다. 그리고 니체의 철학은 플라톤 철학과 기독교 사상을 반박하기 위해서 쓴 것이다.

물론 이런 철학들도 중요한 것이다. 왜냐하면 이들 철학에는 나름대로 역사성이 담겨있기 때문이다. 그러나 보다 훌륭한 것은 '체계'를 위한 철학이 아니라 삶의 지혜를 밝혀주는 철학이며, 그중에서도 최고의 철학은 자신의 운명을 냉철하게 바라볼 수 있는 안목을 키워주는 것이라야 한다. 삶의 지혜는 자신의 식견과 안목이 높아지면 당연히 얻어지는 결과물이기 때문이다.

철학의 효용성에 대해 논하는 것은 이제는 진부한 관심사에 속할 것이다. 그러나 만일 철학이라고 하는 것이 수천 년에 걸쳐서 인류가 보여준 사유의 역사라면, 그것은 행위의 역사와 마찬가지로 간과할 수 없는 사안임이 틀림없다.

그렇다면 여기서 간략하게나마 서양철학과 동양철학의 역사를 살펴볼 필요가 있을 것이다. 당대에 최고로 명석했던 인물들이 무슨 생각을 하고 살았는지를 아는 것이 책을 읽는 주된 이유 중 하나이기 때문이다.

3. 플라톤과 아리스토텔레스

동양철학이 공자에서 출발하듯이 서양철학은 플라톤으로부터 출발한다. 플라톤(BC 427~347)은 기원전 5세기 후반에 태어난 사람이었다. 그가 태어날 무렵 아테네에서 철학자는 폄하의 대상이었다.

당시는 호메로스와 헤시오도스 같은 시인들이 존경받았던 반면, 철학자는 말장난이나 일삼는 소피스트 같은 부류로 여겨지던 시대였다. 그러나 그가 세상을 떠날 무렵인 4세기 중반에 이르면, 철학자라는 존재는 그의 노력에 힘입어 최고의 인간 유형으로 거듭나게 된다.

젊은 플라톤에게 가장 지대한 영향을 미친 것은 스승 소크라테스의 존재와 펠로폰네소스 전쟁(BC 431~BC 404년에 조국 아테네가 스파르타에 패배한 사건)이다. 소크라테스에 대한 플라톤의 애정이 어떠했는가는 소크라테스의 최후를 기술한 자신의 저술 『파이돈』에 잘 나타나 있다. 소크라테스가 독약을 마시는 것을 지켜보면서 플라톤은 파이돈이라는 인물을 통해 다음과 같이 말한다.

'나는 더 이상 참을 수가 없어서 얼굴을 가리고 나 자신을 위해서 울었다. 확실히 나는 소크라테스를 생각하면서 운 것이 아니라 이러한 벗을 잃게 된 내 자신의 불행을 생각하면서 운 것이다.'

그리고 소크라테스의 죽음을 확인하고 나서 플라톤은 '이것이 내가 만난 사람들 가운데 가장 현명하고 가장 올바르고 가장 훌륭한 사람이라고 진심으로 말할 수 있는 우리들의 벗의 최후였다'고 말을 잇는다.

소크라테스는 자신의 글을 단 한 줄도 남기지 않았다. 따라서 우리는 플라톤과 크세노폰의 작품들을 통해 그의 존재를 어렴풋이나마 짐작할 수 있을 뿐이다. 그를 따르는 제자들에게 소크라테스는 아주 특별한 존재로 여겨졌던 것 같다. 실제로 플라톤의 저술을 읽어보면, 소크라테스의 충실한 제자 플라톤과 크세노폰은 물론이고 알키비아데스 같은 배덕자에게조차도 소크라테스가 존경의 대상이었음을 확인할 수 있다.

그러나 소크라테스는 민주정치보다는 귀족정치를 선호했기 때문에 민주주의를 옹호하는 세력이 권력을 잡게 되자 청년들을 타락시켰다는 죄목으로 죽임을 당하게 된다. 소크라테스와 플라톤은 아테네가 민주주의 때문에 스파르타에 패배했다고 생각했다. 따라서 플라톤의 『국가』에서 민주주의적인 색채는 찾아보기 어렵다.

플라톤은 국가의 구성원들을 각자의 능력과 자질에 따라 세 계급으로 나눈다. 가장 하층으로 분류되는 세 번째 계급은 나이 20세가 되면 재차 시험을 치러 걸러진다. 그들은 상인, 노동자, 농부가 된다. 중간 계층인 두 번째 계급은 나이 30세가 되면 재차 시험을 치러 걸러진다. 그들은 통치자를 보조하는 그룹으로 행정관, 군장교 등이 된다.

가장 상류층인 첫 번째 계급은 수호자 그룹으로 30세부터 5년 동안에 걸쳐 철학을 배우고 그 후 15년 동안은 실무를 경험하게 된다. 통치자는 이들 중에서 배출된다. 시민들의 투표로 선출되는 지도자가 최선의 인물이라고 어느 누가 보장할 수 있겠는가? 통치자는 다수결에 의해서가 아니라, 어릴 때부터 교육을 통해서 훈육되고 시민들을 다스리는 데 있어 부족함이 없는 인물로 길러져야만 한다고 플라톤은 말한다.

'국가가 제대로 운영되기 위해서는 가장 훌륭하고 지혜로운 인물이 통치자가 되어야 한다. 다시 말해서 철학자가 통치자가 되어야 한다. 만일 그게 안 된다면 통치자가 철학자가 되어야만 한다.'

철인통치자의 존재는 플라톤 사상의 핵심에 속하는 사안이다. 플라톤의 윤리학은 그의 정치학에서 기인한다. 플라톤은 국가를 개개인의 인간성들로 구성되는 하나의 유기체로 보았다. 플라톤에 의하면, 인간의 행동은 세 가지 근원, 즉 이상과 감정과 욕망에 따라 결정된다.

그렇다면 시민 개개인들로 구성된 국가나 집단이 제대로 통치되기 위해서는 지혜(이성)와 용기(감정)와 절제(욕망의 억제)를 필요로 할 것이다. 지혜는 숙의하고 결정하는 사람들, 즉 통치자가 지녀야 할 덕목이고, 용기는 기개가 있으며 격정적인 사람들로 통치자를 보조하는 장군이나 군인들이 지녀야 할 덕목이다. 그리고 절제는 모든 부류의 사람들에게 필요한 덕목이지만, 그중에서도 특히 돈벌이를 하는 부류의 사람들, 즉 일반 시민들이 지녀야 할 덕목이다.

또한 훌륭한 국가는 정의로워야 한다. 그런데 정의란 이 세 가지 덕목이 국가 안에서 확립되고 보전되도록 하는 '의견의 일치' 없이는 존립이 불가능하다고 플라톤은 말한다. 국가는 그 국가의 구성원들이 자신의 능력과 성향에 따라 자신에게 어울리는 가장 적합한 일에 종사하는 경우에만 정의로울 수 있다. 그리고 불의란 남의 일에 참견하거나, 서로의 직분을 바꾸려 하거나 또는 동일한 사람이 이 모든 일을 동시에 하려고 들 때 생기는 해악을 말한다. '자신의 능력에 어울리는 만큼만 소유하고, 자기에게 주어진 직분에 충실하면서 남의 일에 간섭하지 않는 것'-이것이 '이상적인 국가'에 적용되는 플라톤의 정의론이다.

그렇다면 선택받은 수호자 그룹이 배우게 되는 철학의 주된 내용은 무엇인가? 바로 그 유명한 이데아론(論)이다.

플라톤의 업적은 '이데아'라는 보편 개념을 창안한 데 있다고 후세의 철학자들은 평가한다. 이데아란 사물 자체의 본모습을 말하는 것으로 결과가 아니라 원인이 되는 것이고, 본질인 동시에 자체선(善)이다. 다시 말해서, 이데아는 '언제나 똑같은 방식으로' 표현되고 '한결같은 상태로' 나타나는 사물의 본성에 해당하는 것이다.

우리가 바라보는 현실 세계는 감각을 통해서 알게 되는 가시적인 세계로 그림자와도 같은 것이다. 그러나 이데아의 세계는 지성에 의해서 파악될 수 있는 세계로 가시적이 아니라 비가시적이며, 신적(神的)이고 참되면서도 영원하다. 왜냐하면 이데아의 세계는 신이 만들어 놓은 것이기 때문이다. 만일 이데아의 세계가 실재한다면, 다른 것들은 여기에 관여함으로써 그 명칭을 얻게 된다. 예컨대 아름다움은 아름다움 그 자체, 즉 미(美)의 이데아로 인해 아름답게 보인다.

그리고 플라톤은 '의견'과 '인식'을 확연히 구별한다. '의견을 갖는다'는 것은 '꿈꾸는 상태'에 있는 것에 비유되고 '인식한다'는 것은 '깨어있는 상태'로 있는 것에 비유될 수 있다고 플라톤은 말한다. 의견은 주관적인 것이지만, 인식은 객관적인 것이다. 따라서 인식이 결여된 의견은 맹목적일 수밖에 없다. 그리고 의견과 인식은 각기 자체의 능력에 따라 서로 다른 별개의 대상에 관여한다고 플라톤은 말한다.

'인식이란 본성상 실재하는 것'에 간여하여 사물을 있는 그대로의 모습으로 파악하는 것을 말한다. 그러나 의견은 인식과 무지 사이의 중간 상태에서 도출되는 것이다. 따라서 '실재하는 것'이 인식의 대상이라면 '실재하는 것과는 다른 것'이 의견의 대상이 된다. 그런데 이데아는 실재하는 것이며, 따라서 인식의 대상에 속하는 것이다. '의견에 지배당하는' 사람들은 이를테면 미(美) 자체의 본모습, 즉 미의 이데아는 파악하지 못하고 그것으로부터 비롯되는 다양한 형태의 모습을 지닌 미(美)적인 것들에 현혹될 뿐이다.

플라톤은 아리스토텔레스의 견해와는 달리 '선(善)의 이데아'도 인식의 대상이 될 수 있다고 말한다. 그러나 그것은 인식의 대상인 동시에 인식의 원인이고 또한 진리의 원인이 되는 것이기도 하다. 다시 말해서 선의 이데아가 진리와 인식을 제공하는 것이다. 그렇다면 선(善)의 이데아는 이들보다 한층 더 훌륭한 무엇이라 할 수 있다. 무지가 어둠이라면, 의견은 어둠과 섞인 희미한 상태에서 얻어지는 것이고, 인식은 진리의 빛이 비치는 곳에서만 얻어지는 것이다. 따라서 인식이나 진리는 마치 어둠을 밝혀주는 빛과도 같은 것이지만 그것을 태양으로 믿는 것은 옳지 않을 것이다.

그러나 '선'의 이데아는 태양과도 같은 것이다. 플라톤에 의하면 선의 이데아는 단순히 존재하는 어떤 것이 아니라 존재를 초월하여 '어떤 상태'에 있는 것을 말한다. 왜냐하면 그것은 인식되는 대상들에 대해 진리의 빛을 제공할 뿐만 아니라 인식하는 자에게 생명력을 불어넣는 태양 그 자체에 해당하기 때문이다.

인식은 일종의 능력이다. 그것도 일체의 능력 중에서 가장 강력한 능력이다. 그리고 철학자는 의견을 사랑하는 사람이 아니라 지혜를 사랑하는 사람이다. '언제나 똑같은 방식으로 한결같은 상태로 있는 것', 즉 이데아를 파악할 수 있는 사람들이 있는 반면에, 본질은 파악하지 못하면서 잡다하고 변화무쌍한 것들에 현혹되어 이리저리 헤매는 사람들이 있다면, 이들 중 어느 쪽에 속한 사람이 나라를 다스리는 지도자가 되어야 마땅하겠는가?

또 하나 고매하면서도 일체의 본질을 파악하는 탁월한 지적 능력을 지닌 사람은 세속적인 삶에 집착하지 않을 것이다. 따라서 죽음마저도 두려워하지 않을 것이다. 수호자는 전사이면서 철학자여야 한다.

플라톤은 '보이는 가치'보다는 '보이지 않는 가치'를 더 중요시했다. 현실세계보다 이데아의 세계를 더 소중한 것으로 간주한 플라톤의 사상은 훗날 현세보다 내세에 더 가치를 부여하는 기독교 사상의 모태가 된다.

아리스토텔레스(BC384~322)는 위대한 철학자 플라톤의 제자였으며, 동시에 위대한 정복자 알렉산드로스 대왕의 스승이기도 했다. '습관은 제2의 천성'이라는 명언을 남긴 사람이 아리스토텔레스였다. 또한 '예술은 자연의 모방이며 예술의 역할은 카타르시스를 제공하는 데 있다'고 말한 사람도 그였고, 그 유명한 삼단논법을 고안해 낸 사람도 그였으며, '영혼은 육체의 형상이다'라고 말한 사람도 그였다. 그리고 인간은 '사회적 동물'이라고 말한 사람도 아리스토텔레스였다.

아리스토텔레스는 철학자답게 이성의 능력을 확신했다. 인간이 다른 피조물들과 구별되는 것은 이성을 지니고 있기 때문이라고 그는 말한다. 플라톤은 인간 영혼의 불멸성을 자신이 주장한 이데아에서 이끌어냈다. 그러나 아리스토텔레스는 '능동적인 이성' 또는 '순수한 사유' 자체를 불멸하는 것으로 보았다. 그리고 그는 스피노자처럼 신에게는 의지도 욕구도 목적도 없다고 생각했다. 왜냐하면 신은 목적 그 자체이기 때문이다. 아리스토텔레스가 생각하는 신은 스스로 작용할 뿐, 어떤 작용도 받지 않는 이른바 부동의 원동자이다.

신은 세계를 창조하지 않고, 다만 움직일 뿐이다.

『니코마코스 윤리학』에서 아리스토텔레스는 '모든 선(善) 가운데 최고의 것은 무엇인가?'라는 물음에 '덕(德)이 아니라 행복'이라고 답한다. 덕이란 어딘지 모르게 궁극적인 것으로 보기에는 부족한 듯이 여겨지기 때문이다. 모든 선에 공통되는 이데아, 다시 말해서 선(善)의 이데아란 있을 수 없다. '선'은 '존재'만큼이나 많은 의미를 지니고 있으므로, 선이란 모든 경우에 한결같이 적용되는 어떤 단일한 것이 아니다. 그러나 모든 선 중에서도 최고의 선은 분명히 존재한 것이다. 아리스토텔레스는 행복을 추구하는 일이야말로 최고의 선이며, '제1의 원리'에 해당하는 거라고 말한다.

행복이 궁극적인 목적으로 여겨지는 것은, 우리가 행복을 추구하는 이유가 행복 그 자체 때문이지, 결코 다른 어떤 이유로 해서 행복을 추구하는 법이 없기 때문이다. 그리고 궁극적인 선은 자족적(自足的)이라야 한다. 그런데 행복이야말로 부족함이 없이 자족적인 것이며, 따라서 행위의 궁극적인 목적은 행복을 추구하는 데 있다고 아리스토텔레스는 말한다.

아리스토텔레스에 따르면 선(善)이란 '덕에 일치하는 정신의 활동'이다. 그렇다면 덕(德)이란 무엇인가?

쾌락이나 고통을 수반하는 감정들에 대하여 말할 때는 우리의 마음이 움직인다는 표현을 쓰지만, 덕에 관하여 말할 때는 우리의 마음이 움직인다고 말하지 않고 우리의 마음이 '어떤 상태에 있다'고 말한다. 그렇다면 덕이란 마음을 움직이는 능력이 아니라 올바른 태도, 다시 말해서 올바른 마음의 자세로 이해될 수 있을 것이다. 덕이 있는 행위는 그 자체로서 즐거운 것이다. 덕의 보상이 되며 목적이

되는 것이 행복이기 때문이다. 덕은 칭찬할 만한 것이지만, 행복은 존경할 만한 것이다.

아리스토텔레스는 덕(德)에는 두 가지 종류가 있다고 말한다. 도덕적인 덕과 지적인 덕이 그것이다. 너그러움이나 절제가 도덕적인 덕에 속한다면, 철학적 지혜나 실천적 지혜는 지적인 덕에 속한다고 할 수 있다.

도덕적인 덕은 '쾌락'과 '고통'에 관계되는 것이다. 우리는 쾌락과 고통을 행위의 기준으로 삼고 있기 때문이다. 우리가 나쁜 일을 저지르게 되는 것은 쾌락을 좇기 때문이고, 우리가 고귀한 일을 멀리하는 것은 그것이 고통을 가져다주기 때문이다. 이를 잘 처리하는 사람들은 선한 사람이 될 것이고, 잘못 처리하는 사람들은 악한 사람이 될 것이다.

그렇다면 도덕적인 덕의 실현은 중용을 지키는 데 있다고 볼 수 있다. 쾌락과 고통에 관해서는 그 중용은 절제이고, 과도는 방종이다. 그러나 쾌락이나 고통과 관련해 부족함은 찾아볼 수 없는데, 쾌락과 고통에 과도함은 있어도 부족함은 있을 수 없기 때문이다. 그리고 돈에 관해서는 그 중용은 후덕함이고 과도는 방탕함이며, 부족은 인색함이다. 명예와 불명예에 관해서는 그 중용은 긍지이고, 과도는 허영이며, 부족은 비굴함이다.

과도와 부족은 악덕의 특징이고 중용은 덕의 특징이다. 도덕적인 덕이 욕구와 관련해서 추구와 회피를 선택하는 데 관여한다면, 지적인 덕은 사유에 있어서 긍정과 부정을 결정하는 데 관여한다고 볼 수 있다. 그렇다면 도덕적인 행위는 지적 기준이 지시하는 바를 따라야 마땅할 것이다.

지적인 덕 중에서도 실천적 지혜를 지닌 사람은 인간에게 있어 좋은 일과 나쁜 일에 관련하여 '진실되고 이성적으로 행동할 수 있는 상태'에 있는 사람으로, 이를테면 페리클레스나 그와 비슷한 사람들이 여기에 해당한다고 아리스토텔레스는 말한다. 이런 사람들은 집안일이나 나랏일을 누구보다도 잘 다스릴 것이다.

　반면 철학적 지혜란 본성상 가장 고귀한 것들에 관한 직관적 이성이 결부된 지적(知的) 인식을 통해서 얻어지는 것이다. 아낙사고라스나 탈레스 같은 철학자들이 이러한 지혜를 보여준 사람들이라고 아리스토텔레스는 말한다. 실천적 지혜가 개별적이고 가변적인 대상에 관여한다면, 철학적 지혜는 보편적이고 불변하는 대상에 관여한다. 따라서 실천적 지혜는 철학적 지혜보다 못한 것이다. 실천적 지혜는 철학적 지혜를 사용하는 것이 아니라 철학적 지혜를 가능케 하는 수단으로 제공될 뿐이다.

　그렇다면 어떤 삶이 가장 행복한 삶인가? '관조하는 삶'이라고 아리스토텔레스는 말한다. 그리고 또 행복은 자족적(自足的) 삶이라고도 말하고 최고의 행복의 가치는 인격(人格)이라고도 말한 바 있다. 개인적으로도 공감한다. 다음 장에서도 말하겠지만 쇼펜하우어는 행복은 천국 안에 있는 것이 아니고 행복은 지옥에도 있다고 말했는데 의미가 깊다. 구체적인 내용은 다음 장에서 다시 한번 더 복습 삼아 살펴보겠다.

　여기에 한 마디 더 말해서 나는 신학과 철학을 근본적으로 갈라본 것이다. 신학은 계시에서 주어진 교리들을 가지고 출발한 것이고, 철학은 실체적 관찰에서 주어진 경험된 주제들을 가지고 출발한 것으로 생각해온 것이다. 그러나 그게 아니다. 철학자들도 이성을 신격화하고 영혼의 독립성과 능력을 과신했던 철학자들이 의외로 많다는 점이 궁금증을 더 깊게 느끼고 철학의 이면세계를 좀 더 구체적으로 살펴보고자 산책길로 떠나가 보게 된 것이다.

4. 데카르트와 스피노자

근대철학의 창시자 데카르트(1596~1650)는 그의 나이 23세 때인 1619년 11월의 어느 날 '영감에 충만하여' 중대한 결심을 하기에 이른다. 그날 이전까지 그는 자연과학자였다. 그러나 그날 이후로 데카르트는 자기 혼자만의 힘으로 철학 전체의 새로운 지평을 여는 일을 '신'으로부터 천직으로 부여받았다고 믿게 되었다. 그것은 반드시 단 한 사람의 손에 의해서 이룩되어야만 하는 일이었다. 왜냐하면 '많은 부분으로 구성되고 여러 사람의 손을 거쳐 완성된 작품보다는 오직 한 사람에 의해서 완성된 작품이 더 완전할 수 있다'고 생각했기 때문이다. 한순간의 계시가 데카르트의 운명을 바꿔놓은 것이다.

그리고 그로부터 18년 후 데카르트는 자신의 지서 『방법서설』에서 '나는 생각한다. 고로 존재한다'라고 하는 역사적인 명제를 선언하기에 이른다. 『방법서설』은 진리를 구하기 위한 방법에 대해서의 서설이다. 제1부에서 데카르트는 '내가 여기에서 의도하는 바는 각자가 자신의 이성을 잘 이끌기 위하여 취해야 할 방법을 가르치려는 것이 아니다. 다만 여기서 나는 내가 어떤 방법으로 나의 이성을 이끌려고 노력해 왔는가를 제시하고자 할 따름이다'라고 말한다.

데카르트는 젊은 시절 한때 신학(神學)에 심취했었다. '그러나 천국에의 길이 가장 무지한 사람들에게도 가장 학식 있는 사람들과 마찬가지로 동일한 기준으로 열려 있다고 하는 기독교의 가르침을 배우고, 또한 우리를 천국으로 이끄는 바의 진리라는 것이 우리의 이해를 초월하는 어떤 것임을 배운 뒤로는 그러한 진리를 나의 빈약한 이해력으로 추구하겠다는 마음이 없어지고 말았다. 그러한 진리의 탐구를 꾀하여 성공하려면 비정상적인 신의 도움을 필요로 하며 이는 인간 이상의 존재가 되어야만 가능한 일이라고 생각했기 때문이다.'

결국 데카르트는 자신이 명증적으로 참된 것이라고 인정하지 않는 어떤 것도 참된 것으로 받아들이지 않겠다고 마음먹고 이를 자신의 출발점으로 삼았다. '회의를 품을 여지도 없는' 진리를 발견하는 것, 이것이 그의 바람이었다. 그러기 위해서 '나는 성년이 되어 선생들의 손에서 해방되자 '서적의 학문'을 버리기로 마음먹었다. 나의 내부에서 발견할 수 있는 학문, 그리고 세상이라는 커다란 서적 속에서 발견할 수 있는 학문 외에는 어떠한 학문도 찾지 않겠다고 결심한 것이다.'

데카르트는 조금이라도 의심이 가는 것은 거짓이라고 보고, 감각을 통해서 자신의 사고(思考)를 지배하고 있는 참이 아닌 일체의 것을 배제하려고 노력했다. '그렇게 하고서부터 얼마 지나지 않아 내가 이처럼 모든 것은 허위라고 생각하는 동안에도 그렇게 생각하는 '나'는 필연적으로 무엇인가임을 깨닫게 되었다. 그리하여 '나는 생각한다. 고로 존재한다.'라고 하는 이 진리만큼은 회의론자들의 어떤 회의적인 비판으로부터도 흔들림 없이 견고하고 명확한 것임을 확신했기 때문에 나는 이 진리를 내가 추구하고자 하는 철학의 제1원리로 삼아 이제는 마음 놓고 받아들여도 좋다고 결론 내렸다.

내가 신체를 갖고 있지 않고 세계라는 것도 존재하지 않는다고 가상할 수는 있으나 '내'가 존재하지 않는다고 가상할 수는 없는 일이다. 한편 내가 생각하는 것을 중지한다고 하면, 생각을 중지한 동안만큼은 내가 존재하고 있다고 믿을만한 아무런 이유도 발견할 수 없는 것이다.

이런 사실들을 확인하면서 나는 다음과 같은 점을 알게 되었다. 즉 '나'라는 존재는 하나의 실체로서 그 본질이나 본성은 오직 '생각한다'는 것 이외의 아무것도 아니며, 존재하기 위해서는 아무런 장소도 필요로 하지 않고 물질적인 어떤 것에 의존하지 않아도 된다는 사실을 깨닫게 된 것이다. 따라서 이 '나'라는 것, 즉 나로 하여금 나일 수 있게 하는 바의 '정신'은 물질과 완전히 분리된 것이며, 또한 정신은 물질보다 인식되기 쉬운 것이고, 설령 물질이 존재하지 않는다 해도 정신은 존재하는 것을 그치지 않는다.'고 하는 것이 데카르트가 주장하는 바의 요점이다. 생각하기 위해서는 반드시 존재해야만 하는 것이다.

데카르트가 살던 시대는 스콜라적 영향이 지배적이어서 신이 세계의 중심에 있다고 굳게 믿고 있었다. 그러나 데카르트는 '신'대신에 자아를 시계의 중심에 자리하게 했다. 그리고 정신과 물질을 구분하여 이른바 데카르트의 이원론을 확립했다.

데카르트에 따르면 정신은 사유하는 것이고, 물질은 연장하는 것, 다시 말해서 '공간적인 크기'로 구성되고 오직 그것에만 의존하는 것이다. 데카르트의 기계론적 세계관은 생명체도 하나의 물체로 간주하여 물질의 본성을 길이와 폭과 깊이를 나타내는 '크기'와 물리적이고 기계적인 운동으로 보는 시작에서 출발한다. 그러나 무엇보다도 중요한 것은 데카르트가 주장하는 바의 '코기토'가 정신을 물질보다 더 확실한 실체로 생각하도록 만들었다는 점일 것이다.

버트런트 러셀은 데카르트를 다음과 같이 평가했다.

'그는 스콜라 철학자들이 세워놓은 기반을 받아들이지 않고 하나의 완전하고도 새로운 철학체계를 세우고자 했는데, 이는 아리스토텔레스 이후로 일찍이 없었던 일이다. 뿐만 아니라 근대과학의 발달에서 비롯된 자신감의 표시는 그의 사상에 생기를 불어넣었는데, 이는 플라톤 이후로 어떤 철학자에게서도 찾아볼 수 없었던 그의 업적이라 할만하다.'

스피노자(1632~1677)는 그의 사상보다는 고매한 인품으로 인해 존경받아온 철학자였다. 인간은 누구나 자신이 믿는 바대로 살지 않는다. 이 점에 관해서는 철학자라고 해서 예외가 될 수 없을 것이다. 그러나 스피노자는 여느 철학자들과는 달리 자신이 내세운 철학을 생활의 기준으로 삼아 생을 산 철학자였다.

스피노자에 따르면, '신은 영원하고 무한한 실체이다.' 그리고 유일무이한 실체이기도 하다. 따라서 오직 신만이 홀로 '자기 원인'이다. 자연 안에는 실체와 그것의 변용인 양태 이외에 아무것도 존재하지 않는다. 양태란 실체가 아니라 변용되어 나타나는 한시적인 현상을 말한다. 반면 실체는 필연적으로 무한하다. 유한하다는 것은 '시초를 지닌' 어떤 사물에 대한 부분적 부정이고, 무한하다는 것은 '시초를 지니지 않는' 영원한 존재에 대한 절대적 긍정이다.

인간의 정서가 어떻게 우리 정신 안에서 생겨나는지를 알지 못하는 사람들만 신의 본성과 인간의 본성을 혼동하여 신에게 인간의 정서를 부여하려고 한다. 그러나 실체는 '자기 원인'이며 절대적으로 제1원인이고, 따라서 다른 것으로부터 산출될 수 없다는 점을 이해하는 사람은 실체를 양태와 혼동하지 않을 것이다. 그들은 자기 안에서만 존재하는 것, 그리고 자기 자신에 의해 파악되는 것, 다시 말해서 그것을 인식하는 데 있어 다른 어떤 인식도 필요로 하지 않는 것을 '실체'로 이해하기 때문이다.

신은 자연의 양태가 아니라 자연의 내재적 원인이다. 따라서 존재하는 모든 사물은 신 안에 있으며, 신이 없이는 아무것도 존재할 수 없고 파악될 수도 없다. 왜냐하면 양태는 실체 없이는 존재할 수도 없고 파악될 수도 없기 때문이다.

신은 피조물을 위해서가 아니라 자기 자신을 위해서 모든 것을 행한다고 스피노자는 말한다. 그러나 대부분의 사람은 일반적으로 자연 안의 모든 사물이 신의 의지에 따라 어떤 목적을 위해 움직인다고 생각한다. 왜냐하면 그들은 신이 인간을 위해서 만물을 창조했다고 믿고 있기 때문이다.

그러나 자연에 목적 같은 것은 없다. 아마도 목적에 관한 것이 아니라 단지 도형의 본질과 성질에만 관계하는 수학이 인간에게 진리의 새로운 규범을 제시하지 않았더라면 진리는 우리에게 영원히 은

폐되고 말았을 것이다. 신은 목적을 위해 어떤 자유의지도 행사하지도 않는다. 신은 우연에 의한 의지의 자유로 인해 작용하는 것이 아니라 자기 자신에 의한 원인으로서 작용하기 때문이다. 따라서 의지는 신의 본성에 속하지 않는다.

그리고 스피노자에 따르면, 자연 안의 모든 사물은 최고의 완전성과 영원한 필연성에서 비롯되는 것이다. 그러나 자연에 목적이 있다는 주장은 신의 완전성을 소멸시킨다. 왜냐하면 만일 신이 어떤 목적을 위해 작용한다면 신은 그 목적을 이루기 위해 자신에게 결여된 부분을 필연적으로 욕구해야만 하기 때문이다. 그렇다면 그것은 신이 아닐 것이다. 욕구는 인간에게 속하는 것이지 신에게 속하는 게 아니기 때문이다.

또한 사람들은 신이 모든 사물을 질서 있게 창조했다고 말하면서 자신들도 모르는 사이에 신에게 표상을 귀속시킨다. 그러나 대중이 자연을 설명하려고 할 때 사용하는 모든 개념은 사물의 본성을 표시하는 것이 아니라 단지 사물이 보여주는 표상의 상태를 표시할 뿐이다. 왜냐하면 그들은 외부의 사물로부터 자극받는 정도에 따라 그 사물의 본성이 선하다 또는 악하다 아름답다 또는 추하다고 파악하기 때문이다. 스피노자는 이것을 이성의 유(有)가 아니라 표상의 유(有)라고 부른다.

그렇다면 혹자는 다음과 같이 물을 것이다. '만일 모든 만물이 신의 가장 완전한 본성에서 필연적으로 생겨났다면 자연 안의 그토록 많은 불완전성은 도대체 어디에서 생겨나는 것인가?'라고. 그러나 이 질문에 답하는 것은 어려운 일이 아니다. 사물의 완전성은 사물의 본성에 의해서만 평가되어야 한다. 왜냐하면 인간의 감각을 통해서 전달되는 사물의 표상이 인간의 본성에 적합하다거나 거슬린다고 해서 그 사물이 더 완전하다거나 덜 완전하다고 생각할 수 없기 때문이다.

그리고 '신'은 왜 모든 인간을 오직 이성적으로 행동하도록 창조하지 않았느냐고 묻는다면 다음과 같이 답변할 수밖에 없을 것이다. 왜냐하면 신에게는 최고의 정도에서부터 최저의 정도에 이르기까지 모든 것을 포괄하는 무한한 속성이 속에 있기 때문이다.

그리고 많은 사람은 신의 능력을 '신의 전능'으로 이해한다. 그러나 그들 생각대로라면 존재하는 모든 것은 우연한 것이 되고 만다. 왜냐하면 그들은 신이 모든 것을 파괴하여 무(無)로 만들 수 있는 힘을 지니고 있다고 믿고 있기 때문이다. 그러나 신의 의지에 의해 파괴할 수 있는 세계라면, 그것은 필연에 의해 창조된 세계가 아닐 것이다. 그리고 그들은 흔히 신의 능력을 왕(王)의 능력과 비교한다. 그러나 신의 능력은 신의 본질 자체에서 기인하는 것이다.

스피노자는 '무한히 많은 것을 무한히 많은 방식으로 사유할 수 있는 존재는 필연적으로 사유하는 능력이 무한하다'고 말한다. 이러한 존재가 곧 신이다. 따라서 신 안에는 모든 것이 관념이 존재한다. 왜냐하면 신은 무한히 많은 것을 무한히 많은 방식으로 사유할 수 있기 때문이고, 또한 신은 신의 본질과 신의 본질에서 필연적으로 생겨나는 모든 것의 관념을 형성할 수 있기 때문이다.

그리고 '관념의 질서는 사물의 질서와 동일하다'고 스피노자는 말한다. 왜냐하면 결과에 대한 인식은 원인에 대한 인식에 의존하기 때문이다. 다시 말해서 결과로서 생긴 사물에 대한 관념은 그 결과를 생기게 만든 원인에 대한 인식에 의존하기 때문이다. 따라서 사유하는 실체와 연장된 실체는 동일한 실체이며, 때로는 이런 속성으로 때로는 저런 속성으로 파악될 따름이다.

그렇다면 정신과 물질은 둘 다 신의 무한한 속성 가운데 일부에 속하는 것이며 따라서 동일한 것이다. 이렇게 해서 정신과 물질을 구분한 데카르트의 이원론은 스피노자에 의해 반박된다.

인간은 누구나 자신이 자유롭다고 여긴다. 왜냐하면 사람들은 자신의 욕구와 충동은 의식하지만, 그들로 하여금 욕구와 충동에 사로잡히게 하는 원인이 무엇인지 모르기 때문이다. 행동의 원인을 모른다는 데서 일반 사람들이 생각하는 자유에 대한 관념이 형성된다. 그러나 인간의 정신 안에 자유의지 같은 것은 없다고 스피노자는 말한다. 오히려 정신은 이것, 또는 저것을 의지하도록 만드는 어떤 원인에 의하여 움직일 따름이다. 따라서 의지는 자유원인이 아니라 필연적 원인이라고 할 수 있다.

스피노자에 따르면 의지와 지성은 동일한 것이다. 왜냐하면 스피노자는 의지를 어떤 것을 추구하게 하거나 기피하게 하는 욕구가 아니라, 참인 것을 긍정하거나 그릇된 것을 부정하는 능력으로 이해하기 때문이다. 그런데 정신 안에는 관념 이외에 사물을 긍정하거나 부정하는 어떤 의지의 작용도 존재하지 않는다. 다만 의지를 갖거나 의지를 갖지 않는 절대적인 선택의 능력이 아니라 개별적인 의지작용(의욕)만이 존재할 뿐이다.

의지는 지성과 마찬가지로 단지 사유의 한 양태이다. 왜냐하면 이런 의욕이나 저런 의욕에 대한 의지의 관계는 이 관념이나 저 관념에 대한 자성의 관계와 마찬가지로 개별적이고 추상적이기 때문이다.

따라서 모든 의지의 작용은 관념에 지나지 않는다. 그렇다면 우리의 사고와 행동을 결정하는 것은 무엇인가? '자기 보존을 위한 욕구와 충동'이 인간의 사고와 행동을 결정짓는 작용 원인이라고 스피노자는 말한다. 스피노자에 따르면, 욕망이야말로 인간의 본질 자체이다. 오직 인간만이 자신의 충동을 의식할 수 있기 때문에 인간에게 있어 욕망이란 의식을 수반하는 충동으로 정의될 수 있다. 따라서 우리는 어떤 사물은 좋은 것이라고 이성적으로 판단해서 그것을 욕구하는 것이 아니라 우리가 그것을 욕구하기 때문에 막연히 그것이 좋은 거라고 판단하는 것이다.

스피노자는 정서도 일종의 관념으로 본다. 스피노자에 따르면 기쁨이나 슬픔은 욕망과 마찬가지로 인간의 가장 기본적인 정서 중에 하나이다. 그런데 정서는 정신을 수동 상태로 만든다. 정신은 정서에 의해 자극받는 정도에 따라 어떤 것을 다른 것보다 한층 더 많이 사유하도록 적용받기 때문이다.

정신의 능동은 타당한 관념에서 생긴다. 그러나 정신의 수동은 타당하지 않은 관념이며, 혼란스러운 관념이다. 인간은 신체와 정신으로 존재하기 때문에 '자기보존'은 신체에 관한 것과 정신에 관한 것으로 구분되어야 마땅할 것이다. 그런데 정서는 신체에 관계되는 것이다. 왜냐하면 정서란 신체의 변용을 나타내는 것이기 때문이다. 따라서 각각의 정서는 신체의 상태를 표시하는 표상에 지나지 않는다.

그렇다면 '자기보존'이란 무엇을 말하는 것인가? 한마디로 말해서 자신의 유(有)를 보존하는 것은 생명을 유지하는 일로 일반적인 사항에 속한다. 그러나 정신의 유(有)를 보존하는 것은 인간의 고유한 본성의 법칙, 즉 이성의 명령에 따르지 않고서는 불가능한 일이라고 스피노자는 말한다.

스피노자는 덕과 능력을 동일한 것으로 이해한다. 그런데 인간의 능력은 오로지 이성에게만 기초한다. 그렇다면 덕에 따라 행동하는 것은 곧 이성에 따라 행동하는 것이라고 말할 수 있을 것이다. 다시 말해서 덕의 첫 번째 기초는 자기를 보존하는 것, 그것도 이상의 지시에 따라 자기를 보존하는 데 있다고 할 수 있다. 그런데 이성이 하는 일은 오직 '인식하는 것'이다. 그 외의 것은 어떠한 것도 이성의 능력에 속하지 않으므로 인간의 덕에도 속하지 않는다. 인간은 인식의 주체로 머물러 있는 한에서만 외부의 원인으로부터 작용 받지 않고 '작용하며' 능동적으로 될 수 있기 때문이다.

정신의 본질은 사물을 인식하는 데 있다. '선(善)은 인식에 도움이 되는 것으로, 그러나 악(惡)은 인식에 방해가 되는 것으로 이해된다' 고 스피노자는 말한다. 정서 혹은 감정은 외적(外的) 원인에 의해 규정된다. 그러나 정신의 힘은 오직 인식하는 능력에 의해서만 정의될 수 있다. 모든 오류나 허위가 인식의 결핍에서 생기듯이, 정신의 수동과 무능 또한 인식의 결핍에서 생긴다. 그리고 인간은 감정에 예속되어 있을 때 서로 대립하게 된다. 서로 비난하고 서로 미워하게 되는 것이다. 반면 인간은 이성에 따라 생활하는 한 본성상 자기 자신과 필연적으로 일치한다. 왜냐하면 이성은 인간의 본성에 속하기 때문이다. '이성의 명령에 따라 생활하는 인간보다 더 유익한 어떤 개체도 자연 안에 존재하지 않는다'고 스피노자는 말한다. 때문에 '인간은 인간에게 신이다'라는 말이 사람들의 입에 오르내리는 것이다.

그렇다면 인간의 정신이 인식할 수 있는 최고의 것은 무엇인가? '신에 대한 인식'이라고 스피노자는 말한다. 인간의 정신은 신의 무한한 지성의 일부이다. 그러나 인간의 정신은 사물을 참으로 인식하는 한에서만 신의 무한한 지성의 일부가 되며, 신의 영원하고 무한한 본질에 관한 타당한 인식을 소유하게 된다.

스피노자는 '덕 자체와 신에 대한 봉사만이 최고의 행복과 최대의 자유를 보장한다'고 말한다. 그런데 스피노자가 말하는 신에 대한 봉사란 최고의 인식에 도달하는 것을 의미한다. 따라서 최고의 선은 신에 대한 지식을 갖는 것이며, 최고의 덕은 신에 대한 인식에 다다르는 것이다. 신에 대한 지적 사랑은 진리를 파악하는 기쁨과 더불어 참다운 사유 속에 깃들어 있다. 그렇다면 신에 대한 사랑은 우리의 점선 안에서 중요한 위치를 차지해야 마땅한 것이다. 지고(至高)의 선은 정신과 자연, 즉 신과의 합일(合一)을 인식하는 것이다.

따라서 인간의 지복(至福)은 신에 대한 인식이 없이는 성취가 불가능한 것이다. 스피노자는 자유의지를 부정하고 결정론을 정당화시켰다. 그러나 스피노자의 아우구스티누스가 말하는 원죄의 개념과는 거리가 먼 것이다. 스피노자는 인간의 죄가 아니라 자연의 필연성으로부터 결정론을 이끌어냈다.

'어떤 작용을 하도록 결정된 사물은 신에 의해 필연적으로 그렇게 만들어진 것이다' 이것이 스피노자가 말하는 결정론이다. 그러나 인간은 '자유의지'는 행사하지 못하더라도 '자유로운 정신'은 얼마든지 소유할 수 있다고 스피노자는 말한다.

그런데 스피노자에 의하면, 이 성에 의해 인도되는 사람만이 자유로울 수 있다. 왜냐하면 정신은 사물을 필연적인 것으로 인식하면

할수록 외적 원인에의 한 정서로부터 지배당하지 않고 자유로울 수 있기 때문이다. 자유로운 정신의 소유자는 죽음을 거의 의식하지 않는다. 그의 지혜는 죽음이 아니라 삶을 성찰하기 위한 것이기 때문이다. 그리고 '지복(至福)은 덕에 대한 보상이 아니라 덕 자체에 있다'고 스피노자는 말한다. 우리들은 쾌락을 억제하기 때문에 지복을 누리는 것이 아니라 그의 반대로 지복을 누리기 때문에 쾌락을 억제할 수 있게 된다.

왜냐하면 우리의 정신은 신에 대한 지적 사랑에 의해서 그리고 지복을 누림으로써 쾌락을 억제하는 힘을 소유할 수 있기 때문이다. 스피노자에 따르면, 이성은 정서에 대해 절대적인 힘을 행사하지 못한다. 그런데도 우리는 가능한 한 우리의 본성에 속하는 지성이나 이성을 완전한 것으로 만들기 위한 노력을 게을리해서는 안 된다. 이러한 노력만이 인간의 지복을 가능케 하는 유일한 척도가 되기 때문이다.

이것이 스피노자가 말하는 '자유에 도달하는 방법에 관한 윤리학'의 결론이다. 행복의 추구는 고통에서 벗어나면서부터 시작된다. 그런데 우리를 고통스럽게 하는 것은 대개 열정이나 수동적인 정서에서 기인한다고 볼 수 있다. 하지만 열적이나 수동적인 정서는 그것의 원인을 정확하게 파악하기만 하면서 더는 우리를 지배하지 못한다. 스피노자는 사물을 냉철하게 인식하는 것만이 우리로 하여금 고통이나 괴로움에서 벗어나게 하는 유일한 방법이라고 말한다. 그렇다면 우리는 누구나 할 것 없이 어느 정도는 철학자가 될 필요가 있을 것이다. 왜냐하면 철학자는 느끼지 않고 인식하기 때문이다.

스피노자는 인간의 능력에 한계가 있음을 인정하면서도 고귀하게 살아갈 방법을 우리에게 제시하고자 했다. 신에 대한 지적(知的) 사랑은 항구적이며 영원하다. 반면 인간의 불행은 변화무쌍한 것을 지나치게 사랑하는 데서 생긴다. 집착이야말로 모든 '악'의 근원이라 할 수 있다. 따라서 우리는 현실의 표상과 충분한 거리를 두고 '영원한 상(相)' 아래에서 사물을 있는 그대로의 모습으로 파악하는 능력을 키워야만 한다고 스피노자는 말한다. 이것이 '구원(救援)'에 이르는 유일한 방법이기 때문이다.

5. 칸트

나는 철학 쪽으로 접근이 늘 다가가지만, 나로서는 난해한 부분들이 너무 많았기 때문에 접근하다 멈춰서고 접근하다 또 멈춰 섰던 때가 비일비재했다. 특히 칸트에 대해서는 난해한 용어들이 많았기에 책을 읽다말고 덮어두었으나 다시 한번 칸트의 철학을 캐보기 위해 책장을 넘겨본다.

감성은 이성보다 심오한 것이다. 이성은 신의 존재를 근거 없다고 부정하지만, 그 정반대의 논리로 이성은 무슨 근거로 신이 존재하지 않는다고 확신하는가? 이것은 이성의 한계를 넘어서는 일이라고 칸트는 말한다. 종교는 이해의 대상이 아니라 믿음의 대상이라고 사람들은 말해오지 않았는가.

'우리의 정신 안에는 이성이 전혀 이해할 수 없는 마음의 도리가 내재하고 있다'고 파스칼은 말했다. 그리고 루터는 단호하게 말했다. '그토록 많은 분노와 악의를 해보이는 신이 얼마나 은혜롭고 정의로운지를 우리가 이성을 통해서 이해할 수 있다면 무엇 때문에 신앙이 필요하겠는가!' 불합리하기 때문에 믿는 것이다.

합리성을 추구하는 종교는 종교라기보다는 과학이라고 해야 옳을 것이다. 종교적 신앙은 '믿어야만 받아들일 수 있다'는 식의 주장을 처음으로 펼친 사람이 루소였다. 이성이 신과 영혼의 존재에 대해 인식하지 못해도 감성은 얼마든지 느낄 수 있다. 이성은 전능하지 못하다. 이성을 비판할 때가 온 것이다.

칸트는 인식론을 한층 더 심화시켰다. 그는 인식이 반드시 감각으로부터 오는 것은 아니라고 말한다. 로크와 버클리와 흄은 '우리가 아는 모든 지식은 감각과 경험으로부터 오는 것'이라고 주장했다. 그러나 만일 감각과 경험으로부터 독립된 인식이 가능하다면, 다시 말해서 선험적 인식이라는 것이 실재한다면 어떻게 될까?

경험은 우리의 오성을 한정 짓는 유일한 요소가 아니다. 보편적 인식은 경험으로부터 독립되어 그 자체로써 명확하고 경험에 앞서서 선험적으로 참되지 않으면 안 된다. 예를 들어 수학적 인식은 필연적이다. 내일 태양이 서쪽에서 뜬다는 가정은 있을 수 있어도 2×2가 4 이외의 다른 수가 된다는 가정은 있을 수 없다. 이러한 진리는 과거나 현재 또는 미래의 어떤 경험에도 의존하지 않고 참되기 때문에 선험적이다.

그렇다면 우리는 어디서 이러한 절대적이고 필연적인 지식을 얻게 되는가? 경험으로부터는 아니다. 진리의 필연적 성격은 정신의 고유한 구조에 의해 파악되는 것이다. 흄은 영혼도 인과법칙도 존재하지 않으며, 우리의 정신은 하나의 관념이거나 혹은 여러 관념들의 연속적인 결합에 지나지 않는다고 말했다. 그러나 칸트는 인간의 정신을 한낱 추상적인 명칭이 아니라 외부로부터 오는 경험을 선택하고 재구성해서 지각된 사물을 개념으로 만들고 조정하는 능동적인 기관으로 이해해야 한다고 말한다.

칸트는 대상 자체보다도 대상에 대한 우리들의 선천적 사고(思考) 능력과 관계되는 인식을 선험적이라고 규정한다. 인간의 어떤 지식도 경험을 초월할 수 없다. 그러나 부분적으로는 선험적으로 인식되는데, 이는 경험에서 귀납적으로 추리되는 것은 아니다. 감각은 그 자체로서는 단지 자극에 지나지 않는다. 외계(外界)는 감각의 재료만을 제공할 뿐이며 우리의 정신 기관이 이를 공간과 시간의 틀 속에 배열하여 대상을 지각하게 되는 것이다. 공간과 시간은 주관적인 것으로 우리들의 지각기관의 일부를 이루고 있다. 이를테면 우리는 공간과 시간이라는 안경을 쓰고 이를 통해서 외계(外界)를 바라보는 것이다.

공간과 시간은 어떤 관념일 수 없다. 그것은 지각된 사물이 아니라 선험적 직관의 형식이기 때문이다. 우리의 지각에 나타나는 현상은 두 부분으로 이루어진다. 첫 번째 부분은 대상에게 비롯되는 감각이다. 그리고 두 번째 부분은 현상의 형식으로서, 그 자체가 감각은 아니다. 전자는 경험에 의존하지만, 후자는 경험에 의존하지 않는다는 점에서 선험적이다. 그리고 선험적 직관의 형식에는 두 가지가 있는데, 공간과 시간이 바로 그것이다. 공간은 외감(外感)의 형식이고, 시간은 내감(內感)의 형식이다. 이를테면 외부의 경험은 오직 공간의 표상을 통해서만 얻어지는데, 공간이 없으면 어떤 사물도 인식할 수 없기 때문이다. 공간과 시간이 선험적 직감의 형식이라면, 범주는 선험적 사고의 형식이다. 범주는 공간과 시간의 테두리 안에서 얻어진 지각을 사고의 개념으로 만드는 판단 형식의 체계이다. 우리가 경험하는 모든 것에 이 범주가 적용된다. 요컨대 범주는 오성의 본질이고 성격이다.

우리는 오성이 보여주는 능동성에 주목할 필요가 있다. 감각된 외부의 사물은 공간과 시간이라는 직관의 형식에 의해 우리에게 지각되고, 지각된 대상은 범주라는 선험적 사고의 형식에 우리에게 인식된다.

그렇다면 이러한 통일성은 어디서 생기는 것인가? 사물 자체로부터는 아니다. 외부로부터 오는 무질서한 자극을 질서정연한 개념으로 인식되게끔 만드는 것이 바로 오성이 하는 역할이다. 세계는 저절로 질서를 갖게 되는 것이 아니라 세계를 인식하는 사고 자체가 조정 작용을 하므로 질서를 갖게 되는 것이다. 그렇다면 사고의 법칙은 동시에 사물의 법칙이 된다. 인과법칙은 궁극적으로는 과거와 현재와 미래의 모든 경험에 포함되고 전제되는 사고의 법칙이기 때문에 필연적인 것이다. 따라서 과학은 절대적이고 진리는 영속적이다.

그러나 감각의 원인이 되는 물 자체는 결코 인식되지 않는다고 칸트는 말한다. 물 자체는 공간과 시간 속에 존재한 것이 아니라 그것은 실체가 아니며 따라서 칸트가 범주라고 부르는 일반개념으로도 파악될 수 있는 게 아니다. 범주 또한 공간이나 시간과 마찬가지로 주관적인 것이기 때문이다.

'대상 자체가 어떤 것인지 우리로서는 알 수 있는 방법이 없다. 다만 우리는 대상을 지각하는 우리들의 방식을 알 수 있을 뿐'이라고 칸트는 말한다. 따라서 궁극적으로 실재하는 것이 무엇인지를 탐구하려는 과학과 신학은 온갖 시도는 무의미한 것이 되고 만다. 신은 존재할 수도 있고, 존재하지 않을 수도 있다. 그러나 순수이성은 신이 존재한다는 사실을 판단할 능력이 없다. 종교가 신학과 과학을 기초로 삼을 수 없다면 종교는 어디에 기초를 두어야 마땅한가? 바로 도덕이다. 가능한 오직 하나의 이성 신학은 도덕의 법칙에 의거하거나 도덕법칙의 지도를 요구하는 것이라야 한다. 신과 영혼 불멸과 인간의 자유의지-이것이 이성이 파악해야 할 세 가지 이념이라고 칸트는 말한다.

그러나 순수이성은 이 이념들의 실재를 입증하지 못한다. 그런데 이 이념들의 중요성은 실천적이라는 데 있다. 다시 말해서 이 세 가지 이념은 도덕과 관련지어져 있는 것이다. 비트런드 러셀은 이에 관한 칸트의 견해를 다음과 같이 요약했다.

도덕의 법칙은 우리에게 정의를 요구한다. 다시 말해서 우리는 우리의 덕(德)에 비례하는 행복만을 요구해야 하는 것이다. 그런데 이것은 오직 신의 섭리만이 보증해줄 수 있다. 그러므로 신은 존재해야 하고, 따라서 내세도 존재해야 한다. 또한 자유의지도 있어야 한다. 자유의지가 없으면 덕(德)은 존재의미를 상실하기 때문이다. 우리 마음속의 도덕률은 정언적(定言的)이고 무조건적이라고 칸트는 주장한다.

그렇다면 궁극적으로 선한 것은 오직 선한 의지뿐이다. 그 외의 것은 절대적일 수가 없기 때문이다. 그리고 칸트는 '순수이성은 실천적일 수 있다'고 말한다. 다시 말해서 순수이성은 그 자체로 경험적인 것으로부터 독립해서 우리의 의지를 규정할 수 있다. 모든 도덕개념은 선험적인 이성 속에 그 근원을 두고 있기 때문이다. 칸트는 '도덕의 형이상학'을 확립하고자 했다.

6. 쇼펜하우어와 니체

쇼펜하우어(1788~1860)는 플라톤의 이데아, 데카르트의 코기토, 스피노자의 실체, 칸트의 물 자체 반열에 '살려는 의지'를 올려놓았다. '세계는 나의 표상이고, 따라서 세계는 나의 의지이다'라고 쇼펜하우어는 단호하게 말한다. 의지가 없으면 표상도 세계도 없기 때문이다. 다른 철학자들과는 달리 쇼펜하우어는 이성이 아니라 의지를 인간의 지배적인 특성으로 보았다.

'역사적으로 볼 때 쇼펜하우어는 두 가지 점에서 중요하다. 하나는 그의 염세주의이고, 다른 하나는 의지가 이성보다 우위에 선다는 그의 학설이다'라고 비트런트 러셀은 말했는데, 염세주의는 '살려는 의지'가 지배하는 세계에서 당연히 이르게 되는 귀결이다. 내가 '의지한다'는 것은 내가 무엇인가를 '원한다'는 것이고, 이는 다시 말해서 '욕구한다'는 걸 의미하는 것이다. 따라서 세계가 나의 의지라면 세계는 고난의 장소일 수밖에 없을 것이다. 욕구는 무한하고 충족은 한정되어 있기 때문이다.

인간이 의지의 노예로 머무는 한, 삶은 투쟁의 연속이며 본질적으로 괴로운 것이다. 세계의 실체는 의지이고 따라서 인간의 본질 역시 의지이다. 의지는 '눈은 보이지만 두 다리가 없는 사람을 등에 업고 가는 힘 센 장님'이다. 이성이 의지를 선도하는 것처럼 보이지만, 단지 이성은 안내자로서 주인(의지)를 인도할 뿐이다.

이처럼 의지가 우리를 지배하는 세계라면, 한마디로 말해서 우리가 사는 세계는 욕구와 결핍의 세계다. 인간은 욕구가 구체화된 존재이지만, 욕구의 완전한 충족이라는 것은 실제로 불가능한 일이기 때문이다. 이것이 우리에게 주어진 운명이라고 한다면 인생은 손해보는 장사일 수밖에 없을 것이다. 쇼펜하우어는 의지가 정신의 영원 불변하는 유일한 요소인 한, 우리가 노력한다고 해서 달라질 것은 아무것도 없다고 말한다.

하나의 형상으로서의 생존의지가 칸트가 말하는 물 자체로서의 영원불멸하는 반면에, 그 의지의 현상에 불과한 인간의 노력은 공허하기 짝이 없기 때문이다. 평안과 행복은 소극적인 것이지만, 고통과 괴로움은 적극적인 것이다. 우리의 의지가 요구하는 대상은 하나같이 우리에게 저항하기 때문이다. 설령 욕구가 충족되었다고 하더라도 다음에는 권태가 우리를 괴롭힌다.

'곤궁이 하류층의 재앙인 것처럼 권태는 상류층의 재앙이다.' 우리의 생존의지가 적극적인 가치와 참된 의미를 지니고 있다면 거기에 권태가 따를 리가 만무하며, 단지 살아 있다는 사실만으로도 우리는 만족해야 할 것이다.

그러나 실제로는 어떠한가? 생존을 요구하면 궁핍에 시달리고, 요구하지 않으면 권태에 사로잡힌다. 결국 우리의 삶은 고통과 권태

사이를 시계추처럼 왔다 갔다 할 따름이다.

아마도 세상의 온갖 고통과 괴로움을 지옥으로 옮겨 놓은 다음에는 틀림없이 천국에는 오직 권태만이 남게 될 것이다. '일찍이 현실에 직면해서 자신의 처지를 정말로 행복하다고 느낀 사람은 단 한 사람도 없었다. 만일 그런 사람이 있었다면, 그는 술에 취해 있었을 것이다.' 이런 세상에서는 '오직 돈만이 절대적으로 선한 것이다. 돈 이외의 수단은 단지 하나의 소망, 하나의 욕망만을 만족시켜 줄 뿐이다.'

인간은 자신의 욕망을 감추기 위해 철학이나 신학을 만들어냈다. 세계는 지옥이다. 의지가 인식과 지성에 완전히 종속되지 않는 한, 불행을 극복한다는 것은 불가능한 일이라고 쇼펜하우어는 말한다. 예컨대 천재는 인식이 대부분이고 의지는 적다. 인식 능력이 의지에 비해 훨씬 발달한 자를 우리는 천재라고 말한다. 천재는 최고의 객관성 그 자체이다. 천재는 본질적인 것과 보편적인 것을 분명하게 간파한다. 따라서 주관적인 의지의 우월성이 그를 지배하지 못한다.

그리고 쇼펜하우어는 불교를 최고의 종교로 보았다. 지고의 선(善)은 열반에 도달하는 것, 다시 말해서 의지의 욕구를 최소화 하는 것이다. 살려는 의지의 극복, 세상의 고통으로부터의 해탈, 이것이 구원에 이르는 확실한 복음이다. 오직 관조(觀照)만이 있을 뿐, 의지는 없기 때문이다. 여기서 관조란, 제3자의 입장에서 무관심하게 보거나 대하는 것을 말한다.

인간이 값싼 욕망에서 해방될 수 있는 순간은 그림과 음악, 문학 작품과 같은 예술을 접할 때뿐이다. 우리가 예술을 접하는 순간 이 음침한 사망 같은 세상에는 한 줄기 생명의 빛이 돌아온다. 또한 인간의 모든 면을 초탈한 눈으로 보고 그것을 펜이나 붓으로 그리면

흥미와 매력으로 가득 찬 고상하고 심오한 이미지가 떠오른다. 쇼펜하우어의 스승이자 친구이기도 했던 괴테 또한 그런 비슷한 말을 했다. (중략)

쇼펜하우어가 후세에 막대한 영향력을 남긴 철학자가 된 원인으로는 인간에 대한 깊은 통찰력뿐만 아니라 세련되고 현대적인 문체를 꼽는 사람들이 많다. 대문호 괴테조차도 쇼펜하우어의 철학에는 가끔 의견을 달리 했지만 그의 명쾌한 문제와 세련된 표현력만큼은 질투할 정도였다고 기록되고 있다.

니체(1844~1900)는 한마디로 말해서 골난 철학자였다. 그가 선의의 악동이기를 자처했던 것은 플라톤 철학과 기독교 사상에 대한 강한 불만 때문이었다. 칸트가 이성을 비판했다면, 니체는 도덕을 비판했다. 그러나 그것은 도덕의 속성에 대한 비판이었지, 도덕의 가치에 대한 비판은 아니었다. 가치에는 항상 양면성이 있다. 하지만 니체의 경우에는 장점만을 살펴보자. 그리고 단점은 무시해 버리자. 그러면 니체에게 다가가기가 훨씬 수월해질 것이다.

니체는 분명히 단점보다는 강점이 돋보이는 철학자였다. 무엇보다도 우선해서 니체의 가치는 철학의 언어를 일신한 데 있었다. 그의 사상에서 구체적인 철학 용어들, 이를테면 감각, 지각, 오성, 관념, 선험적 인과법칙, 범주, 시간과 공간, 충족이유율 같은 비현실적인 표현을 찾아볼 수 없다는 점이 여간 다행스러운 일이 아니다. 드디어 철학은 니체로 인하여 새로운 길을 모색하게 된 것이다.

그리고 니체는 관점주의를 표방했다. 관점주의는 체계를 거부한다. 이 점이 또한 니체의 철학이 가치가 있는 이유 중에 하나일 것이다. 형이상학자들의 근본적인 믿음은 가치들이 대립한다는 인식에서 비롯된 것이다. 그러나 실제로 가치의 대립이라는 게 존재하거나 하는 것인가? 다만 모든 생명의 근본 조건인 '관점주의적인 시각'만이 존재할 뿐이다. 진리가 가상보다 더 가치가 있다고 믿는 것은 단지 도덕적인 선입견에 지나지 않는다. 관점적인 평가와 가사성에 바탕을 두지 않는 한 삶이란 결코 존립할 수 없는 것이다. 철학자들은 진리의 중요성만 알았지 '사실'의 중요성은 이해하지 못했다. 진리는 목표를 제시할 뿐이지만 '사실'은 운명을 관장한다.

'삶의 조건으로 비(非)진리를 용인하는 것, 이것이야말로 위험한 방식으로 습관화된 가치 감정에 저항한다는 것을 의미한다. 이 일을 감행하는 철학은 그것만으로도 이미 선과 악의 저편에 서 있게 된다.'

플라톤은 이데아 이론을 내세워 철학자인 자신을 지고(至高)의 존재로 만들려고 의도했다. 그리고 칸트는 터무니없게도 정언적(定言的) 명령에 입각한 '도덕의 형이상학'을 세우고자 했다. 그러나 '인간이 뭔가를 더 이상 볼 수도 붙잡을 수도 없는 곳에는 인간이 탐구할 만한 것도 더 이상 없다'고 니체는 말한다. '온갖 오류 가운데 가장 나쁘고 지루하며 위험한 것은 독단론자들이 저지른 오류, 즉 플라톤에 의해 확립된 순수 정신과 선(善)의 실체를 고안해낸 일이었다. … 플라톤은 현실을 외면하고 사물들을 오직 빛바랜 관념적인 상(象)으로만 보려고 했다.'

니체는 인간의 이성을 신격화 하고 영혼의 독립성과 능력을 과신했던 플라톤 철학과 기독교 사상을 맹렬히 비난했다. '기독교는 대중을 위한 플라톤주의이다.' 플라톤이 말하는 이데아나 기독교가 주장하는 바와 천국 같은 것은 존재하지 않는다. '도덕이란 '생명 현상'이 발생하는 데 따르는 지배관계에 관한 학설로 이해된다'고 니체는 말한다. 생명 그 자체는 곧 '힘에의 의지'이다. 어떤 개인들의 지배적인 '의지'는 집단의 표시인 '계급'을 초월한다.

그들은 쇼펜하우어가 말하는 '자기보존'에 그치지 않고, 자신의 행복과 사회공동체의 성취를 동일시한다.

'도덕적인 현상이란 존재하지 않는다. 현상에 대한 도덕적인 해석만이 있을 뿐이다. … 의도된 도덕은 선입견이며 경솔함이고, 아마도 일시적인 것일 테고, 따라서 어떤 경우에는 극복되어야만 하는 그 무엇이다.'

니체는 소극적인 도덕이 아니라 적극적인 도덕을 강조했다. 기독교에서 말하는 죄의식 대신에 긍지를, 자기연민 대신에 자부심을 가지고 헛된 이상이나 내세를 꿈꾸기보다는 현세의 행복을 추구하는 것이 삶을 사는 바람직한 자세이다.

세계 전체가 그에게서 행복을 빼앗으려 할 경우, 그는 세계 전체에 대항해 싸운다. 니체는 투키디테스와 에픽테토스와 스탕달을 우러러 보았다. 그들은 철저한 현실주의자였으며, '실상을 있는 그대로 정확히 바라보는 안목'을 지니고 있었다고 니체는 평가했다. 니체는 '비할 바 없이 대담하고 생명력이 넘치며 세계를 긍정하는 인간'을 최선의 인물로 보았다. '도덕적 가치의 표시가 어디에서나 먼저 인간에게 붙여지고 나서 비로소 파생되어 행위에 붙여졌다는 점은 명백하다. 고귀한 부류의 인간은 스스로가 가치를 결정하는 자라고 느낀다. 그에게는 타인으로부터 인정받는 게 필요치 않을 것이다. 그는 가치를 창조하는 자이기 때문이다.'

반면 니체는 이상주의자들을 가리켜 그들이 주장하는 바의 '현대적인 이념'이라는 것은 인간의 평등을 내세워 인간을 무능하고 나약한 무리집단으로 전락시킬 뿐이라고 비난했다.

전통과 혈통에 대한 깊은 외경, 모든 법은 이 이중의 외경 위에 서 있다. 조상에게는 유리하게 그리고 후손에게는 불리하게 대하는 마음가짐과 선입견은 강한 자들의 도덕에서 보이는 전형적인 특징이다. 이에 반하여 '현대적 이념'의 인간이 거의 본능적으로 '진보'나 '미래'만을 중시하고 그들의 '과거'인 나이 든 사람에 대한 존경심을 잃어간다면, 이것만으로도 충분히 그들이 주장하는 바의 '이념'의 유래가 고상하지 못하다는 걸 드러내는 것이다.

'미래의 철학자들은 단지 인식하는 것 이상의 것을 해내야만 한다. 그들은 어떤 새로운 존재가 되어야만 하고, 새로운 것을 해석할 뿐만 아니라 새로운 가치를 표현해내지 않으면 안 된다.' 이것이 미래의 철학자에 대한 니체의 견해였다.

제임스 조이스가 소설의 형식을 파괴하고, 고전적인 시(詩)의 형태를 파괴했다면, 니체는 철학 자체를 파괴해 버렸다. 니체가 플라톤의 철학과 기독교사상에 대해 이의를 제기했다는 것은 고대 그리스 철학과 중세의 스콜라 철학을 포함하는 모든 철학을 부정한다는 것을 의미하기 때문이다. 가치의 전도를 주장하는데 기존의 철학이 무슨 소용이 있겠는가! 적어도 니체는 쇼펜하우어보다는 훨씬 더 진지했다. 이는 다시 말해서 비관주의가 염세주의보다 더 심오하다는 것을 의미하는 것이다.

니체의 말처럼 '그것이 쾌락주의든 염세주의든 공리주의든 행복지상주의든 관계없이 쾌락과 고통', 즉 '수반된 상태'나 '부차적인 것'에 의해 사물의 가치를 판단하는 이러한 모든 사유방식은 단순하고도 표면적인 사유방식에 지나지 않기 때문이다.

반면 비관주의는 인간이 무능한 데 대한 깊은 혐오감에서 출발한다. 쇼펜하우어의 염세주의는 삶도 세상도 악이라고 규정하면서 모든 가치를 부정한다. 그러나 니체의 비관주의는 인간을 가능성이 아니라 도덕의 잣대로만 판단함으로써 인간을 나약하게 만드는 기존의 가치체계를 대신해서, 인간을 보다 강하고 탁월한 존재로 만들 수 있는 새로운 가치체계를 조직하자고 주장하고 있다는 점에서 염세주의보다 한층 더 긍정적이다.

키에르케고르의 싸움이 권태와의 싸움이었다면, 니체의 싸움은 인간을 나약하고 무능하게 만드는 모든 것과의 싸움이었다. '신은 죽었다'라는 니체의 선언과 초인사상과 '차라투스트라'라는 존재의 의미와 '영원회귀'라는 과장된 견해를 배제하고서 니체를 대면해 보자. 그러면 어떤 이유로 해서 니체가 펭글러나 앙드레 말로 같은 예민한 지성을 감동시켰는가를 알게 될 것이다.

니체는 서양 철학자들 중에서는 드물게도 천재였다. 그러나 무엇보다도 중요한 것은 역시 인간미일 것이다. 니체는 진솔한 사람이었다. 칸트와 쇼펜하우어의 철학에서는 문사(文思)만이 보일 뿐이지만, 니체를 읽으면 우리는 그의 사상뿐만 아니라 그 처절한 인생도 함께 엿볼 수 있다.

도덕에 두 가지 종류가 있다면, 그 하나는 '행위의 도덕'이고 다른 하나는 '태도로서의 도덕'일 것이다. 아마도 니체는 '행위의 도덕'이 아니라 '태도로서의 도덕'을 강조하려 했던 것 같다. 윌 듀런트는 자신이 저술한 『철학 이야기』에서 니체를 거의 정신병자 취급했는데,

실제로 니체가 미치기 일 년 전인 1888년에 쓴 작품들은 분명히 정신분열의 징후를 보여준다.

그러나 그의 전성기 때 쓴 작품들, 예컨대 『아침놀』과 『선악의 저편』을 읽어보면 얘기가 달라진다. 니체 같은 사상가들을 과소평가한다는 것은 가치의 전도까지는 아닐지라도, 새로운 가능성의 가치에 대한 외면을 의미하는 것이다.

인간은 반드시 변해야만 하는 존재이다. 니체의 말처럼, 인간은 아직 '확정되지 않는 동물'이기 때문이다. 변모를 꿈꾸는 일이야말로 인간에게 가능한 최고의 덕목 중에 하나일 것이다. 니체의 철학을 그의 기질과 어투의 문제만으로 국한해서 폄하하는 것은 옳지 않다고 보는 것이다,

이점에 관해서는 니체의 사상을 완곡하게 표현한 슈펭글러 역시 같은 결론에 도달하는 것을 볼 수 있다. 니체는 가치의 전도를 주장했지만, 새로운 가치체계를 제시하지는 못했다. 다만 니체가 기대했던 세상은 스파르타의 훈육과 아테네의 문화가 병존하는 그런 이상적 세계였던 것 같다. 그렇다면 그것은 새로운 가치의 발견이 아니라 과거의 가치를 재발견하는 것으로 이해될 수 있을 것이다.

서양 철학은 니체 이후로 더 이상 강력한 철학자를 배출해 내지 못했다. 혹자는 서양철학을 읽으면서 '명석함은 있으나 내용은 빈약하다'고 생각할 수도 있다. 그러나 내용만큼 중요한 것이 형식이다. 바로 그 명석함으로 인해서 서양의 합리주의는 태동했고, 그 명석함을 바탕으로 해서 서양의 과학은 경이로운 발전을 거듭해왔다는 것이다.

그러나 또 한편으로 독자들은 서양철학을 읽으면서 이렇게 생각할 것이다. '데카르트의 코키토나 칸트의 독일 관념론이 우리 인생

하고 무슨 관련이 있는가?'라고. 이것은 충분히 현실적인 의문임에 틀림없다. 데이비드 흄 자신부터도 자기가 주장한 철학을 진심으로 받아들이지 않았다는 것이다. '인식론의 대(大)경기는 데카르트에서 라이프니츠, 로크, 버클리와 흄을 거쳐 칸트로 이어지면서 근대철학을 자극하는 동시에 황폐하게 만든 3백년 전쟁으로 확대되었다'고 윌 듀런트는 말했다. 그리고 키에르케고르는 헤겔 철학을 비판하면서 다음과 같이 말했다.

'모든 세계론자들은 거대한 궁전을 건축하면서 그 곁에 붙어있는 외양간에서 사는 사람과 비슷하다. 그들의 위대한 체계적인 구조 속에서 살지 않는다. … 사유의 체계는 존재할 수 있지만, 삶의 체계라는 것은 존재할 수가 없는 것이다.'

7. 진리에 대해서

최고의 진리에 관한 실마리를 셰익스피어가 제시했다. '사람은 이 승에 온 것처럼 저승으로 가는 것을 견뎌야 하오. 성숙함이 전부요.'(리어왕 5막 2장)

철학자들은 늘 강조해 왔다. '영원성이 아니라 성숙함이 인류의 목표였다.' 보다 정확히 표현하자면, '불멸이 아니라 지속적인 진보가 개인에게나 집단에게나 최고의 목표였다'고 해야 옳을 것이다. 규범이 곧 진리이던 시대가 있었다.

실제로 오랜 세월 동안 모세의 십계명과 예수의 신성(神性)을 거슬린 자는 이교도를 제외하고는 자신을 스스로 철학자라고 생각하는 인종밖에 없었다. 하지만 과거에는 위대했던 규범들이 상식이 되어 버린 요즘 시대를 목격한다면, 모세와 예수는 흐뭇해하기보다는 오히려 당혹스러워할 것이다. 상식의 수준으로 전락해서이다. 아마도 그들은 민감해야할 것에 둔감하고, 동감해도 좋을 것에 민감하게 대처하는 세대를 바라보면서 자못 어리둥절해 할 것이다.

한편 소크라테스가 '내가 아는 것은 내가 아무것도 모른다는 사실 뿐이다'라고 말했을 때, 그는 자신이 무심코 던진 이처럼 평범한 말이 역사상 가장 위대한 진리 중의 하나로 기억되리라고는 상상도 하지 못했을 것이다.

당시에는 겸손이 불가지론(不可知論)과 동의어로 쓰여졌을 수도 있었다. 그러나 과거와는 달리 이제 진리는 구체성을 필요로 한다. 현대인에게 감동을 줄 수 있는 진리란 거창한 논리나 위대한 사상에 관한 것이 아니라 삶의 질을 높여주는 것이라야 한다. 이를테면 피타고라스의 말처럼. '최선의 삶을 선택해라. 그러면 습관이 그것을 익숙하고 즐거운 것으로 만들어 줄 것이다' 같은 것들이다.

혹자는 말할 것이다. '돈이 최고의 가치이다' 혹은 '섹스가 최고의 즐거움이다'라고. 물론 그렇다고 볼 수도 있을 것이다. 하지만 이러한 주장은 누구나 쉽게 말할 수 있는 일반론이며 지나치게 공간적이다. 현대는 일반적인 것과 보편적인 것을 혼동하는 시대이다. '진리는 진리의 잣대로만 판단할 수 있다'고 베이컨은 말했다. 진리는 보편성에 뿌리를 두어야 한다. 보편성은 심오한 것이다. 보편성은 시간과 공간을 다 만족시켜야 하기 때문이다.

시간은 실연과 같은 상처도 치료하는 묘약이다. 시간은 치욕도 잊게 한다. '온갖 수치 다 마셔버린 내 나이!' 이렇게 외치고 어떤 철학자는 분연히 자살 했는데, 우리는 그 철학자의 고뇌와 비애를 상기하지 않고 일상 속에서 망각한다.

시간이 묘약이면 공간은 마약처럼 직접적이다. 예컨대 탐욕과 쾌락은 공간에 속한다. 인간의 욕망은 속성상 한시적일 수밖에 없기 때문이다. 공간은 시간에 의해서 규정된다. 그런데도 사람들은 시간을 의식하기보다는 공간에 익숙한 삶을 살아가고 있다.

바로 이러한 현실이 인간의 운명을 좌우한다. 욕망이 공간의 영역에 속하는 것이라면, 지혜는 시간의 영역에 속하는 것이다. 그런데 진정한 진리는 지혜와 욕망 모두를 만족시킬 수 있어야 한다. 욕망을 잠재우기보다는 효과적으로 다스릴 수 있을 때 인간의 지혜는 빛을 발한다.

시간은 죽음을 가져다주면서 동시에 성숙함을 가져다준다. 그러나 성숙함은 거저 얻어지는 것이 아니다. 수신(修身)을 강조한 철학자들은 낭비를 거부하고 자기 자신을 보다 나은 존재로 만들기 위해 노력하는 자세를 최고의 미덕으로 여겼다. 하지만 불행히도 우리는 진화(進化)의 목적을 의심할 수밖에 없는 시대에 살고 있다. 요컨대 하나의 큰 욕심보다는 잡다한 욕심에 집착하는 세대이다. 잡다한 욕심이 아닌 하나의 큰 욕심, 그것은 현재의 모든 것을 걸고 미래의 자기 자신을 위해서 승부를 거는 것이다. 지금의 나 자신보다 훌륭한 그 미지(未知)의 존재를 꿈꾸는 것은 인간에게만 주어진 특권이다.

한 개인은, 그 개인이 스스로에게 요구하는 만큼의 가치, 바로 그것이다. 인간은 자기 자신에게 많은 것을 요구하면 요구할수록 그만큼 자신에게서 많은 것을 얻어낼 수 있기에 경이로운 존재이다. 델포이 신전에는 '너 자신을 알라!'는 유명한 경구가 새겨져 있다.

그렇다! 우리는 현재의 우리 자신을 알 필요가 있을 것이다. 그리고 그것은 그다지 어려운 일이 아니다. 왜냐하면 대개 자신의 무능을 확인하는 데 그칠 뿐이기 때문이다. 그러나 미래의 자기 자신을 예측한다는 것은, 어떤 사람들의 경우에는 거의 불가능한 일이다. 스무 살의 예수가 십여 년쯤 후에 자신이 '지상의 왕국'을 보완하는 의미에서의 '하느님의 왕국'을 세우게 되리라고 꿈이나 꿨겠는가? 마찬가지 의미에서 젊은 싯다르타는 훗날 자신이 부처가 된다는 사실을 상상도 하지 못했을 것이다. 그리고 단테가 나이 서른넷에 피렌체에서 추방당하지 않았다면 『신곡』은 역사가 인정하는 걸작의 반열에 들지 못했을 것이다.

'순탄한 삶은 바람직하지만, 역경은 찬양할 만한 것'이라고 세네카는 말했다. 토인비가 말한 '도전 대 응전'의 논리는 인류의 역사에서와 마찬가지로 개인의 삶에도 적용된다. 시련은 인간을 단련시킨다. 하지만 외적(外的)인 도전은 내적(內的)인 도전에 비해 극적이지 못하다. 왜냐하면 외적인 도전은 대개 예컨대 가난이나 불운처럼 일반적이고 수동적으로 주어지는 상황에 따른 것인데 반해, 내적인 도전은 그 개인의 의지나 개성에 의해 주어지는 일종의 선택과도 같은 것이기 때문이다. 스스로에게 많은 것을 요구한다는 건 그만큼 스스로에게 많은 도전을 건다는 걸 의미하는 것이다. 도전이 강해지면 따라서 응전의 힘도 강해지고, 그 결과로서 변화와 새로운 안목과 성숙함을 얻게 된다.

그렇다고 해서 '내가 아닌 다른 사람이 된다'는 것은 물론 불가능한 일이다. 만일 그럴 수 있다고 한다면, 그것은 인간을 더욱더 가벼운 존재로 평가 절하하는 데 그칠 뿐이다. '내가 아닌 다른 사람'은 나 자신이 아니며 결국은 '과거의 나'를 부정하는 게 되기 때문이다. 인생이라는 드라마는 자신에게 주어진 운명을 스스로가 인정하면서부터 시작된다. 극적인 역전은 가능하겠지만, 있었던 일을 없었던 일이라고 말한다면 인간의 드라마는 희극에서 벗어나지 못할 것이다.

성숙이란 목표인 동시에 과정이며, 나에게 없는 어떤 것을 꿈꾸는 게 아니라, 내 안에 내재하는 가능성을 밝혀내는 일이다. 나 자신보다 소중한 가치들이 하늘의 별만큼이나 많다는 사실을 인정해야만 한다. 우리의 관심을 요하는 것은 부정이 아니라 긍정에 관한 것이며, 일체의 가능성에 대한 확신을 구하는 것이다.

존재의 가능성을 증명하고자 했던 인간의 집념은 그 자체로 하나의 역사를 이루었다. 그리고 그것은 과거의 가치를 현재로 불러오는 힘을 지녔기에 소중한 것으로 여겨져 왔다. 과거가 모범을 보이는 범위 내에서 미래는 자신의 닫힌 문을 개방한다. 과거는 '단순히 경과된 시간이 아니라 하나의 가능성'이기 때문이다.

역사적인 인물들은 '고통 속에서 이루어낸 위대한 자기 변신'을 감동적으로 보여준다. 그들의 높은 안목은 우리 자신을 하찮은 존재로 여기게 하지만, 한편으로는 우리를 고무시킨다. 그들의 삶이 보여준 모범이 바로 역사가 주는 교훈이며, 그들이 제시하는 탁월한 안목이 곧 '진리의 언덕'이기 때문이다. 동물과 인간의 차이를 구별하기 위해 철학이 필요했던 것은 아니다. 성숙한 안목은 현저한 차이는 물론이고 민감한 차이도 읽어낼 줄 아는데, 바로 여기에 진정한 기쁨이 숨어 있다고 철학자들은 강조해 왔다.

개성이라 일컬어지는 '존재의 가능성'을 밝혀내는 일은 단순한 이해의 문제를 넘어서는 생존에 관한 문제이다. 왜냐하면 개성을 나타낸 이후에 인생은 운명을 표현하기 때문이다. 예컨대 예수와 공자와 소크라테스의 삶은 확연히 달랐다. '차이의 구별'이 사라질 때, 아마도 우리는 최악의 현실과 마주하게 될 것이다. 만일 어느 한 순간부터 우리 모두에게 베토벤 교향곡 9번이 에어로빅 배음과 같은 음으로 들려오게 된다면 종말은 이미 곁으로 다가온 거나 다름없다.

종말은 거창하고 요란하게 다가오지 않는다. 종말은 조용히, 그러나 강력하게 우리를 잠식해 온다. 이와 같은 파우스트 박사의 선언은 종말을 인정하고 싶어 하지 않는 모든 인간의 희망을 반영한다. 그러나 종말은 거부한다고 해서 그 자리를 불멸이 대신하는 것은 아니다. 거부는 하나의 의지이지만, 불멸은 끊임없는 과정이기 때문이다.

8. 죽음에 대하여

위대한 인물들이 추구했던 것은 영생이 아니라 불멸이었다. 영원히 사는 삶이 아니라 영원히 잊히지 않는 삶을 꿈꾼 것이다. 그들은 유령이 되고자 했던 것이 아니라, 스스로 역사가 되고자 했던 것이다. 죽음만이 유일무이한 해결방안이라고 생각한다면 문제 될 것이 없다. 하지만 죽음으로 인해 완성되는 것은 삶이지, 운명은 아니다. 어떤 운명들은 죽음을 초월한다. 우리는 죽음으로 해서 명분을 확보했던 소크라테스를 기억하듯이, 죽음으로 해서 거듭 태어난 예수를 기억한다.

죽음에 의미를 부여하는 일은 문화를 가치로 인정하는 부류의 사람들에게 지적(知的) 만족을 가져다준다. 그러나 의미를 부여한다고 해서 극복될 수 있는 죽음이라면, 그것은 죽음도 아니다. 죽어서도 무언가가 되기를 바라는 동물은 인간밖에 없을 것이다. 왜냐하면 인간만이 자신이 죽어야 한다는 사실을 아는 유일한 동물이기 때문이다.

'죽어서 무(無)가 되면 그뿐이지, 무엇을 더 바라는가?' 이런 종류의 질문이 반드시 불신을 조장하는 것은 아니다. 오히려 사후에 대한 지나친 집착이 미신을 정당화하는 경우가 허다하다. 종교는 규범을 넘어서는 순간부터 미신이 된다.

사후세계에 대한 갈망은 인간의 욕망을 반영한다. 그러나 죽어서도 또 다른 세상이 있다면 어떤 사람들에게는 그야말로 절망이다. 고대 그리스로마의 스토아 철학자들은 죽음이야말로 최후의 안식이며 마지막 위안이라고 생각한다. 죽음은 탄생의 불평등도 제거한다. 천국에 가든 지옥에 가든 죽음이 끝이 아니라면 고통은 연장될 뿐이다.

알렉산드로스 대왕과 예수와 라파엘로와 모차르트, 그리고 한나라 때의 천재 삼국지 시대의 천재 왕필은 젊어서 죽었다. 그들 중 제명대로 못 살고 죽임을 당한 인물은 예수 한 사람뿐이었는데, 그가 스스로 죽음을 자초해서였다. 삶의 양이 삶의 질을 보증하는 것은 아니다. 영생과 관련된 고대의 신화는 그것이 프로메테우스건 시시포스에 관한 것이건 당사자에게는 최고의 고통이며 최악의 처벌이었다.

죽음이 존재함으로 해서 역사는 기록되고 기억된다. 왜냐하면 역사란 혼령들에 관한 기록이 아니라 사자들에 관한 기록이기 때문이다. 죽음만이, 물론 '어떤 죽음들'이겠지만, 불멸을 보증하는 유일한 단서가 된다는 사실은 아이러니가 아니다. 과연 예수나 소크라테스의 죽음이 인류의 수명을 단축시켰던가? 오히려 그들의 죽음이 인류의 수명을 연장시키고 있다는 사실을 역사는 증명하고 있다.

죽음은 삶의 일부로서 이해될 때 원래의 의미를 다하게 된다. 삶으로부터 분리된 죽음이 그 자체로서 의미를 지닌다면 죽음에 의해 삶이 무시되는 현실과 마주하게 될 것이다. 미신은 삶을 외면하고, 삶 외의 것에 미혹되는 사람들을 유혹한다. 미신이 무지의 산물이라면, 믿음은 인격의 산물이며, 불신은 성의 산물이다.

스피노자의 지성은 예수의 신성에는 못 미치지만, 그래도 스피노자야말로 '제2의 예수' 같은 존재였다고 르낭과 레싱은 인정했다. 스피노자가 예수의 신격을 인정하지 않았다고 해서 예수의 가치를 부정한 것은 아니었다. 불신은 스피노자보다는 소크라테스 이전의 철학자들에게 적용될 때 훨씬 더 구체성을 갖는다. 소크라테스 자신도 불신의 문제로부터 자유로울 수는 없었다. 소크라테스를 죽음으로 몬 죄목 중에 젊은이들을 타락시킨 죄에 덧붙여 신들을 부정한 죄도 포함되어 있었기 때문이다.

베르그송의 말처럼, '지식인은 타고난 유물론자이다.' 공자는 귀신에 대해서 말하는 것을 금기했다. 그리고 노자가 생각하는 스피노자의 범신론처럼 인격이나 신격을 지닌 신이 아니라 절대의 진리 혹은 자연의 질서를 의미했다. 적어도 유물론자에게 있어 죽음의 존재는 혼란을 야기하지 않는다. 유물론자는 죽음을 있는 그대로 받아들이고 직시하는 특전을 부여받았기 때문이다.

그러나 유물론자는 한편으로는 엘리엇의 표현처럼 '커피 스푼으로 인생을 저울질하는 사람들'이기도 하다. 유물론은 감수성의 부재를 전제로 한다. 아니면 자신 속에 내재하고 있는 감수성에 대한 외면을 전제로 하든지.

'인간은 노력하는 한 방황한다'고 괴테는 말했다. 인간은 의지가 표현되는 범위 내에서만 방황할 수 있는 존재이기 때문이다. 최초의 인간(막 태어난 아기)은 방황하지 않는다. 그리고 최후의 인간(죽음을 앞둔 노인) 역시 체념할 뿐 방황하지 않는다. 진지한 방황을 남다르게 경험한 개인은 그만큼 많은 고뇌를 대가로 지불한 자이다. 고뇌는 지불될 뿐, 보상을 요구하지 않는다. 어떤 상황과 직면해서는 고뇌하는 것 외에 할 수 있는 일이 아무것도 없기에 고뇌할 뿐이다.

고뇌는 인간의 불완전함을 보완한다. 인간의 존엄성은 그 단서로 고뇌를 요구한다. 혹은 인간은 자신의 가치를 증명하기 위해 고뇌를 그 수단으로 삼는다. 고민과 고뇌의 차이는 분명하다. 고민은 '보이는 가치'에 따른 것이고, 고뇌는 '보이지 않는 가치'에 따른 것이다. 위대한 인물들의 고뇌는 대의명분을 위한 것이었다. 죽음과 직면해서 예수가 표현해낸 고뇌의 성격을 우리는 겟세마네에서의 마지막 기도 장면에서 읽을 수 있다.

십자가는 상징 이상의 것이었다. ‘죽어서 새로운 생명을 얻었다’는 표현보다는 ‘죽어서도 생명을 잃지 않았다’는 표현이 훨씬 더 의미 깊게 우리에게 다가오기 때문이다. 예수의 부활은 하나의 사건이지만, 예수의 불멸은 새로운 역사의 시작을 가능케 했다. 십자가는 예수를 보증했고, 예수는 역사를 보증했다.

‘고뇌하는 인간’의 모습에서 존재의 불멸성을 발견하는 것은 어려운 일이 아니다. 그 이미지는 인류를 특징짓는 상징과도 같은 것이었다. 예컨대 플라톤이 표현한 소크라테스의 고뇌는 철학자의 삶이 어떠해야 하는가를 감동적으로 보여준다. 고민은 개인적인 것이지만, 소크라테스가 보여준 고뇌는 역사적인 것이었다. 그의 죽음이 그랬듯이 그의 고뇌는 불가피성의 결과였다.

고뇌는 언어로 표현되지 않고 이미지로 표현된다. 그런 의미에서 플라톤이 기록한 소크라테스의 최후는 겟세마네에서의 예수처럼 불멸의 이미지로 기억될 것이다.

마지막 유언으로 소크라테스는 아스클레피오스에게 빚진 닭 한 마리를 친구 크리톤에게 대신 갚아줄 것을 부탁한다. 이 장면을 두고 앙드레 말로는 ‘신들은 거기에 있었다’고 단언한다. 삶을 영위하면서 감히 죽음에 대해 논할 수 있는 존재는 인간이 유일하며, 그것만으로도 대단한 일임에 틀림없다.

『파이돈』에서 플라톤은 ‘이데아’로부터 인간 영혼의 불멸성을 연역해낸다. 플라톤에 의하면 철학자의 영혼만이 신적(神的)이며 영원 불멸할 수 있다. 오직 철학자만이 ‘이데아’를 인식할 수 있기 때문이다. 플라톤이 말하는 천국은 애지자(愛智者)인 철학자들을 위해서 존재하는 곳이다. 반면 철학자가 아닌 선량한 사람들은 가장 행복한 사람들로서, 천국에는 이르지 못하지만, 미물로 다시 태어나지 않고 '점잖고 절제있는' 존재로 거듭 태어난다.

그리고 소크라테스는 말하기를 '나는 다시 태어나는 일이 가능하다고 믿는다. 왜냐하면 살아있는 것은 죽은 것으로부터 오기 때문이다. 죽은 자의 영혼은 소멸하지 않고 살아 있으며, 선한 영혼은 악한 영혼보다 더 나은 보상을 받는다고 나는 확신한다'고 했는데, 이것은 동양의 윤회설이 아니라 피타고라스의 윤회설이다. 소크라테스는 말했다. '우리는 우리의 생을 위해서만이 아니라 내세를 위해서도 우리의 영혼을 보살펴야 한다. 만일 죽음으로 해서 모든 것이 끝났다고 하면, 악인만이 이득을 보게 될 것이다.'

그리고 칸트는 도덕이 곧 정의라고 주장하면서 죽음을 도덕률과 연계시켜서 생각했다. 칸트의 생각은 이랬다. 인간은 자신이 행한 덕에 비례하는 행복만을 추구해야 한다. 그런데 이것은 신의 섭리만이 보증해줄 수 있다. 그러므로 내세는 존재해야 하고 따라서 신도 존재해야 한다. 프랜시스 베이컨은 의도적으로 죽음을 평가 절하했고, 몽테뉴는 죽음을 인간 조건의 주제로 삼았다. 그리고 스피노자는 죽음에 대해 거의 개의치 않았다. '철학자는 죽음을 두려워하지 않는다.' 이 말은 소크라테스가 한 말인데, 왜냐하면 '철학이란 다름 아닌 죽음을 연습하는 일'이기 때문이다.

그러나 죽음을 무시한다고 해서 인간의 지성이 돋보이는 것은 아니다. 죽음을 담담하게 받아들인 소크라테스가 있었다면 죽음과 직면해서 절규하며 몸부림쳤던 예수도 있었다. 죽음이 존재는 신의 존재와 반대되는 경우이다. 신은 필요해서 존재하지만, 죽음은 실재하기 때문에 항상 염두에 둘 필요가 있는 것이다. 위대한 인물들이 추구했던 것은 영생이 아니라 영원히 잊히지 않는 삶을 꿈꾼 것이다.

9. 공자와 맹자

　공자(BC 551~479)는 유가의 창시자이면서 동시에 선비계급의 창시자였다. 공자는 예(禮)와 악(樂)을 문화라고 보았다. 여기서 예란 인간관계의 예절과 도덕을 말하는 것이고, 악이란 소크라테스 시대의 헬라스에서 시가에 해당하는 것으로 요즘으로 말하면 문예를 뜻하는 것이다. 묵자는 실천을 강조했다. 그러나 행위는 태도에서 기인하는 것이다. 한 개인과 그 개인의 행위는 불가분의 관계에 있다고 볼 수 있다.

　그런데 그 행위 자체만을 놓고 본다면 바라보는 시각에 따라서 선이 될 수 있고 악이 될 수도 있다. 행위의 기준이란, 입장의 차이로 고려하지 않더라도 지극히 모호하기 때문이다. 그뿐만 아니라 우연을 배제할 수 없다는 점에서 행위에 대한 판단은 신중을 기하지 않으면 안 된다. 악하기 짝이 없는 사람일지라도 어쩌다 한 번쯤은 우연히 선행을 행할 수도 있을 것이다. 마찬가지로 평소에 선한 사람이라도 경우에 따라서는 본의 아니게 악행을 저지를 수도 있다. 이런 이유 때문에 아리스토텔레스는 인간의 행위자체를 불신했고 니체는 도덕적 가치의 표시가 먼저 인간에게 붙고 나서 비로소 파생되어 행위에 붙었다는 점을 강조했다. 행위에 우선하는 것이 바로 인간 자신이다.

공자는 묵자와는 달리 태도를 중시해서 예를 강조했고, 성품을 중시해서 악을 강조했다. '예는 인간의 외면을 다스려주고, 악은 인간의 내면을 다스려준다. 따라서 예로써 행실을 바로잡고, 악으로써 화합을 이루어야 한다'는 것이 유가의 근본 사상이었다. 공자의 사상은 논어에 고스란히 담겨져 있다.

그러나 『논어』는 공자가 직접 저술한 책이 아니라 그의 제자들이 적어 놓은 공자의 어록이다. 따라서 우리는 소크라테스를 이해하는 방식으로 공자를 이해하지 않으면 안 된다. 다시 말해서 그의 제자들이 쓴 글을 통해서만 그를 이해할 수 있는 것이다. 옛사람들 생각에 '글'은 죽은 언어이고, '말'은 살아있는 언어였다. '글'에 대한 소크라스테스의 생각은 이랬다. 살아있는 말에는 생명력이 있지만, 쓰여진 말, 즉 글은 그것의 그림자에 불과하다. 철학자는 책을 통해서가 아니라 대화를 통해서 정신을 단련시키고 지혜를 전달한다. 생각의 단편들을 주워 모아 일부는 더하고 일부는 빼고 하는 식으로 짜깁기하여 자기의 주장을 전달하려고 하는 사람은 시인이나 연설가 혹은 입법자라고 불러야 할 것이다. 그래서 소크라테스는 단 한 줄의 글도 남기지 않았고, 굳이 글을 써야만 했던 플라톤은 대화체 형식을 빌어서 글을 쓸 수밖에 없었다. 그러나 공자시대 때의 사람들은 아예 언어 자체에 큰 의미를 두지 않았던 것 같다. 『좌전』에는 다음과 같이 적혀있다.

'가장 좋은 일은 덕을 수립한 것이고(立德), 그다음은 공(立功), 그다

음이 주장을 확립하는 것이다(立言).'

　여기서 말하는 덕이란 아리스토텔레스가 강조한 지적인 덕과는 거리가 먼 것이다. 고대 그리스 철학이 도덕적인 덕에 못지않게 지적인 덕을 중시했다면, 유가사상은 도덕적인 덕을 보다 중시했다. 요컨대 그들이 꿈꾸었던 것은 철학자가 아니라 철인이었다. 그들은 스스로 군자가 되고자 했던 것이다.

　공자 역시 언어보다는 행실을 강조했다. 따라서 공자의 사상 체계를 논한다는 것은 쉬운 일이 아니다. 그의 언행이 제자들에게는 곧 가르침이었다는 점에서 공자는 위대한 사상가라기보다는 위대한 스승이었다고 해야 옳을 것이다. 그는 이렇게 말했다.

　'도에 뜻을 두고, 덕에 의거하여, 인(仁)에 의지하여 예에서 노닌다.'

　굳이 공자의 사상을 논한다면, 이 한마디에 그의 사상이 함축되어 있다고 보는 게 합당할 것이다. 여기서 특히 어질 인(仁)으 인간의 근본이며, 따라서 예의 근본이다. 공자가 말했다.

　사람이 어질지 못하면 예(禮)가 무슨 소용이 있겠는가! 사람이 어질지 못하면 악(樂)이 무슨 소용이 있겠는가!

　자하가 공자에게 물었다.

　"『시경』에 이르기를 '우아한 미소, 예쁜 보조개로다! 아름다운 눈동자 흑백이 뚜렷하구나. 새하얀 바탕이라야 색깔을 칠할 수 있다!' 하였는데 이는 무엇을 말하는 것입니까?"

　"채색은 흰 바탕이 있는 연후에야 가능하다는 말이다."

　"예란 연후에 행한다는 말씀입니까?"

　공자는 그렇다고 답했다. 채색은 흰 바탕이 있는 연후에 가능하듯이 '예란 어질고 순수한 마음이 바탕이 된 연후에 행하여진다'는 뜻에서 공자는 그렇게 말한 것이다.

안(仁)에는 정직이 포함된다. '정직한 사람은 안으로 자신에게 물어본 사람이고, 부정한 사람은 밖으로 남을 의식하는 사람'이라고 풍우란은 말했는데, 이는 허례를 경계하는 말이다. 공자는 말했다.

'듣기 좋은 말이나 골라서 하고, 보기에 좋게 얼굴빛이나 꾸미는 자들 중에는 어진 이가 드물다.'

그리고 인은 충과 서를 포함한다. 충이란 성실한 자세를 말하는 것이고, 서란 남을 배려하는 마음을 말하는 것이다. 예컨대 충신이라 함은 사심을 버리고 성실한 자세로 임금을 보필하는 신하를 일컫는 말이다. 그러나 충은 서보다 미약한 개념이다. 자공이 공자에게 물었다.

"평생 동안 실천할 만한 것을 한마디로 요약한다면 무어라 하시겠습니까?"

"바로 서(恕)이다! 서란 자기가 싫어하는 것을 남에게 강요하지 않는 것이다."

또 말하기를 '어진 자는 자기가 서고 싶으면 남부터 세워주고, 자기가 뜻을 이루고 싶으면 남부터 뜻을 이루게 한다. 자신의 처지를 미루어 남의 처지를 헤아리는 것이 인(仁)을 행하는 방법이다'라고 했다.

자로가 귀신 섬기는 일에 대하여 묻자, 공자가 대답했다.

"사람도 제대로 섬기지 못하는데, 어찌 귀신을 섬길 수 있겠느냐?"

그리고 덧붙여 말하기를, '귀신은 공경하되 멀리하는 것이 지혜이다.'

지적(知的) 능력만을 놓고 본다면 소크라테스는 공자와 비교도 되지 않는다. 누가 보더라도 공자의 박학다능은 타의 추종을 불허하는 것이었다. 소크라테스가 역사의 순교자였다면, 공자는 인류의 스승이었다.

'사람은 누구나 타고난 바탕대로만 살아간다면 얼마든지 선해질 수 있다. 사람이 약해지는 것은 자질이 부족해서가 아니다. 인, 의, 예, 지는 밖으로부터 나에게 주어지는 것이 아니라 본래부터 내가 가지고 있는 것이다. 다만 사람들이 이를 마음속에 두고 있지 않을 뿐이다.'

맹자(BC 372~289)는 이상주의자였다. 묵자가 실리를 중시했다면, 맹자는 인의를 중시했다. 위나라 양양 왕이 '누가 천하를 통일할 수 있을까요?'하고 묻자 맹자는 '사람 죽이기를 좋아하지 않는 사람이 천하를 통일할 겁니다.'라고 대답했다. 그러나 전국시대 3왕 중 천하는 통일한 사람은 포악하기 그지없었던 진시황이었다. 맹자는 정치를 왕도정치와 패도정치로 구분한다. 왕도정치란 인의로 나라를 다스리는 정치를 말하고, 패도정치란 힘으로 나라를 다스리는 정치를 말한다. 옛말에 '어진 사람에게는 대적할 자가 없다'고 했다. 제나라 선왕이 희생에 바쳐줄 소가 끌려가는 것을 보고 측은히 여겨 풀어준 일이 있었는데, 맹자는 이를 높이 사 '군자는 금수를 대함에 있어서도 살아 있는 모습을 보고서는 차마 그것이 죽어가는 것을 보지 못하고 애처롭게 우는 소리를 듣고서는 차마 그 고기를 먹지 못한다. 그래서 군자는 주방을 멀리하는 것이다'하고 말하면서 '제 선왕은 백성들을 잘 보살필 것이다'고 하였다.

은혜를 베풀면 천하를 보존할 수 있고, 은혜를 베풀지 않으면 처자식조차도 보존하기 어렵다. 덕이 아니라 힘으로 백성들을 다스리면서 나라가 잘 되기를 바라는 것은 나무에 올라가 물고기를 잡은 것과 다를 바 없다. 왕업을 이루는 것은 하늘의 뜻에 달려있다. 다만 임금된 자는 어진 정치를 몸소 실천하는 데 힘쓸 뿐이다. 왕도정치의 근본은 백성들의 생업을 보장하여 위로는 부모를 섬기기에 부족함이 없게 하고, 아래로는 처자식을 먹여 살리기에 부족함이 없게 하는 데 있다고 맹자는 말한다. 먹고 사는 데 부족함이 없어야 예의를 익힐 수 있기 때문이다. 오로지 선비만이 고정적인 생업이 없이도 항상적인 마음을 지닐 수 있다. 하지만 일반 백성들의 경우에는 그렇지 못하다. 고정적인 생업이 없어서 마음이 불안해지면 백성들은 편벽되어지고 방탕해지며 간사해진다. 백성들로 하여금 죄를 저지르게 한 연후에 붙잡아서 형벌을 내린다면 이는 백성들을 그물질해 잡는 것과 다를 바 없다. 어찌 어진 사람이 임금의 자리에 있으면서 백성들을 그물로 잡는 것을 할 수 있겠는가?

백성이 가장 귀하고 사직이 그다음이며, 임금은 가볍다. 백성들과 더불어 근심을 같이 하고 백성들과 더불어 즐거움을 함께 나눈다면 천하를 다스리는 일이 손바닥 위에서 움직이는 것처럼 쉬울 것이다. 제자 만장이 맹자에게 물었다.

"요임금이 천하를 순임금에게 주었다고 하는데, 그런 일이 있었습니까?"

"아니다, 아무리 천자(天子)라 해도 천하를 다른 사람에게 줄 수는 없다."

"그러면 순임금이 천하를 차지했는데 누가 주었습니까?"

"하늘이 주셨다."

(중략)

사람들은 누구나 차마 남의 고통을 외면하지 못하는 마음을 지니고 있다. 만약 지금 어떤 사람이 갑자기 어린아이가 우물 속으로 빠지려 하는 것을 목격했다면, 누구나 할 것 없이 아연실색하며 측은하게 여기는 마음을 가지고서 어린아이를 구해낼 것이다. 이는 어린아이의 울부짖는 소리가 거슬려서가 아니고 어린아이의 부모와 교분을 맺고 있기 때문도 아니며, 마을 사람들로부터 어린아이를 구해냈다는 칭찬을 듣기 위해서도 아니다.

이를 통해서 보건대, 측은하게 여기는 마음이 없으면 사람이 아니다. 또한 부끄러워하는 마음이 없으면 사람이 아니고, 사양하는 마음이 없어도 사람이 아니며, 옳고 그름을 판단하고자 하는 마음이 없어도 사람이 아니다. 측은하게 여기는 마음은 인의 단서이고, 부끄러워하는 마음은 의의 단서이며, 사양하는 마음은 예의 단서이고, 시비를 가리려는 마음은 지의 단서이다.

'사람이 이 네 가지 단서를 가지고 있으면서도 선(善)을 실천할 수 없다고 말하는 사람은 자신을 해치는 자이다. 내 안에 내재하는 인, 의, 예, 지는 사지 즉 팔다리와 같다'고 맹자는 강조한다. 또한 '사람은 누구나 타고난 바탕대로만 살아간다면 얼마든지 선해질 수 있다'고 맹자는 말했다.

10. 노자

　노자는 기원전 500년경의 인물로 도가의 창시자이다. 노자는 도와 덕에 대해 말했다. 따라서 그가 지어 놓은 것을 『노자도덕경』이라 한다.

　노자가 말한 도란, 플라톤의 이데아, 스피노자의 실체, 칸트의 물자체와 유사한 개념이거나 이들 모두를 포함하는 개념이다. 한비자에 따르면, 도란 만물의 본래 모습, 즉 실체를 나타내는 말이다. 원리가 사물을 구성하는 형식이라면, 도는 만물 형성의 근본이 되는 법칙이다. 따라서 도란 만물이 생성되는 원리의 총체이다. 마찬가지로 이데아란 사물 자체의 본모습을 나타내는 것으로, 결과가 아니라 원인에 해당하는 것이고, 따라서 신적이며 참되고도 영원하다. 반면 우리가 바라보는 현실세계는 감각을 통해서 알게 되는 가시적인 세계로 그림자와도 같은 것이다. 노자는 무위에 가치를 두고 인위적인 모든 노력은 헛된 것이라고 귀결 지었다.

　무위의 세계는 이데아, 즉 지성에 의해서 파악될 수 있는 가시적인 세계이다. 반면 허무는 감각을 통해서 알게 되는 가시적인 세계의 특징을 나타낸다.

　검약을 준칙으로 삼으며 '단단하면 깨어지고 예리하면 꺾인다'고 하였다. 항상 만물을 관용으로 대하고 남에게 모질지 않았으니, 가히 지극한 경지에 도달한 고대의 진인이라 할 만하다. 그러나 인간 '노자'는 부재(不在)의 존재이다. 다만 『노자』라는 텍스트가 실재할 뿐이다. 『노자』는 노자(老者)로 일컬어지는 춘추시대 때 사람 노담으로부터 시작해서 오랜 세월 동안 후세 사람들이 가필을 거듭하여 완성된 작품이다. 따라서 『노자』를 읽으면서 일관성을 기대하기란 어렵다. 그럼에도 『노자』는 분명히 동양철학에서 형이상학의 신기원을 이룬 최초의 저술임에 틀림없다. 플라톤의 최대 업적이 '이데아'라고 하는 보편 개념을 창안한 데 있었다면, 노자의 최대 업적은 '도(道)라고 하는 보편 개념을 제시한 데 있다고 말할 수 있을 것이다. 숱한 해석을 낳게 한다는 점에서 『노자』는 원문의 내용보다는 그 해석이 가치를 돋보이게 하는 작품이다. 실제로 두 명의 걸출한 천재 한비자와 왕필이 『노자』의 해석에 참여했다. 그럼에도 『노자』에 대한 새로운 해석은 앞으로도 끊임없을 것이다.

11. 순자

성선설을 주장한 맹자의 시각에서 보면, 인간은 가능성을 상실해가는 존재이다. 반면 성악설을 주장한 순자의 시각에서 보면 인간은 가능성을 실현해가는 존재이다.

순자(BC 323~238)는 '인간의 타고난 본성은 악하다'고 하는 성악설을 주장했다. 순자는 스피노자처럼 욕망을 인간의 본성으로 보았다. 그러나 인간의 욕망은 노력 여하에 따라 얼마든지 다스릴 수 있다.

스피노자는 '이성이 욕망을 다스린다'고 말했다. 그리고 순자는 '마음(心)이 욕망을 다스릴 수 있다'고 말했다. 이에 반해 맹자는 '인간은 누구나 인, 의, 예, 지의 마음 즉, 양심을 선천적으로 가지고 태어났으나 세상을 살아가면서 그러한 본심을 상실하게 된다'고 주장하면서 '평범한 사람들이 잃어버리는 것을 군자(君子)는 간직한다'고 말했다.

성선설을 주장한 맹자의 시각에서 보면, 인간은 가능성을 상실해가는 존재이다. 반면 성악설을 주장한 순자의 시각에서 보면 인간은 가능성을 실현해가는 존재이다.

순자는 이렇게 말했다. '인간의 본성은 악하다고 볼 수 있고, 맹자의 위치는 플라톤과 흡사하며, 순자의 위치는 아리스토텔레스와 흡사하다'고 말했다. 그러나 공자는 소크라테스가 아니고 맹자는 플라톤이 아니다. 지적 능력에서 소크라테스는 공자와 비교가 안 되고 맹자는 플라톤과 비교가 되지 않는다. 그러나 순자는 맹자와는 달리 철인이 아니라 진짜 철학자였다. 서양의 기준이 아니라 인류의 기준으로 볼 때 그렇다는 것이다.

서양철학의 문제점이 체계를 세우는 일에 지나치게 집착한 데 있었다면, 동양철학의 문제점은 체계를 가볍게 여기고 체계를 세우는 일을 등한시한 데 있었다고 말할 수 있다는 것이다. 그러나 순자는 예외였다. 그는 체계론자이면서도 지혜에 밝았고 회의론자이면서도 낙관론을 견지했다. 오직 순자만이 고대의 중국 철학자들 가운데 유일하게 아리스토텔레스에 필적할 만한 지적 능력을 지닌 인물이었다고 평가할 수 있을 것이라고 말한다. 그러나 순자 이후로 중국철학은 서양철학이 그랬던 것처럼 관념론의 수렁으로 빠져들었다는 것이다. 기독교 교리가 천 년 동안 중세를 암흑시대로 만들었듯이 불학과 성리학은 천 년이 넘는 세월동안 동북아를 경직시켰다는 것이다.

12. 묵자

묵자(BC 475?~396?)는 묵가의 창시자이다. 유가가 귀족층을 대변했다면 묵가는 서민층을 대변했다. 묵자의 사상은 지극히 소박하고 실용적이다. 그는 근검절약할 것을 주장했고, 장례는 간소하게 치러야 한다고 주장했으며, 음악은 낭비가 심하고 쓸모없다 하여 배격했다. 또한 묵자는 차별을 두지 않고 사람들을 평등하게 사랑하는 것이 모든 것의 근본이다 주장했고 이웃 나라를 공격해서는 안 된다고 주장했으며 귀신의 존재를 인정했다.

묵자의 사상은 '군사부일체'라 하여 유가가 내세웠던 절대적 가치를 부정하면서부터 시작된다. 우선 묵자는 법도가 없이는 세상이 바로 설 수가 없다고 말한다.

그렇다면 무엇으로 천하를 다스리는 법도를 삼으면 좋을까? 흔히들 부모를 본받아야 한다고 말한다. 그러나 천하에 부모 노릇을 하는 사람은 많지만 어진 이는 드물다. 만약 저마다 자신들의 부모를 본받는다면, 이는 어질지 않음을 본받는 것이 된다. 어질지 않음을 본받아서 법도를 삼을 수는 없는 일이다.

만약 모두가 자신의 스승을 본받는다면 어떻게 될까? 천하에 스승 노릇을 하는 사람은 많지만 어진 이는 드물다. 만약 모두가 자신들의 스승을 본받는다면, 이는 어질지 않음을 본받는 것이 된다.

부모나 스승을 본받을 수 없다면 모두가 너나 할 것 없이 자신들의 임금을 본받으면 어떠할까? 천하에 임금 노릇을 하는 사람은 많지만 어진 이는 드물다. 만약 모두가 그의 임금을 본받는다면, 이는 어질지 않음을 본받는 것이 된다. 어질지 않음을 본받아서 법도를 삼을 수는 없는 일이다. 그러므로 부모와 스승과 임금을 나라를 다스리는 법도로 삼아서는 안 된다고 묵자는 주장한다.

그렇다면 무엇으로 나라를 다스리는 법도를 삼으면 좋을까? '하늘(天)을 법도로 삼는 것보다 더 좋은 것은 없다'고 묵자는 말한다. 하늘의 운행은 광대하면서도 사사로움이 없고, 그 광채는 장구하면서도 쇠하지 않으며, 베푸는 은혜는 두터우면서도 은덕으로 내세우지 않는다. 그러므로 성왕께서는 하늘을 법도로 삼았던 것이다. 하늘을 법도로 삼으면 자신이 하는 행동과 하는 일은 반드시 하늘의 뜻을 따르게 될 것이다. 하늘이 바라는 것이면 행하고 하늘이 바라지 않는 것이면 그만둔다.

그렇다면 하늘은 무엇을 바라고, 무엇을 바라지 않는가? 하늘은 사람들이 서로 사랑하며 서로 이롭게 하는 것을 바라고, 서로 미워하며 서로 해치는 것을 바라지 않는다.

무엇을 근거로 하늘이 서로 사랑하며 서로 이롭게 하는 것을 원하고 서로 미워하며 서로 해치는 것을 원하지 않는다는 것을 아는가?

하늘이 모든 것을 아울러 사랑하고 아울러 이롭게 하는 것으로서 알수 있다. 무엇을 근거로 하늘이 일체의 사물을 사랑하고 이롭게 하는지를 알 수 있는가? 하늘이 천지만물을 아울러 보존하고 아울러 먹여 살리는 것으로써 알 수 있다.

하늘은 남을 사랑하고 남을 이롭게 하는 사람에게는 반드시 복을 내리지만, 남을 미워하고 해치는 자에게는 반드시 재앙을 내린다. 무슨 근거로 그렇다는 것을 아는가? 옛날의 성왕들과 폭군들의 삶을 비교해 보면 알 수 있다. 성왕으로 일컬어지는 하나라의 우 임금, 은나라의 탕 임금, 주나라의 의문왕, 무왕 같은 분들은 위로는 하늘을 섬기고 아래로는 백성들을 사랑하여 이롭게 하는 일이 많았다. 그러므로 하늘은 그들에게 복을 내려 천자의 자리에 오르게 했고, 천하의 제후들을 거느리게 했다. 반면 폭군으로 일컬어지는 하나라의 걸왕, 은나라의 주왕, 주나라의 유왕, 여왕 같은 이들은 위로는 하늘을 욕되게 하고 아래로는 백성들을 미워하여 해치는 일이 많았다. 그러므로 하늘은 그들에게 화를 내려 마침내는 그들의 나라들을 잃게 했고 목숨마저도 앗아갔다.

하늘은 이처럼 상벌로써 사람을 다스리는 것이다. 이는 하늘이 사람을 사랑하시기 때문이다. 무고한 사람을 죽이는 자가 누구인가? 바로 사람이다. 사람에게 재앙을 내리는 존재는 누구인가? 바로 하늘이다. 만약 하늘이 천하의 백성을 사랑하지 않는다면 어째서 사람끼리 서로 죽이고 해친다고 해서 재앙을 내리겠는가? 이로써 하늘이 천하의 백성을 사랑한다는 것을 알 수 있는 것이다. 하늘은 또한 무엇을 좋아하고 무엇을 싫어하는가? 하늘은 의로움을 좋아하고 불의를 싫어한다. 그렇다면 무엇으로 하늘이 의로움을 좋아하고 불의를 싫어한다는 것을 알 수 있는가? 의로움이 있으면 살아남고 의로움이 없으면 죽임을 당하게 되며, 의로움이 있으면 부유해지고 의로움이 없으면 가난해지며, 의로움이 있으면 다스려지고 의로움이 없으면 어지러워지기 때문이다. 이것이 바로 하늘이 의로움을 좋아하고 불의를 싫어한다는 걸 아는 근거가 되는 것이다. 하늘의 뜻이 의로움의 기준이다.

천자(天子)란 천하에서 가장 고귀한 존재이다. 그러나 천자도 자기 마음대로 정치를 해서는 안 되며, 하늘이 있어 그를 다스린다. 하늘은 천자가 선(善)을 행하면 상을 주고 포악한 짓을 하면 벌을 내린다. 그래서 예로부터 천자와 천하의 백성들은 제물과 젯밥과 술과 감주를 마련하여 하느님과 귀신에게 제사를 지내온 것이다. 천자가 하늘에 복을 빌었다는 말은 들어본 적은 있으나, 하늘이 천자에게 복을 빌었다는 말은 들어본 일이 없다. 그래서 하늘이 천자와 천하의 백성들을 다스리고 있다는 걸 아는 것이다.

성인이란 천하를 다스리는 일을 하는 사람이다. 혼란이 어디에서 일어나는지를 반드시 알아야만 천하를 다스릴 수 있고, 혼란이 일어나는 까닭을 알지 못한다면 천하를 다스릴 수가 없는데, 비유를 들자면 마치 의원이 사람의 병을 고치는 이치와 같다.

일찍이 살펴보건대, 어디에서부터 혼란이 야기되고 있는가? 서로가 사랑하지 않는 데서 야기된다. 신하와 자식이 자기만을 사랑하고 임금과 부모를 사랑하지 않기 때문에 어긋나는 짓을 저지르게 되고, 그래서 혼란이 일어나는 것이다. 어째서 그런가? 남을 해치면서 자신을 이롭게 하기 때문이다. 이는 어째서인가? 서로가 서로를 사랑하지 않기 때문이다. 남 사랑하기를 자기 몸 사랑하듯이 한다면 세상 어느 누가 도리에 어긋나는 짓을 저지르겠는가? 온 천하 사람들 모두가 아울러 서로 사랑하게 되면 세상이 바로 서고, 서로 미워하면 세상이 어지러진다. 그래서 묵자가 말하기를 '남을 사랑하라고 권하지 않을 수 없다'고 한 것이다. (중략)

묵자의 사상을 좀 더 살펴보면, 묵자는 귀신의 존재를 인정했다. 묵자에 따르면, 귀신은 하느님과 마찬가지로 상벌로써 인간을 다스린다. 그럼에도 묵자는 운명을 인정하지 않았다. '운명이 있다고 주장하는 자들은 어질지 못한 자들이다'라고 말한다. 운명론은 위로는 하늘에 이롭지 못하고, 중간으로는 귀신에게 이롭지 못하며 아래로는 사람들에게 이롭지 못하다. '운명론은 인간의 노력을 부정하기 때문이다'라고 말한다. 그리고 묵자는 음악(樂)이 백성들의 생활에 도움이 안 된다고 여겨 '음악을 연주하는 것은 그릇된 일이다'라고 하였고, 성인이 아니더라도 백성들에게 도움이 되는 것이면 문물을 창작해야 한다고 주장했다.

묵자의 예술관은 플라톤과 유사하다. 묵자는 예술을 사치로 보았고, 플라톤은 예술을 인간을 나약하게 만드는 해악(害惡)으로 보았다. 뿐만아니라 묵자의 사상은 플라톤의 형이상학과도 같은 부분들이 많았다. 쉽게 말해서 묵자는 종교적인 사상이 농후하다. 다시 말해서 묵자의 사상이 철학적이라기보다는 종교적인 가르침에 가깝다.

13. 성 아우구스티누스

성 아우구스티누스(354~430)는 북아프리카 남서쪽 소도시에서 출생, 아버지는 일생동안 거의 무신앙인이었으며, 어머니 모니카는 열렬한 기독교인이었다. 그는 카르타고에서 공부하였으며, 뛰어난 문학적 재능을 보였다. 만년에 쓴 그의 『고백록』에는 자기의 청년 시절을 제멋대로 속되게 지낸 것으로 묘사되었다. 그러나 대부분의 개종자들처럼 그도 다분히 자기의 개종 전의 시절을 너무나도 음울하게 서술하였다. (중략) 그는 기독교의 신앙을 전도하고 옹호하는 데 헌신하게 되었다.

성 아우구스티누스는 하나님은 영원한 진리와 동일한 것이든가, 또는 진리보다 더 뛰어난 것이 있다면 그것이 바로 하나님이라고 말하였다. 이러한 사고방식에 의할 때, 하나님은 만물의 초시간적인 근거이며, 세계의 형식적 및 궁극적 원인으로서 다루어진다. 그런데 그 후 그의 교구의 사건들을 처리하느라고 분투하는 동안에 쓴 저술들 속에는 거의 본래의 모습 그대로의 신플라톤주의를, 구약 및 신약 성경의 유대인적 기독교의 유신론으로부터-특히 사도 바울로부터- 이어받은 이념의 방향으로 수정하였다.

이제 그는 하나님을 능동적이며 모든 것을 변화시키는 내재적인 성령의 힘이라고 말하였다. 어떤 의미에서 하나님은 여전히 다른 모든 것의 근거이며, 시간을 초월한 것으로 생각되고 있기는 하다. 그러나 그는 비록 초월적인 동력인일지언정 동력인으로서 다루어지고 있다. 그리하여 그 이전의 신플라톤주의는 결코 폐기된 것이 아니라, 의미가 크게 바뀌게 되었다.

성 아우구스티누스의 기본적인 철학적, 신학적 이론들-하나님과 인간에 관한 이론, 죄와 은총과 구원에 관한 이론 등-은 동시에 두 상반되는 입장을 고수하려는 그의 노력에서 나온 것이었다. 그의 사상의 대부분의 미묘성은, 그가 자기의 사상의 바탕이 된 두 전통을 조화시키고자 노력한 지적 기교에 있다고 하겠다.

하나님과 세계

성 아우구스티누스는 그 자신이 주장하는 바와 같이 하나님에 관한 자기의 설(說), 즉 하나님에 관한 건전한 기독교적 교리도 플라톤을 연원으로 하는 철학적 전통과 역사적인 연관이 있다고 믿었다. 물론 그가 본 플라톤은 플로티노스가 본 플라톤이었으며, 그가 플라톤에서 발견한 하나님의 설은 다름 아닌 플로티노스의 일자의 설이었다.

이 플라톤적 설을 주장함으로써 그 설을 삼위일체의 신조처럼 들리게 할 수가 있었다. 그는 다음과 같이 서술하였다.

'하나님에게는 사물을 낳는 힘과 사물을 이해시키는 합리성과 그리고 인생에 도덕적 질서를 주는 목적이 있다. 왜냐하면 만일 사람이 그 자신에게 있어서 가장 훌륭한 것을 통하여 만물 중에서 절대적으로 가장 고귀한 것-즉 그분 없이는 어떠한 자연도 생겨나지 못하며 어떠한 교설도 마음을 밝혀주지 못하며 어떠한 행동도 유익한 것이 되지 못하는, 그러한 참되고 지극히 선한 하나님을 향해 창조되어 있다면, 그는 만물을 안전케 하는 것 안에서 찾아져야 할 것이며, 만물은 우리에게 명백히 하는 것 안에서 식별되어야 할 것이며,

만물이 우리를 위하여 정당화 되는 것 안에서 소중히 여겨져야 할 것이기 때문이다.'

　이 구절은 세계 및 인간에 대한 하나님의 세 가지 관계, 즉 형이상학적, 인신론적, 그리고 윤리학적 관계를 거듭해서 강조하고 있다. 그리하여 플라톤적 전통이 성 아우구스티누스에 의해서 이용됨으로써, 플라톤은 기독교의 교리와 일치한다는 신념이 확립되게 하였다. 성 아우구스티누스는 그가 교구를 다스리는 책임을 지게 됨에 따라 플로티노스의 입장과 점점 달라지게 되었다. 그가 저술활동을 시작한 초기의 하나님 사상은. 플로티노스의 일자의 사상과 같이, 하나님이 존재와 선의 유일한 근원이라는 것이었다. 하나님에 대한 기도문 속에서 흔히 그는 전형적인 신플라톤주의적 언사를 사용했다.

14. 데이비드 흄

　데이비드 흄(1711~1778)의 집안은 스코틀랜드계였고, 검소하게 사는 중류 가정이었다. 아버지는 그가 아주 어릴 때 돌아가셔서 그의 어머니가 그의 교육을 세심히 보살폈다. 그는 학교와 교실에서보다 책과 도서관에서 더 많은 것을 배우고 얻었다. 후일에 그가 그의 자서전에 쓴 바와 같이 일찍이 그는 '학자병에 걸렸다.' 그리고 이때부터 죽을 때까지 그는 학문적 명성을 얻고자 하는 열렬한 욕망으로 불탔었고, 또 어떤 직업을 겸해서 가졌을지라도 항상 여러 방면의 글을 쓰는 데 전심하였다. 1734년 쓴 편지에 이런 말이 있다.

'열여덟 살쯤 되었을 때 나에게는 하나의 새로운 사상세계가 열리는 듯싶었다. 그것은 나를 말할 수 없는 기쁨으로 차게 하였고 또 나로 하여금 젊은이에게 자연스러운 열정을 가지고 다른 모든 오락이나 일을 집어치우고 전적으로 그것에만 몰두하게 하였다.'

그래서 그는 얼마 안 되는 재산을 프랑스에서 3년 동안 조용하게 생활하는 데 쓰면서 그의 사상을 글로 옮겼다. 이 글이 바로 그의 처녀저작 『인성론』이다. 이 책은 세 권으로 되어 있는데, 두 권은 1739년 정월에 런던에서 간행되고 셋째 권은 1746년에 간행되었다. 그는 이 저술이 크게 환영받지 못한 데 낙심하였다. (중략)

신학비판(神學批判)

흄의 가장 원숙한 저작인 『자연종교에 관한 대화』는 그가 『인성론』과 『인간오성에 관한 연구』에서 전개한 인과(因果)의 이론을 신학적 문제들에다 적용한 것이다.

이 대화는 세 논쟁자들 간의 긴 논쟁의 형식으로 되어 있다.

테메아는 유신론적 신앙의 수단으로서의 이성을 불신하는 신비가이다. 그는 하나님의 본성은 인간의 이해력으로는 파악될 수 없다는 점을 강조하여 그러면서도 '필연적으로 존재하는 한 존재'가 정말 존재한다는 데 대해서 '아프리오리하고 숭고한 논증' 내지 '존재론적 논증'을 사용한다.

클레안데스는 오랫동안 자연종교라고 불리어 온 것의 옹호자이다. 그는 인간 기예의 작품들과 자연의 운행 사이에는 믿을 만한 유비가 있다고 생각한다. 그래서 그는 자기가 경험적 근거라고 여기는 것에 입각하여 하나님의 존재를 증명함에 있어 우주론적 및 목적론적 논증법을 사용한다. 필로는 흄이 그의 다른 여러 저작에서 주장한 여러 논점을 사용하면서, 자기에게 대립하는 두 논쟁자들을 묘하게 얽어 놓는다.

데메아와 함께 필로는 이성이 사실문제를 결정할 수 없다고 단언한다. 클레안데스와 함께 필로는 사실문제들에 대한 건전한 신념에는 명증이 없어서는 안 된다는 데 대해서 동의한다. 필로는 데메아와 클레안데스를 비판하고 자기 자신의 견해를 내놓음에 있어서 흄의 대변자이다. 즉 그는 흄이 다른 데에서 언명한, 혹은 다른 데에서 언명한 것으로부터 쉽사리 추론할 수 있는 견해들을 옹호한다.

데메아는 필로의 익살과 클레안데스가 추리에 의지하는 데 싫증이 난다. 그래서 그는 '대화'가 끝나기 전에 논쟁 무대를 떠나 버린다. (중략)

흄의 철학적 영향은 지난 두 세기 동안 놀랄 만큼 컸다. 그런데 그에 대한 비평가들과 역사가들에게 여러 가지로 다르게 해석되어 왔다. 혹은 '관념적 이론'의 옹호자, 혹은 (철저한) 회의론자, 혹은 현상론자, 그리고 자연주의자라고 불리어 왔다.

흄이 끼친 영향의 역사는, 그의 시대 이후의 근세 철학 대부분의 역사라고 할 수 있을 것이다. 위의 적은 여러 지침 가운데 가장 적합한 것은 아마 자연주의자라는 말일 것이다. 흄의 방법과 용어와 기질에 있어서 아리스토텔레스와는 전혀 다르지만, 고대에 있어서 아리스토텔레스가 대표한 자연주의적 전통을 근대에서 대표한다고 말할 수 있을 것이다.

　그러나 이렇게 말하면 한 마디 덧붙여 말해야만 할 것이 있다. 아리스토텔레스에 있어서 우리들로 하여금 그를 자연주의자라고 부르게 하는 것이 그의 여러 결론인데, 흄에 있어서는 그의 방법이 우리에게 그를 자연주의자라고 부르게 하는 것이다. 그는 세계를 기계로 보는 뉴턴의 학설과 우주론적 개괄들에 대해서나 세계의 기원을 설명하려는 신학적 노력에 대해서나 다 같이 의심스럽게 여겼다. 그는 무엇보다도 자기 주위에서 발견되는 세계에 대한 편견 없는 탐구자였다.

15. 철학에 대한 나의 독후감

철학은 앞에서도 말했지만, '필로소피아(philosophia)'이다. 필로(philo)는 고대 그리스 말로 사랑이란 뜻이고, 소피아(sophia)는 우리가 말하는 지혜라는 뜻이다. 그런데, 철학의 원조라고 불리는 피타고라스부터 플라톤과 독일의 철학자 칸트 등은 종교와 철학을 함께 공부해왔다. 그 말은 즉 철학은 곧 지혜이며, 종교는 초월적 세계임에도 이를 함께 철학자들은 공유하고 있다는 것은 나로서는 난해하다. 그러나 자연의 틀 안에서 함께라면 쉽게 공감할 수 있다.

제3장

종교 산책

1. 불교

(1) 불교의 시조, 부처의 생애

부처는 왜 가족을 버리고 출가했던 것인가

부처가 태어난 것은 여러 가지 설이 있지만 기원전 560년경으로 보인다. 그는 현재의 네팔과 인도의 국경 부근에 있었던 카필라 성[1]을 중심으로 하는 샤카이족 소국가의 왕자로 태어났다. 정반왕과 왕비 마야 부인이 다스리던 곳으로 농업과 상업을 하며 살아가던 넉넉한 왕국이었다. 고타마 싯다르타 부처가 태어난 것은 왕비 마야가 출산을 위해 고향인 인접국 코리야 국으로 돌아가던 중 룸비니 동산이었다. 마야가 사라수 가지를 잡으려 왼손을 뻗는 순간, 갑자기 산기가 일어나 산도가 아닌 왼쪽 겨드랑이 밑으로 부처를 낳았다고 한다.

부처는 태어나자마자 일곱 걸음을 걷고, 오른손으로 하늘을 가리

---

[1] 카필라 성. 카필라 성은 약 2,600여 년 전 카필라국에 있던 성으로 지금의 네팔 지방에 있는 히말라야 산 남쪽(북인도)에 자리 잡은 곳이다.

키고 왼손으로는 땅을 가리키며 '천상천하유아독존'을 외쳤다고 전해진다. '천상천하'란 하늘과 땅 사이라는 의미로 대우주를 가리킨다. '유아독존'이란 그 안에서 내가 가장 존엄하다는 뜻인데, 이는 자신의 위대함을 자랑하는 것이 아니라 인간성의 존엄함을 나타내는 말로 해석되고 있다.

부처는 어릴 때부터 부친은 슈도다나 왕(정반왕)에게 왕이 되기 위한 각종 학문을 전수 받으며 소국이지만 왕자로서 부족함 없는 생활을 하고 있었다. 그러나 궁전을 한 발 나서면 국민의 대다수가 기아에 허덕이고 있었다. 길가에 누운 채 움직이지도 못하는 이가 있는가 하면 굶어 죽은 이의 시체도 있었다. 그런 비참한 광경을 직접 눈으로 지켜보면서 부처는 가여운 사람들을 어떻게 하면 구원할 수 있는지에 대해 골몰하게 된다.

당시 인도는 몇 개의 국가가 군웅할거하고 있었다. 각각의 국가가 상대국의 틈을 노려 국왕을 죽이거나 국민의 반란이 있으면 즉시 침략을 시도하는 시대였다. 부처의 국가 역시 인접하는 인도 최대의 국가, 코실라의 세력에 항상 두려움에 떨고 있었다.

부처는 16살 때 사촌 자매인 야소다라와 결혼해서 아들 라훌라를 얻는다. 가족과의 생활은 행복했다. 하지만 마음속엔 '인간은 어떻게 하면 고뇌를 극복할 수 있을까'라는 생각이 떠나지 않고 세월이 지날수록 깊어만 갔다. 당시는 깨달음을 얻기 위해 출가하는 사람들이 많았다. 부처 역시 가족을 버리게 되더라도 언젠가는 수행 생활을 하고 싶다고 생각했다.

부처가 출가한 것은 29세가 되던 때였다. 출가란 문자 그대로 집을 나오는 것을 말하는데, 집을 나와 인생의 진리를 찾아 수행한다는 점에 있어서 소년들이 하는 '가출'과는 다르다. 부처는 처자를 뒤로하고 집을 나왔다. 당연히 샤키아 족의 왕자였던 부처는 출가함으로써 왕위계승 전까지 버리게 된 것이다. 이렇게까지 부처의 마음을 충동시킨 것은 기아와 질병에 괴로워하는 이들을 바라보면서 갖게 된 인간의 고뇌에 관한 의문에서였다.

시녀들은 왕자의 출가를 막기 위해 그 앞에서 곡을 연주하며 춤을 추어 집을 나가지 못 하게 했다. 어느 날 밤, 부처가 눈을 떠 보니 주위에는 시녀들이 춤을 추다 지쳐서 혼곤히 잠들어있었다. 그는 오늘 밤이야말로 출가하리라, 결심을 하고 부인과 아이가 잠들어있는 방으로 가 이별을 고했다. 그때부터 부처는 백마 칸다카를 타고 시종 찬다카와 함께 꼬박 하룻밤을 달렸다. 갠지스강 근처까지 왔을 때 어슴푸레 여명이 밝아오고 있었다. 그는 몸에 지니고 있던 옷과 장식품을 찬다카에게 주고 혼자 걷기 시작했다.

부처의 출가로 인해 남겨진 부인과 아이도 부처가 깨달음을 얻은 후에 출가했다. 특히 아들은 10대 제자 중의 하나에 들 만큼 위대한 종교가로 성장을 했다.

부처가 깨달음을 얻는 것은 출가해서 6년이 지난 35세였다. 그동안에 그는 괴로운 수행에 도전하여 죽음에 직면하는 일을 겪기도 했다. 출가한 부처는 먼저 마가다국의 수도 라자그리하로 향했다. 라자그리하는 기존의 바라문교의 가르침에 의문을 품은 자유로움 종교가들이 모여 바라문의 승려들과는 다른 독자적인 수행을 하고 있는 곳이었다. 부처는 먼저 알라라 칼라마라는 수행자의 제자가 되었다. 그리고 깊은 명상을 통해 번뇌를 없애는 수행을 배우는데 아주 짧은 시간에 스승의 경지에 도달하게 되었다. 이어서 부처는 무다카라마푸타라는 선인에게서 또다른 명상을 배우는데 역시 단시간에 그 경지에 도달하여 바로 스승의 곁을 떠난다.

이렇게 스승의 가르침에 만족할 수 없었던 부처는 다른 수행자들과 만나 산에 칩거하여 엄격한 고행을 시작한다. 당시 인도에서는 육체에 고통을 가하고 그 고통을 견딤으로써 초인적인 힘을 얻는다고 믿고 있었다. 수행자들은 단식이나 호흡을 멈추는 등의 수행에 전념했다. 그들이 입에 대는 것이라고는 약간의 과일과 구근, 풀 정도가 전부였다. 그래서 몸이 쇠약해져 죽음 직전의 상황까지 가는 경우도 있었다. 이런 고행을 6년 동안이나 계속한 탓에 부처는 피골이 상접한 몰골이 되고 만다. 결국 그는 신체를 괴롭히는 것만으로 깨달음을 얻을 수 없다는 결론에 도달하게 된다.

몸도 마음도 허약해진 부처는 산에서 내려와 나이란지나 강에서 몸을 깨끗이 닦는다. 그리고 터벅터벅 걸어가다가 촌장의 딸 수자타에게 우유죽을 공양 받았다고 전해진다. 체력을 회복한 부처는 부근에 우거져 있던 큰 나무 아래에서 동쪽을 향해 앉는다. '깨달음을 얻기까지는 이곳을 떠나지 않겠다'고 결심한다. 그리고 바로 명상에 들어간다. 그때 악마의 대군이 덮쳐 왔다고 전해지는데, 이는 번뇌와 부처의 싸움을 표현하는 것이라고 한다. 부처는 해가 질 때까지 모든 번뇌를 극복하고 다음 날 12월 8일 새벽, 명왕성이 빛을 발할 때쯤 드디어 우주와 인생의 진리에 대한 깨달음을 얻었다.

불교에서는 해탈한 자를 '불타(부처)'라고 부르는데 고타마 싯다르타는 처음으로 '불타'가 된 것이다. 해탈을 이루었을 때 부처가 앉아있던 큰 소나무는 법어로 '보디'라고 하는데 '혼란을 끊고 깨달음을 얻었다'라는 의미로 그 뒤 '보리수'로 불리게 되었다. 이 장소는 인도 북동부,

갠지스 강의 남쪽에 있으며 현재는 '부다가야'라고 불리고 있다.

깨달음을 얻은 부처는 자신의 생각을 전파하고자 포교 활동을 시작한다. 처음 설법을 한 곳은 부다가야 근처의 사르나트라고 하는 장소로, 5명의 비구 앞에서 이루어졌다. 이를 계기로 점점 제자들이 늘어나고 신자가 된 각지의 왕후나 상인들로부터 기부를 받게 된다. 그중에서도 유명한 것이 코살라국의 대부호인 기타태자가 선물한 '기원정사'라는 장대한 정원이다. 부처는 이 기원정사를 마음에 들어 해서 많은 제자를 데리고 설법을 했다고 한다. 부처는 80세에 세상을 떠나는데 그때까지 각지를 순회하며 자신이 깨달은 가르침을 계속 전파한다. 당시로서는 꽤 장수한 편에 속한다. 35세에 해탈한 이후로 편안한 마음으로 살았기 때문이라는 설과 불교를 전파하고자 했던 사명감이 있었기 때문이라는 설이 전해진다.

불교에서는 부처의 죽음을 '입멸'이라고 부른다. 나이가 들어가면서 체력이 떨어져 육체가 쇠약해진 부처는 작은 시골 마을 쿠시나가라의 사라수 아래에서 머리를 북쪽으로 하고 왼쪽 반신을 아래로 하여 영원한 잠에 빠져들었다고 한다.

한편 부처에겐 다양한 이름이 있는데 '부처'라는 호칭은 '불타'에서 유래한 것으로 불타란, 진리에 눈을 떠 깨달음의 경지에 이른 사람을 말한다. 이 불타라는 호칭에서 '불(佛)'이라는 말도 생각났다.

부처는 또한 '석가모니세존'으로도 불리고 있는데, 석가란 지금의 인도, 네팔 국경 부근에 있는 '석가족'을 말하며, '모니'란 인도 말로 성지를 의미한다. '세존'은 세상에서 가장 존경받는 신성한 사람을 가리키므로, 석가모니세존이란 '석가족 출신의 성자로 세상에서 가장 존경받는 위대한 사람'이라는 의미가 된다. 부처의 본명은 '고타마 싯다르타'로 '고타마'란 '가장 훌륭한 소'라는 의미로 인도에서는 소가 신이 타는 생물로서 신성시되는 것과 관련이 있다. '싯다르타'란 '목적 성취'라는 의미로 왕의 아버지가 후계자의 탄생을 기다려 왔기 때문에 붙여진 이름으로 보인다. 부처는 깨달음을 얻기 전까지 고타마 싯다르타라는 이름으로 불렀고 깨달음을 얻고 나서는 몇 개의 존칭이 붙여지게 되었다고 한다.

(2) 불교의 종파 차이

태국이나 라오스를 여행하면 노란색 의상을 두른 승려가 버스에 타는 것을 자주 볼 수가 있다. 그러면 승객들은 바로 일어나 승려에게 자리를 양보하고 한 걸음 물러나서 존경의 뜻을 표한다. 물론 버스 기사도 버스비를 받지 않는다. 인도에서 동남아시아로 전파된 '상좌불교'는 출가한 승려만이 깨달음을 얻을 수 있다고 보고 있다. 따라서 태국이나 라오스에서 승려가 된다는 것은 엄격한 수행과 금욕을 실천해 부처의 경지에 이르기 위해 노력을 해야 한다는 것을 의미한다. 깨달음을 얻기 어려운 일반 불교도에게 승려는 존경 받을 만한 존재인 것은 당연한 얘기다. 또한 상좌불교에서는 현세에서 선행을 쌓음으로 내세에 더욱 혜택을 받는 인생을 살 수 있지만 사후 극락에 갈 수 있다고 하지는 않는다.

한편 중국이나 한국, 일본에 전해진 '대승불교'는 부처나 보살의 자비에 의한 민중의 구제가 강조되고 있다. 누구라도 부처가 될 소질이 있으며 출가하지 않은 신자라도 사후 극락에 갈 수 있다고 한다. 염

불을 외우는 것만으로도 구원을 받을 수 있다고 하는 종파도 있다.

상좌불교와 대승불교는 이처럼 그 내용은 다르지만 뿌리는 같아 부처에서 시작된 불교이다. 두 개의 파로 분리된 것은 부처가 죽은 후 100년이 지나서였다. 그때부터 불교도들도 부처의 가르침을 직접 듣지 못한 세대가 되었다.

또한 출가한 승려의 생활도 수행을 위한 여행이나 일반 대중 속에 들어가 설법을 하는 시대에서 절에서 생활하고 부처의 가르침을 공부하는 시대가 되었다. 특히 보수파로 불리는 교단의 고승들은 절 안 깊숙한 곳에서 학문과 수행에 전념하고 자기 인격의 완성만을 목적으로 삼게 되었다.

이런 보수파에 반기를 든 것이 젊은 수행승들이다. 절을 나와 대중 안으로 들어가 사람들을 구원하고자 한 것이다. 그들은 출가하여 엄격한 수행을 하지 않아도 모든 중생은 평등하며 성불할 수 있다고 대중에게 가르쳤다. 즉, 당시의 '진보파'는 부처가 행한 것과 같은 활동을 뒷받침으로 하는 불교를 지향했다. 그들 종파는 자신의 깨달음만을 생각하는 좁은 마차가 아니라 많은 이들을 구원하는 거대한 마차라는 의미로 '대승불교'로 부르게 되었다.

인도에서는 이윽고 대승불교가 대세를 이루지만 그보다 먼저 보수파의 가르침이 전파된 실론섬(스리랑카)이나 미얀마, 태국, 라오스, 캄보디아에서는 지금도 상좌불교를 믿고 있다. 상좌불교를 '소승불교'라고도 하는데 세계불교도 회의에서 경시의 의미를 담고 있다고 하여 사용이 금지 되었다. 인도에서 대세를 이룬 대승불교는 그 후 대승불교운동으로 발전한다. 특히 중국과 한국, 일본으로 전해져 각각 토착 신앙을 흡수하여 민중 속으로 침투해 간다. 동북아시아로 전파된 까닭에 '북전불교'라고도 한다.

(3) 불교의 교육법

불교의 기본적인 가르침이란 '모든 것은 항상 변화하고 실체가 없는 것이 진리인데 언제나 변하지 않는다고 착각하고, 집착하기 때문에 고뇌가 생긴다는 것이다. 그러므로 무지와 욕망이 고뇌의 원인이라는 것을 깨닫고 그 무지와 욕망을 끊어버려야 한다'는 것이다.

'사고팔고'라는 말이 있는데, 불교에서 말하는 고통이란 먼저 생고, 노고, 병고, 사고에 애별이고, 원증회고, 구불득고, 오음성고의 사고를 더하여 팔고라고 한다. 즉, 인간과 관련된 모든 것이 고통이며 그로인해 인생 그 자체를 고통으로 본다. 이 고통에 직면하여 초월하는 것이 불교의 수행이라고 가르친다.

사고팔고(四苦八苦)
-생고, 태어날 때의 고통

-노고, 늙어가는 고통

-병고, 병이 드는 고통

-사고, 죽을 때의 고통

-애별이고, 사랑하는 이와 이별하는 고통

-원증회고, 원망스럽고 미운 것을 만나야 하는 고통

-구불득고, 구해도 얻지 못하는 고통

-오음성고, 온몸은 성한데도 좋은 생각이 나지 않는 고통

불교의 모토는 '항상 바르고 맑게'이다. 이렇게 이상적인 생활을 하면 삶의 고통으로부터 해방된다고 부처는 가르친다. 욕망을 버리고 평온한 경지에 도달하기 위한 수행의 길을 알고 그 수업에 들어가는 것이다. 그러면 구체적으로 어떤 수행을 하면 될까? 부처는 수행의 내용에 관해 '팔정도'라고 하는 8개의 실천 방법을 가르친다.

먼저 '정견(正見)'으로 올바른 견해를 갖는 것이다. 부처의 가르침을 바로 이해하고, 그에 따라 사물을 있는 그대로 보는 것이다. 다음은 '정사(正思)'로 정견을 바탕으로 사물의 도리를 바르게 생각하는 것이다. 세 번째가 '정어(正語)'로 거짓이나 나쁜 말을 하지 않고 항상 올바른 말을 하도록 하는 것이다. 네 번째는 '정업(正業)'으로 살생, 도둑질 등의 나쁜 일을 하지 않고 정견과 정사를 바탕으로 노인을 공경하는 등 항상 바른 행동을 하는 것이다. 다섯 번째는 '정명(正命)'으로 부정한 생활 태도를 개선하고 올바르고 깨끗한 생활을 하는 것이다. 여섯 번째가 '정정진(正精進)'으로 깨달음의 경지를 향해 항상 노력하는 것이다. 일곱 번째는 '정념(正念)'으로 사념을 버리고 항상 올바른 길을 가도록 노력하는 것이다. 여덟 번째는 '정정(正定)'으로 정신을 집중해서 명상함으로 마음을 평안하게 하는 것이다. 이 팔정도가 이후 수행의 기본이 되었다. 이 팔정도의 고귀한 길을 따르는 사람은 인간 존재의 본질적 부분인 괴로움으로부터 자유로워져 궁극적으로는 열반, 즉 깨달음에 이르게 된다.

예를 들어 중년의 비지니스맨이 갑자기 일을 쉬고 절로 수행을 하러 들어간다. 최소한의 옷을 입고 간단한 식사와 청소 등의 일만 하며 나머지 시간은 명상에 잠겨 자기 자신을 돌아본다. 즉, 이 팔정도에 따라 언제나 올바르고 깨끗한 생활을 하기 위해 노력하는 것이

이 불교의 수행이다.

나는 불교의 신자는 아니지만, 나의 좌우명(座右銘) '세심정혼(洗心淨魂, 마음을 씻고 혼을 맑게 함)'은 팔정도가 산실(産室)이며 모체이기도 하다.

2. 기독교

(1) 예수 그리스도의 생애

성경을 통해 예수의 생애를 살펴보자.

기원전 7~4년경의 어느 별이 빛나는 밤, 베들레헴의 한 마구간에서 남자아이가 울음을 터뜨렸다. 약속된 신의 아들, 예수가 탄생한 것이다. 예수의 어머니 처녀 마리아가 성령으로 잉태해서 낳았다는 것은 너무나 잘 알려진 사실이다.

양치기들과 3명의 동방박사에게 축복을 받은 예수였지만, 그의 생애는 태어난 직후부터 파란만장의 연속이었다. '유대의 왕이 태어났다'는 소문을 들은 유대왕 헤롯은 자신의 지위를 위협받을 것이라는 두려움에 휩싸였다. 헤롯왕은 '베들레헴과 그 주변의 2살 이하의 남자아이를 전부 죽이라'는 명령을 내렸다. 갓난아기인 예수는 즉시

아버지 요셉과 어머니 마리아와 함께 이스라엘을 탈출하여 이집트로 가게 된다.

이윽고 기원전 4년 헤롯왕이 죽자 일가는 고향인 나사렛으로 돌아와 평화로운 생활을 하기 시작한다. 예수에게는 야곱, 요셉, 시몬, 유다 등의 형제와 2명의 자매가 생긴다. 마리아를 '성모'의 위치에 놓고 있는 가톨릭은 마리아가 평생 처녀였다고 하지만 마리아를 특별한 존재로 보지 않는 개신교에서는 예수를 낳은 후 요셉과의 사이에 자녀를 더 두고 있다고 전한다.

고향 나사렛으로 돌아온 예수는 30세가 될 때까지 목수인 부친의 일을 도우면서 그 지방에서 살았다. 유대교의 예언서와 율법에 예수가 정통하게 된 것도 이때의 일이다.

그런데 기원 26년경 예수의 인생을 바꾸는 놀라운 일이 일어난다. 바로 요한과의 만남이다. 성경에는 몇 명의 요한이 등장하는데 지금 말하려는 요한은 '세례 요한'이다. 세례 요한은 요단강 연안에서 '회개하고 세례를 받으면 죄를 용서받는다'고 전하며 사람들에게 세례를 베풀었다. 사람들은 그를 메시아처럼 존경하고 있었지만 정작 세례 요한은 '나보다 뛰어난 이가 온다'고 말했다.

마침내 세례 요한 앞에 한 남자가 나타나는데 그가 바로 예수이다. 예수가 신의 아들임을 깨달은 세례 요한은 '세례를 행하라'는 예수의 말에 주저하다가 이내 예수에게 세례를 행한다. 성경에 따르면 그 순간 하늘이 열리고 하늘에서 비둘기의 형태를 한 성령이 내려온다. '이는 나의 사랑하는 아들, 내 기뻐하는 자'라는 목소리가 하늘에서 들려온다.

세례를 받은 예수는 그 후 성령의 인도에 따라 광야로 가 40일간

단식을 한다. 이때 예수 앞에 사탄이 나타나 3번에 걸쳐 유혹을 하지만 예수는 이를 다 물리쳤다. 단식을 끝낸 예수는 고향을 떠나 본격적으로 선교활동을 시작한다.

이때부터 예수가 처형되는 골고다 언덕에 이르기까지 시간은 겨우 3년간이다. 예수는 선교활동에 들어가자 병자를 고치고 악령을 쫓는 등 차례로 기적을 일으키기 시작하는데 이런 소문은 점점 퍼져나갔고 예수를 따르는 자들이 늘어갔다. 갈릴릴 호수를 바라보는 언덕에서 '산상수훈' 설교를 한 것도 이 일련의 과정 중의 하나이다.

예수는 이 산상수훈을 마친 후 베드로, 요한 등을 열두 제자로 삼으며 자신의 가르침을 사람들에게 전하게 한다. 이미 유대교도의 분노와 미움을 사고 있던 예수의 수난의 날은 바로 앞까지 다가와 있었다. 이윽고 예수는 '유월절'을 지키기 위해 제자들과 함께 유대인들의 성도 예루살렘에 들어간다.

'최후의 만찬'은 바로 이 유월절이 배경이 된 만찬의 한 장면이다. 예수는 열두 명의 제자들 앞에서 '이 중 한 사람이 나를 배신하려 한다'고 말하고 '이것이 제자들과 함께 하는 마지막 식사'임을 알린다. 만찬을 끝낸 예수는 제자들과 올라간 겟세마네에서 유대교의 제사장들과 관료들에게 잡히는데 배반자는 가룟 유다였다.

날이 밝자 예수는 최고법원으로 끌려가 로마 총독인 빌라도 앞에 서게 된다. 빌라도는 예수에게서 죄를 찾아내지 못하지만 '예수를 죽이라'는 군중들의 목소리가 커지자 어쩔 수 없이 '원하는 대로 하라'고 예수의 처형을 명했다. 예수는 가시관을 쓰고 무거운 십자가를 짊어진 채 골고다 언덕으로 힘겨운 걸음을 떼기 시작했다.

십자가형은 목숨이 끊어질 때까지 괴로움을 겪는 잔혹한 형으로 강도살인을 저지른 자들이 받는 극형이다. 옷이 벗겨지고 손과 발에 못이 박힌 예수는 십자가에 달린 채 '아버지여! 어찌하여 절 버리셨 나이까!'라며 비통하게 외치다가 끝내 숨을 거뒀다.

예수의 유체는 골고다 언덕의 기슭 유대인의 묘지에 매장되는데 그 후 예수는 부활하고 제자들과 40일간을 보낸 후 승천했다고 성 경에 기록되어 있다. 오늘날 기독교에서 크리스마스와 함께 중시되 는 이스터 즉, 부활절은 예수의 부활을 기리는 행사이다.

예수는 승천하면서 제자들에게 '전 세계 모든 사람에게 복음을 전 하라'라고 말했고 그 명령에 따라 제자들은 복음을 전해 오늘날의 세계 각국에 기독교가 퍼져나가게 된 것이라 한다.

(2) 예수의 기적

예수의 가르침이 당시 사람들에게 널리 퍼져나간 이유를 생각하 는 데 있어 놓쳐서는 안 될 포인트는 그가 행한 '기적'이다. 이 '기적' 이 있었기 때문에 예수가 사람들에게 지지를 받았다고 해도 과언이 아닐 것이다. 예수가 단순히 좋은 가르침만을 전한 것이라면 그같이 큰 영향력은 없었을 것이다. 예수가 행한 것으로 알려진 대표적인 기적들을 짚어보자.

예수가 최초로 행한 기적은 가나의 혼인잔치에서였다. 요한복음 에 따르면 어느 날 예수는 어머니 마리아와 제자들과 함께 혼인잔치 에 초대된다. 그런데 그곳에 곤란한 일이 발생한다. 잔치는 무르익 었는데 손님들에게 대접할 포도주가 바닥이 나고 만 것이다. 마리아에게 그 얘기를 전해들은 예수는 하인에게 항아리 가득 물을 담고 손님들에게 내도록 명한다. 그러자 바로 그 물이 최고 품질의 포도주로 변한 것이다.

예수는 이외에도 음식과 관련된 기적들을 일으켰다. 갈릴리 지방에서 5,000명 이상의 군중이 예수의 가르침을 듣기 위해 모인 때의 일이다. 저녁을 먹을 때가 가까워졌는데 먹을 거라고는 소년 1명이 갖고 있던 빵 5개와 물고기 2마리가 전부였다. 그것으로 5,000명이나 되는 사람들이 배를 채울 수 없는 건 불을 보듯 뻔한 일이었다. 그러나 예수는 동요하지 않았다. 빵과 물고기를 손에 들고 하느님께 감사 기도를 드린 다음 그것을 군중에게 나누어 주었다. 모인 모든 사람이 빵과 고기를 배불리 먹고는 빵이 12광주리나 남았는데 여기서 '12'라는 숫자는 이스라엘 12지파를 상징하는 수라 한다.

무엇보다 예수가 행한 기적 가운데 가장 드라마틱한 것은 죽은 이를 부활시킨 일이다. 성경 안에서 예수는 야이로의 딸과 나인성 과부의 아들, 그리고 나사로 등을 살아나게 한다. 그중 특히 유명한 것은 나사로를 소생시킨 이야기일 것이다.

나사로는 베다니 출신으로 예수의 친구였던 인물이다. 요한복음에 따르면 이 나사로가 병으로 위독하다는 소식을 들은 예수는 '이 병은 죽음으로 끝나지 않을 것이다. 신의 영광을 위한 것이다. 신의 아들이 그것을 통해 영광을 받기 위한 것이다(11장 4절)'라고 했다고 한다. 그렇지만 예수가 베다니를 방문했을 대 나사로는 이미 죽어 4일 간이나 묘지에 묻혀 있었다. 죽음을 슬퍼한 가족은 '만약 여기에 계셨다면 내 형제는 죽지 않았을 텐데(11장 21절)'라며 통곡했다. 예수는 나사로가 묻힌 무덤으로 가 동굴을 닫고 있던 돌을 치우도록 명했다. 사람들이 명한대로 돌을 치우자 예수는 '나사로야, 나오너라!' 큰 소리로 외쳤다. 그러자 손발과 머리를 천으로 감싼 죽은 나사로가 무덤에서 걸어 나왔다. 이를 목격한 유대인들이 예수를 하느님의 아들로 믿는 것은 말할 필요도 없다.

이외에도 예수는 수많은 환자를 고치고 물 위를 걷고(마태복음 14장 외), 풍랑을 잠재워 배가 침몰하는 것을 막은(마태복음 8장 외) 등 믿기 어려운 기적을 계속 행한다.

(3) 예수의 부활과 그 의미

성경을 보면 예수는 부활하여 제자들 앞에 나타났다. 이 '예수의 부활'에 관한 일화는 기독교에 있어 예수가 신의 아들임을 증명하는 중요한 사건이다. 기독교에서 크리스마스와 함께 중시되는 부활절은 예수의 부활을 축하하는 의식으로 기독교를 둘러싼 축제 중 가장 오래된 것이다.

예수가 처형된 것은 유대교의 안식일 전날인 금요일의 일이었다. 안식일은 업무와 노동이 일절 금지된 날이다. 그래서 시신의 정식 매장은 안식일이 끝나기를 기다렸다가 행해지게 되었다. 다음날 일요일 아침 일찍 막달라 마리아와 수 명의 여자들이 예수의 시신을 닦기 위해 향유를 갖고 무덤에 갔다. 그런데 무덤을 막고 있던 돌이 치워져 있는 것이 눈에 띄었다. 시신을 도난당했다고 여긴 여자들은 슬피 울기 시작했는데 갑자기 땅이 흔들리더니 그녀들 앞에 천사가 나타난다. 새하얀 옷을 입은 천사는 '당신들이 찾고 있는 예수는 여기에 없다. 그분은 부활하셨다. 제자들에게 돌아가 예수는 당신들과 갈릴리에서 만날 것이라고 전하라'라고 말한다.

그 말대로 예수는 부활한 모습으로 나타나 제자들과 40일간을 함께 지낸다. 그런데 열두 제자 중의 하나인 도마는 예수가 부활한 순간을 보지 못했다며 '내가 그 손의 못 자국을 보고 내 손가락으로 그 못 자국을 만지며 내 손을 그 옆구리에 넣어보지 않고는 믿지 못하겠다(요한복음 20장 25절)'고 부활의 소식을 의심했다. 8일 후 도마 앞에 예수가 나타나 '네 손가락을 이리 내밀어 내 손을 만지고 네 손을 내밀어 내 옆구리에 넣어 보라. 그리하여 믿음 없는 자가 되지 말고 믿는 자가 되라(동 27절)'고 강한 어조로 충고했다. 그리고 덧붙인다. '나를 보아야만 믿느냐? 보지 않고도 믿는 자는 복되도다(동 29절)'

확실히 '보지 않고 믿는' 태도는 신도에게 빠뜨릴 수 없는 덕목임을 알 수 있다. 부활한 예수는 그 뒤 제자들이 보는 앞에서 승천한 것으로 알려져 있다. 이때 천사가 나타나 '예수는 지금 너희가 본 그대로의 모습으로 다시 오실 것이다'라고 했다. 이 말로 인해 기독교의 재림 사상이 싹텄는데 재림이란 승천한 예수가 다시 이 세상으로 돌아와 최후의 심판을 받기 위해 부활할 것이라고 말한다. 아울러 재림을 믿고 예수가 돌아오는 날을 기다리는 사람들을 기독교 안에서도 특히 어드밴티스트 즉, 재림파라고 부르고 있다.

(4) 기독교의 교육법

기독교를 이해하기 위해서는 우선 '신(神)'이라는 개념을 이해해야 한다고 생각된다. 자연계의 신비나 죽은 자의 영혼 등 눈에 보이지 않는 초자연적인 존재가 신이 아니다. 기독교에서 말하는 신은 그런 막연한 존재가 아니라 절대유일한 존재 'God[2]'을 말한다. 'God=이 세상의 모든 존재를 창조한 창조주'라는 의미로 한정된다.

　기독교는 예수를 믿는 종교로 생각하고 있는 이가 있을 수 있는데 알고 보니 이는 정확한 것이 아니다. 기독교에는 '창조주', '예수', '성령' 세 종류의 신이 있다. 그런데 왜 신을 '절대유일한 존재'라고 하는 것일까. 여기에 등장하는 것이 '삼위일체'의 개념이다. 삼위일체란 '신은 그 본질적 존재에 있어서는 하나지만 그 안에 아버지, 아들, 성령이라는 세 개의 성격이 존재한다'는 뜻이다. 이 경우 '아버지'는 창조주, '아들'은 구세주 예수를 가리킨다.

　그러면 나머지 성령이란 무엇인가? 극히 단순하게 말하면 성령은 기적을 일으키는, '입증하는 분'이라고 볼 수 있다. 성경에는 처녀 마리아가 예수를 임신하거나, 흙에서 전 인류의 선조인 아담을 탄생시키는 등 과학적으로 설명하기 어려운 장면이 자주 등장한다. 기독교에서는 이런 기적을 일으키는 것이 성령으로 되어 있다.

　성령이 등장하는 유명한 장면을 소개하면 십자가 위에서 죽음을 당한 예수가 3일 후에 부활하고 제자들 앞에서 다시 승천할 때의 일이다. '너희들은 몇 날이 못 되어 성령으로 세례를 받으리라(사도행전 1장 5절).'

　예수는 이렇게 약속하고 제자들이 보는 앞에서 하늘로 올라간다. 이윽고 유대교의 명절인 오순절이 돌아와 제자들이 모여 앉았을 때

---

2)　개신교에서는 하나님으로, 천주교에서는 하느님으로 부른다.

의 일이다.

'홀연히 하늘로부터 급하고 강한 바람 같은 소리가 있어 저희 앉은 온 집에 가득하며 불의 혀 같이 갈라지는 것이 저희에게 보여 각 사람 위에 임하여있더니 저희가 다 성령의 충만함을 받고 성령이 말하게 하심을 따라 다른 방언으로 말하기를 시작하니라(사도행전 2장 1~13절)'

이후 성령의 힘을 빌린 제자들은 이전과 비교할 수 없을 정도로 열심히 예수의 가르침을 전하기 시작하여 하루에 3,000여 명에 이르는 사람들을 전도하고 다녔다. 이 일을 두고 후에 사상가 아우구스티누스는 이 기적의 날을 '교회의 탄생일'이라고 명명한다. 기독교에서는 인간을 '육체+영혼'의 존재로 생각한다. 기독교를 이해하는 데 있어 가장 중요한 점은 '인간은 육체와 영혼으로 이루어져 있다'고 하는 성경의 인간관이다. 육체+성령이라고 하는 인간관을 전제로 성경을 읽으면 여러 가지 일들을 이해할 수 있다. 바울이 쓴 고린도 후서를 보자.

'저가 또한 우리에게 인(Ep)치시고 보증으로 성령을 우리 마음에 주셨느니라(1장 2~4절)' '이러므로 우리가 항상 담대하여 몸에 거할 때에는 주와 따로 거하는 줄을 아노니(5장 6절)' '우리가 담대하여 원하는 바는 차라리 몸을 떠나 주와 함께 거하는 그것이다(5장 8절)'라고 기록되어 있다.

여기에서 알 수 있는 것은 인간의 육체는 '임시거처'이며 본질은 '영혼'에 있다고 하는 점이다. 이 '영혼이 주어짐으로써 육체가 살게 된다'고 하는 가르침은 성경의 다음 부분에서도 확실히 알 수 있다.

'저가 그 죽은 것을 아는 까닭에 예수를 비웃더라. 예수께서 아이의 손을 잡고 불러 가라사대 아이야 일어나라 하시니 그 영이 돌아

와 아이가 곧 일어나거늘(누가복음 8장 53~55절)'

이처럼 기독교에서는 사람이 죽으면 육체는 멸하지만 영혼은 그곳을 빠져나와 영속한다고 생각한다. 육체의 만족이 아니라 영혼의 만족을 구하라는 가르침인 것이다. 또한 박해를 예고한 예수가 제자들을 격려하기 위해 이야기한 다음과 같은 말에도 '영혼이야말로 본질'이라는 생각이 확실히 나타나 있다.

'몸은 죽어도 영혼은 능히 죽이지 못하는 자들을 두려워하지 말고 오직 몸과 영혼을 능히 지옥에 멸하시는 자를 두려워하라(마태복음 10장 28절)'

기독교의 긴 역사 가운에 많은 신도가 죽음을 두려워하지 않고 순교할 수 있었던 것도 이처럼 육체보다 영혼에 본질이 있다고 믿었기 때문이다.

3. 이슬람교

(1) 이슬람교의 시조, 마호메트의 생애

평범한 사람에서 예언자가 된 마호메트

왕가 등 유서 깊은 출신이거나 어릴 때부터 신동으로 유명했던 인물을 제외하면 탄생부터 기록이 확실히 남아있는 사람은 드물다. 이슬람교의 창시자 마호메트의 경우도 유명해진 것은 중년이 되고 나서부터다. 그 이전의 탄생에 관련된 이야기로는 그를 임신했을 때 그의 어머니 아미나가 '네가 임신한 아이가 민족의 지배자가 되고 예언자가 될 것이다'라는 음성을 들었다는 것이다. 이렇게 마호메트는 아라비아반도의 번영한 도시 메카[3]에서 태어났다. 확실한 탄생 연도는 분명하지 않지만 서기 570년 전후로 추정되고 있다.

마호메트 집안은 명문 부족으로 아버지 압둘라는 그가 태어나기 전에 죽고 어머니도 6살 때 사망한다. 그래서 할아버지가 키우게 되는데 조부가 죽자 숙부 슬하에서 살게 된다. 마호메트 일족은 상인으로 마호메트도 대상무역에 종사하게 되는데 이 대상무역을 하면서 부유한 여성 하디자를 알게 된다. 당시 40세 전후의 실업가였던 하디자는 25세의 청년 마호메트와 결혼을 하게 되고 15년을 같이 살아오면서 3남 4녀를 두게 된다.

고생도 했지만 누가 봐도 평범한 인생의 마호메트였다. 기적도 없고 전설도 없었다. 그런데 610년 마호메트의 운명, 그리고 세계사를 크게 바꾸는 사건이 일어났다.

그즈음 마호메트는 명상에 빠지는 일이 잦았고 습관처럼 산에서 칩거했다. 어느 날 한참 명상에 빠져있던 마호메트는 갑자기 몸이

---

3) 메카는 사우디아라비아에 있는 도시로 이슬람에서 가장 신성시하는 곳이다. 구약의 아담과 이브가 만년에 살았던 곳으로 아브라함의 아들 이스마엘과 그의 어머니 하갈(아브라함의 아내 사라의 여종으로 그녀가 나이 들도록 아이를 얻지 못하지 하갈을 통해 이스마엘을 낳음), 570년경에 마호메트가 태어나 이슬람교를 창도하였다.

묶이는데 순간 한 음성을 듣는다. 그 목소리의 주인공은 천사 가브리엘이었다. 가브리엘은 '읽으라'라고 말한다. 마호메트가 고통스러워하며 '무엇을 읽는가?' 물으니 계시가 내려졌다고 한다. 그 순간부터 마호메트는 신의 목소리를 듣고 그것을 인간에게 전하는 예언자가 되었다.

마호메트는 어느 날 갑자기 신의 계시를 받고 예언자가 되었다. 이런 상황에 가장 놀란 것은 다름 아닌 마호메트 자신이었다. 이렇듯 혼란에 빠진 마호메트에게 용기를 준 것은 그의 부인 히디자였다. 그녀는 그것이 신의 계시임을 믿었으며 최초로 이슬람교 신자가 되었다. 그로부터 3년 사이에 사촌형제들과 친구들도 마호메트의 가르침을 따르는 신자가 되었다. 이처럼 당초 포교의 대상은 주변 사람들에 한정되어 그러다가 점점 자신을 믿어주는 사람이 늘자 자신감이 생긴 마호메트는 포교활동을 개시한다.

신흥종교로 눈에 띄는 활동을 개시하자 기존 종교 사이에 알력이 생기기 시작한다. 메카의 권력자들은 마호메트의 가르침 가운데 우상숭배 금지 등 당시 관습을 부정하는 내용을 용인하지 않고 탄압하기 시작했다. 당시 메카는 다신교 신앙이 매우 유행해서 많은 신전이 있었고, 신자들이 자주 방문하는 종교도시였다. 또한 대상무역의 중계지점으로 상업도시로도 번성하고 있었다.

사람과 물건과 돈이 모이는 거리로 빈부의 격차는 점점 심해지고 있었다. 마호메트의 가르침은 모든 사람은 평등하다는 내용으로 이것은 사회에 대한 강한 개혁의 의미를 포함하고 있었다.

권력자들은 그의 가르침을 위험 사상이라 여겨 심하게 탄압을 가하기 시작했다. 619년 마호메트는 유력한 지지자인 아내와 숙부를 잃게 되었다. 박해도 더욱 심해져 결국 메카를 떠나 북서로 400㎞ 떨어진 메디나로 향하게 되었다.

서기 622년 7월 16일 즉 이슬람력인 헤지라력의 원년 1일, 마호메트는 메디나에 도착하는데 이 이주를 '성천'이라고 한다. 도시 이름도 야스리브에서 '빛을 발하는 도시'라는 의미의 '에디나무나와라'로 바뀌었고 이것이 오늘날의 메디나가 되었다.

메디나에 안주한 마호메트는 예언자뿐만 아니라 정치, 군사, 지도자로서의 역할도 겸하게 되었다. 당시 메디나에는 마우스족과 하지라지족이 살고 있었는데, 대립상태였으며 게다가 유대교도까지 합세해 갈등의 골이 깊었다. 그런 상황에 마호메트의 일행이 더해진 것이다.

마호메트는 각 세력을 조정하고 도시 전체를 하나의 공동체로 하는 협약을 체결한다. 그 기본이 된 것이 상호부조와 협력관계의 개념으로 그 이전까지 혈연으로 연결되어 있던 부족사회를 신앙을 토대로 한 하나의 사회로 변혁한 것이다. 그 신앙 공동체를 '문마'라고 한다.

이리하여 마호메트는 메디나인들을 이슬람교로 포섭했고 다음 목표를 메카로 잡았다. 메카의 권력을 잡고 있었던 것은 다신교 신들을 섬기고 카바 신전을 수호하는 코라이슈족이었다. 그들은 자신들의 권위와 이권이 위협받을 것을 염려하여 마호메트를 박해하고 메카에서 쫓아냈다.

코라이슈족은 메디나에서 성공한 마호메트에게 큰 위협을 느끼고 그를 쓰러트려야 한다고 생각했다. 이런 움직임을 미리 알아챈 마호메트는 먼저 그들을 습격하기로 마음을 먹는다. 메디나는 대상이 통과하는 길목에 있었기 때문에 대상을 공격하는 데 매우 유리한 입장이었다.

서기 624년 전쟁은 시작되고 코라이슈의 대상은 이슬람군의 습격을 받고 커다란 타격을 입는다. 이에 코라이슈족은 복수에 나선다. 그들이 군사는 약 1,000명이었고 맞서 싸우는 이슬람 병사는 300명 정도였다. 양쪽은 바드르란 곳에서 대격전을 벌이는데, 이 바드르 전투에서 마호메트군은 세 배가 넘는 적을 격파해 대승리를 거두었다. 그리고 이듬해 우후드 전투에서 무승부를, 2년 후의 참호 전투에서는 이슬람군이 또다시 승리를 했다.

군사적 승리를 배경으로 마호네트는 630년 드디어 메카에 입성한다. 마호메트는 많은 신들이 공존하는 카바 신전에 들어가 숭배되고 있던 우상을 모두 파괴하고 '진리가 와서 거짓된 것은 사라졌다'고 외쳤다. 마호메트의 완전한 승리를 안 아라비아반도의 각 부족은 차례대로 이슬람교로 개종하고 반도는 통일되었다.

그렇지만 그에겐 이미 시간이 얼마 남지 않았다. 메카 점령 후에도 메디나에서 살고 있던 마호메트는 죽음이 얼마 남지 않았음을 깨닫고 메카로의 순례를 시작한다. 이때 함께 간 신도는 12만 명으로 기록되는데 '이별의 순례'라고 불리는 그것이다. 그리고 서기 632년 마호메트는 메디나에서 죽는다. 40세에 신의 계시를 받고 나서 22년이 지난 62년의 생애를 살다 간 것이다.

알라는 어떤 신인가

알라는 영어 'the God'이다. 알라는 영어 'the God'의 아랍어이다. 무슬림의 삶은 알라에 대한 무조건적이고 전폭적인 순종에 기초를 두고 있으며 죽은 후의 삶에서도 마찬가지다. 아랍기독교인들은 무슬림처럼 하느님에 대한 개념(창조성, 전능함, 전지함)을 나타내는 데 알라라는 용어를 사용한다.

그러나 이들이 말하는 알라와 무슬림이 말하는 알라는 차이가 있다. 사랑, 정의, 그리고 진리라는 속성은 같지만 이슬람의 알라는 알라와 피조물과의 인격적 관계가 부재한다. 인간은 알라의 종일뿐이다.

(2) 이슬람교 교육법

중세의 십자군에서 시작되어 오늘날에 이르기까지 기독교와 이슬람교의 전쟁은 끊이지 않는다. 이슬람교와 기독교는 모두 일신교이다. 기독교와 유대교의 신은 '여호와(야훼)'라 불리며 이슬람교의 신은 알라이다. 이 두 신 여호와와 알라의 어느 쪽이 옳은가를 둘러싸고 기독교와 이슬람교는 오랜 세월에 걸쳐 싸우고 있다고 생각하는 이들도 있을 것이다. 그런데 알라란 아랍어로 '신'이라는 의미의 단어로 고유명사가 아니다. 알라신이란 '신이라는 이름의 신'이라는 뜻이다.

알라는 본래 유대교, 기독교의 신과 같은 신이다. 그렇다면 싸울 필요 따윈 없지 않나 하고 생각되겠지만 그렇게 단순한 문제가 아니다. 같은 신이라 하더라도 믿는 방법이 다른 것이다. 알라란 전지전능하며 천지 만물의 창조주이다. 그리고 인간처럼 의사와 감정을 가지고 있다. 즉, 인격이 있는 것이다. 여기까지는 유대교와 기독교가 동일하다. 그러나 알라에게는 자녀도 부모도 없다. 따라서 예수가 '신의 아들'이라고 하는 것은 이슬람 측에서 보면 옳은 것이 아니다.

알라의 특징은 민족, 국적, 성별, 사회적 관계없이 모든 사람에게 자비와 자애를 베푸는 데 있다. 이 부분은 기독교와 동일하다. 세상에 신도가 퍼진 것은 이같이 민족과 국적을 초월하여 구원을 베푸는 신이기 때문이다.

그런데 알라는 자비와 자애가 넘치는 한편 세상을 멸망하게 할 수도 있는 공포의 신이다. 자신이 창조했으므로 파괴도 할 수 있는 것이다. 알라가 종말의 날로 정해버리면 자연은 파괴되고 사람들에게는 최후의 심판이 내려져 천국 아니면 지옥에 간다. 이처럼 알라는 두려움의 대상이기도 하다.

알라의 외관에 관해서는 알 수 없다. 이슬람교에서는 우상숭배를 금지하고 있으며 신을 그림으로 그리거나 상을 만드는 것도 금지하고 있다.

신앙은 내면의 문제이므로 정말 신앙심을 가졌는지는 본인밖에 알 수가 없다. 그러므로 어떤 종교이든 정말 신앙심이 있는지를 뒷받침하는 행위나 행사가 요구된다. 이슬람교에서는 '육신오행'이라고 하는 6개의 신앙과 5개의 행위가 의무화되고 있다. 먼저 '육신'에 대해 알아보자.

이는 이슬람교도로서 믿지 않으면 안 되는 6개의 사항으로 첫 번째는 말할 필요도 없이 유일하고 전능한 신이다. 다음이 그 신의 메시지를 전하는 천사이다. 세 번째는 코란 등의 계전이다. 네 번째는 예언자로 모세나 예수 그리스도도 포함되는데, 물론 가장 위대한 이는 최후의 예언자인 마호메트이다. 그다음으로 다섯 번째가 내세이다. 이는 기독교와 같은 개념으로 죽은 이들은 내세로 바로 가는 것이 아니라 이 세상의 종말이 왔을 때 신이 최후의 심판을 하고 그때 죽은 이들을 포함하여 천국에 갈지 지옥에 갈지가 정해진다. 이것이 내세이다. 신자는 이 종말과 최후의 심판을 믿지 않으면 안 된다. 그리고 마지막으로 여섯 번째가 예정이다. 인간의 일생은 모두 신의 손에 달려 있다고 하는 것을 믿지 않으면 안 된다. 즉, 어떤 일도 걱정하지 말고 모든 것을 신에게 맡기라는 뜻이다.

그렇지만 육신을 믿는 것만으로는 부족하고 이를 뒷받침하는 구체적인 행위를 5개 행하지 않으면 안 된다. 이것이 '오행'이다.

먼저 신앙고백과 예배가 있다. 예배는 매일 5회를 드리는데, 그때마다 신앙고백으로 '알라 이외에 신은 없다. 마호메트는 그 사도(예언자)이다'라고 고백한다.

세 번째는 희사이다. 이슬람교에서는 약자 구제, 평등사상이 있는데 일종의 세금과 같은 것으로 재산이 있는 사람은 돈을 내지 않으면 안 된다. 이는 미망인, 고아, 빈곤한 이들 등에게 분배된다.

네 번째는 잘 알려진 라마단 달의 단식이다. 1년에 한 번, 한 달에 걸쳐 낮 동안의 음식이 금지된다. 그리고 마지막에 메카로의 순례이다. 이슬람력 11월 7일부터 10일까지 성지 메카로의 대순례가 행해진다. 마호메트가 죽음 직전에 행한 '이별의 순례'를 본뜬 것으로 일생에 한 번은 꼭 해야 한다.

이 순례는 여비도 소요될 뿐만 아니라 상당한 체력도 요구되는 것이므로 이슬람교도에게 있어서는 일생에 한 번 대 이벤트가 된다. 이 오행을 확실히 행함으로써 신앙의 돈독함이 인정되고 천국이 보장되는 것이다.

(3) 이슬람교와 기독교와의 관계

세계 종교인구 비율을 보면 인류의 절반은 기독교 혹은 이슬람교
도이다. 오늘날의 세계정세를 이해하는 데 있어 이 점은 도움이 된
다. 종교가 없는 사람들도 많은 수에 달한다. 하지만 세계 인구의 대
부분은 어떤 형태로든 신앙에 마음을 의지하고 있음을 알 수 있다.

기독교가 유대교의 한 분파에서 출발한 것은 잘 알려져 있는데,
이슬람은 그 양쪽의 영향 아래에서 탄생했다. 이슬람의 시조인 마
호메트가 살고 있던 7세기의 아라비아반도에는 유대교도와 기독
교가 많이 살고 있었으며 상인이었던 마호메트는 그들과 친구처럼
지냈다.

코란에는 구약과 신약 성경과 같은 내용이 기록되어 있는 부분이
있으며, 이슬람의 신앙의 대상이 신이라는 점도 기독교도와 유대교
와 같다. 신이 천지를 창조하고 마지막의 날에는 심판을 내린다고
하는 부분 역시 모두 같다. 크게 다른 점이라고 한다면 기독교가 예
수를 '신의 아들'로서 신앙의 대상으로 삼고 있는 데에 반해 이슬람
에서는 예수를 어디까지나 예언자 중의 한 사람으로 보며 신의 아들
로 보지 않고 신앙의 대상으로도 여기지 않는다는 점이다. 또한 유
대교는 율법을 준수하면 자신들만이 구원받는다고 하지만 이 점에
대해 이슬람교는 율법을 왜곡하고 있다고 비판한다.

코란이 인정하고 있는 것은 구약성경의 마지막 5장과 신약성경의
4개 복음서이다. 그렇지만 이것도 모두 옳은 것은 아니고 코란이 옳
다고 보증하고 있는 것만 해당이 된다. 그래도 이슬람교도는 기독교
도를 경전을 받은 동료로 보고 있으며 적으로는 생각하지 않는다.

그런데 기독교도는 이슬람교를 인정하지 않는다. 기독교도는 뒤에 나타난 이슬람교가 예수를 신의 아들로 보지 않는 점에 대해 처음부터 냉담하게 대해 왔다. 게다가 이슬람교가 순식간에 아라비아반도 전체에 퍼져나가 그 세력이 확대되는 것에 대해 불안을 느꼈다. 이 세력 경쟁이 오늘날까지 이어지는 불화의 핵심이 되었다.

기독교에 가톨릭과 개신교가 있는 것처럼 이슬람교에도 크게 두 개의 종파가 있다. 수니파와 시아파가 그것이다. 수적으로는 수니파가 압도적으로 많아 이슬람교도 전체의 50%를 차지한다. 수니파도 시아파도 모두 코란의 가르침을 따른 점에서는 같다. 단, 시아파가 가르침에 더욱 엄격하고 이상주의적이라고 할 수 있다.

시아파에서는 코란의 가르침이 절대적이며 거기에서 벗어난 행위는 용납하지 않는다. 반면 수니파는 비교적 유연성이 있어 수니파가 우세한 국가에서는 구미사상을 적절하게 받아들여 근대화 노선을 걷는 곳이 많다. 사우디아라비아나 쿠웨이트가 그 대표적인 국가로 석유개발로 수익을 올려 경제발전을 이루었다. 하지만 시아파는 서구화 노선을 비판적 시각으로 보고 있으며 그 대표적인 국가가 이란이다.

그렇다면 이슬람 원리주의는 시아파인가 생각하겠지만 이는 양측 모두 존재한다. 최근에는 지도자의 방침에 반발하여 분파를 만드는 이들이 속출하고 그 대부분이 이슬람 원리주의의 조직을 취하고 있다. 그러면 원래 수니파와 시아파는 어떻게 다른 것일까? 이는 후계자 다툼에서 발단한 것이다.

최후의 예언자인 마호메트가 죽고 나서 교단을 이끌어갈 지도자에게 '칼리프'라는 칭호가 주어졌다. '신의 사도의 대리'라는 의미로 초대 칼리프는 아부바르크라는 마호메트의 처 아이샤의 아버지이다. 아부바르크는 마호메트의 오랜 친구로 가장 오래된 신자였다. 마호메트가 죽은 뒤 혼란을 수습하고 약 2년 간 칼리프 자리에 있었다.

2대 칼리프는 역시 마호메트의 장인으로 처 하후사의 아버지 오마르이다. 오마르는 무용에 뛰어나 시리아나 이집트, 이란 방면으로 영토를 확대하는 한편 이슬람력의 제정과 이슬람 법제도의 정비에 노력했다.

3대 칼리프는 우마이야가의 오스만으로 그는 마호메트의 딸, 루카이야의 남편이어서 선출되었다. 이 유능한 3대 칼리프 시대를 거치면서 이슬람은 단숨에 세력을 확장한다.

4대째를 이은 것은 마호메트의 사촌이며 마호메트의 딸 파티마와 결혼한 알리로 여기까지를 정통 4대 칼리프시대라고 한다. 그런데 4대째인 알리가 3대 째인 오스만 가문인 우마이야가와의 대립 관계에서 암살되고 말았다. 이 사건이 내부 분열의 시발점이 되었다.

알리의 사당은 이라크의 나지프에 있으며 시아파의 성지이다. 이곳은 현재 이라크 문제와 관련해서도 중요한 장소이다. 그 이후 칼리프 자리를 둘러싼 후계자의 최종 다툼 끝에 분열하여 우마이야가는 칼리프 자리를 동가문이 세습하기로 정하고 무아위야가가 그 자리에 앉게 된다.

이것이 수니파의 시작이다. 수니란 '관행'이라는 의미로 '종교적 권위는 예언자의 수니(관행)를 통해 움마(공동체)에 계승된다'는 생각을 갖고 시작되었다. 종교적인 것은 옛날의 관행에 따르고 정치적인 것은 칼리프에 따른다는 것이다.

한편 알리 지지파는 이에 반발하여 마호메트의 피를 이은 알리 가족이야말로 후계자로 적합하다고 주장했다. 새롭게 '이맘(최고지도자)'이라는 칭호를 사용하고 알리를 초대 이맘으로 한 다른 파를 만들었다. 이것이 '시아알리(알리당)'로 후에 약칭하여 시아파가 된다.

시아파는 수니파와 달리 정치적 권위뿐만 아니라 종교적 권위도 함께 이맘에게 계승된다고 생각했다. 이맘은 알리의 자손이 있는 걸로 정해 한동안은 문제없이 계승되었지만, 5대째를 둘러싸고 다시 후계자 다툼으로 인해 분열했다.

4. 세 종교의 역사

(1) 기독교의 역사

연도를 계산하기 위해 지금 전 세계적으로 사용하고 있는 BC나 AD, 서기 등은 모두 예수의 탄생을 기준으로 하는 것들이다. 이는 서양의 역사에서 기독교의 영향력이 얼마나 큰지를 여실히 보여주는 대목이라 하지 않을 수 없다. 기독교를 탄생시킨 예수는 33세 때 세상을 떠난 것으로 알려져 있으므로, 이때가 AD 33년경일 것이다. 그렇다면 AD 33년 이후 기독교는 어떤 길을 걸었기에 오늘날 세계 최대의 종교가 될 수 있었을까?

AD 33년경 예수가 승천한 후 예수의 제자들은 오순절 성령 세례를 받는다. 성령이란 기독교에서 하느님, 예수와 동일시되는 영적인 존재를 말하는데, 이 성령이 각 제자들에게 임한 사건을 성령 세례라고 한다. 이 사건 이후 베드로와 바울 등으로 대표되는 예수의 제자들은 예수와 비슷한 기적 등을 행하며 각 지역으로 기독교를 전파하였으며, 이때 바울은 유대의 이웃 나라뿐만 아니라 로마에까지 가서 기독교를 전하였다.

이 사이 유대의 국내 상황은 급격하게 돌아가고 있었다. 로마에 대한 유대의 저항은 점점 더 커져갔다. AD 50년경이 되면서 로마와 유대의 대립은 극에 달하였는데, 이때 당시 3만 명가량의 유대인이 로마군에 의해 학살되는 사건이 발생하였다. 분노가 극에 달한 유대인들은 드디어 64년 대규모 폭동을 일으켜 로마군의 요새를 공격하였으며, 이 사건은 유대의 독립전쟁으로 이어졌다.

이에 로마제국은 70년 디도 장군을 예루살렘으로 보내었으며, 예루살렘은 다시 로마에 의해 함락되고 말았다. 이때 예루살렘의 성전은 완전히 파괴되었으며, 독립운동에 가담했던 유대인들은 학살되거나 노예로 팔려갔다. 이 사건 이후 유대 내부에서도 갈등이 생기면서 기독교인들은 전통 유대교인들로부터 배척당하면서 이 두 종교는 완전히 분리되고 말았다. 이후 유대 내에서 기독교의 입지는 더욱 좁아졌다.

한편, 일찍부터 나라를 잃었던 많은 유대인은 아시아와 유럽 각지에 퍼져 있었는데, 이들을 디아스포라라고 한다. 디아스포라 유대인들을 중심으로 기독교는 광범위하게 퍼져나갔다. 어떤 곳에서는 회당에서 기독교 예배를 드리며 교회로 변하는 곳도 생겨났다. 이렇게 하여 초기 기독교는 짧은 시간에 유대에서 시작하여 소아시아와 유럽까지 퍼져나갈 수 있었다.

한편, 로마의 황제들은 초기 기독교 세력이 커지는 것에 대해 별 관심을 두지 않았었다. 그러던 중 기독교가 박해를 받게 된 결정적인 사건이 있었으나, 64년 여름에 있었던 '로마 대화재'가 바로 그것이다. 이 화재는 로마의 반 이상을 태워버릴 정도로 엄청났었는데, 로마의 시민들은 이 화재가 당시 황제였던 네로가 저지른 일이라고 생각하였다. 이에 당황한 네로 황제는 당시 로마인들과 그리 좋은 관계가 아니었던 기독교인들을 희생양으로 삼아 그들이 불을 질렀다고 하면서 위기를 탈출하였다.

이때부터 오해를 받은 기독교인에 대한 탄압이 시작되어 거의 4세기까지 계속되었다. 로마제국에서 기독교인이 되려면 목숨을 잃을 각오로 해야만 했다. 그런데도 당시 기독교 교회 지도자들은 자신들의 신앙을 지키기 위해 교회 조직을 만들고 이를 체계화 시켜나갔다. 많은 기독교인이 로마의 박해에 죽어갔지만 그와 함께 기독교의 세력도 매우 빠르게 번져나갔다. 2~3세기를 지나면서 기독교는 교회마다 나름의 건물을 가지고 있을 정도로 커다란 조직으로 성장하였다. 그런데 기독교가 새로운 체제를 만들고 발전을 거듭하고 있는 사이 또다시 대규모 박해가 시작될 움직임이 일고 있었다.

때는 247년, 로마는 건국 1,000년의 기념일을 맞아 축제 분위기에 휩싸여 대규모 파티를 열었다. 문제는 파티 후에 흑사병이 로마를 휩쓸어 수많은 사람이 목숨을 잃는 사태가 발생한 것이다. 로마 시민들은 이러한 재앙이 파티에 기독교인들이 참석하지 않아 신(神)

이 노하여 재앙이 발생했다고 믿었다. 이 사건으로 로마 황제 데키우스는 로마의 신에게 제사 지내지 않는 기독교인은 가차 없이 죽이며 박해를 가하였다. 이때 교회는 많은 지도자를 잃었으며, 로마의 신에게 제사를 지내는 굴욕을 겪기도 하였다.

예수 이후 수백 년간 로마의 박해를 받아오면 기독교는 어느 날 로마의 국교로 승인된다. 도대체 무슨 일이 있었기에 이런 일이 일어난 것일까? 이러한 변화는 로마의 황제가 되었던 콘스탄티누스와 기독교의 만남이 있었기에 가능했다.

3세기경 점점 세력이 약해지고 있던 오마는 동부와 서부의 두 개 지역으로 나뉘어 통치되고 있었다. 당시 로마는 군인이 황제가 되어 통치하는 형식을 취하고 있었는데, 갈레리우스 황제가 죽고 나자 로마제국의 황제 자리를 놓고 두 명의 군인인 콘스탄티누스와 막센티우스가 전쟁을 벌였다. 그런데 전투가 벌어지기 전날 밤, 콘스탄티누스는 꿈에 십자가를 보았다. 이때 콘스탄티누스는 뭔가 영감을 얻었던 것 같다. 다음 날 아침, 콘스탄티누스는 모든 병사의 방패에 그리스도를 상징하는 글자를 새기도록 하고 전투에 나섰다. 결과는 콘스탄티누스의 대승이었다.

그는 이 전쟁에서 승리한 다음 해인 313년 '밀라노칙령'을 발표하였다. 밀라노칙령에는 로마에서 기독교를 공식적으로 인정한다는 내용을 담고 있었다. 밀라노칙령으로 인해 그동안 박해만 받아왔던 기독교는 이제 새로운 시대를 맞이한 것이다. 이후부터 콘스탄티누스 황제는 로마의 수도를 콘스탄티노플로 옮기고 기독교 교회를 적극적으로 지원하였다. 그는 더 나아가 기독교를 통하여 로마제국 전체를 하나로 통치할 생각까지 하였다. 덕분에 기독교는 이제 안정한 상태에서 국가의 지원을 받으며 성장할 수 있었다.

규모가 커져 커다란 세력으로 성장한 기독교 교회는 내부적으로 여러 가지 신앙에 관한 문제가 생기기 시작했다. 우선, 예수가 말하는 하느님이 구약성경에 나오는 하느님인가에 대한 의문은 모두가 '그렇다'라고 인정하여 문제가 쉽게 해결되었다. 그러나 '예수가 과연 하느님인가'에 대한 부분은 쉽게 해결되지 않았다. 한 부류는 '예수는 단지 사람일 뿐이다'라고 주장하고, 다른 부류는 '예수는 곧 하느님'이라고 주장하였다.

예수가 하느님이 아니라고 주장한 사람은 이집트 알렉산드리아의 주교였던 아리우스(Arius)였다. 많은 기독교인이 아리우스의 생각을 따르고 있었는데, 정통 기독교인들은 이들을 이단으로 취급하였기 때문에 두 세력에 극심한 논쟁이 일어났다. 오로지 제국의 단결에 관심을 두고 있었던 콘스탄티누스 황제는 이를 수습하기 위해 2,300여 명에 달하는 각 지역의 대표적인 지도자들을 니케아에 모아놓고 회의를 열었다. 그리고 '예수는 곧 하느님이다'라는 신조를 만들어 이에 반대하는 아리우스를 교회에서 추방하는 일을 감행했다. 그런데도 아리우스를 따르는 세력은 줄어들지 않았으며, 시간이 지나면서 콘스탄티누스와 교회는 다시 아리우스를 받아들이고자 하였다.

이즈음 등장한 인물이 아타나시우스이다. 아타나시우스는 아리우스를 다시 받아들이는 것에 격렬히 반대했다. 콘스탄티누스의 뒤를 이은 줄라인 황제는 기독교를 매우 싫어하였다. 그는 기독교의 분란을 일으키기 위해 아리우스파를 다시 불러들였다. 그러나 이때 아타나시우스의 대활약으로 교회의 혼란은 다시 수습되기에 이르렀다.

한편, 콘스탄티누스 이후 로마제국은 이민족 간의 갈등으로 급격한 혼란 속에 빠져들었다. 이때 당시 황제였던 데오도시우스는 이러한 위기 상황을 수습하기 위해 여러 민족을 하나로 묶어주는 종교가 필요하다고 판단, 379년에 기독교를 국교로 인정하였다. 주로 소외계층 일부가 믿으며 온갖 핍박을 받아오던 기독교가 일약 대로마제국의 국교로 올라선 것이다.

기독교를 통해 혼란을 수습해 보려는 데오도시우스 황제의 노력에도 불구하고 로마의 혼란은 더욱 가속화되었으며, 결국 동로마제국과 서로마제국으로 분리되고 말았다. 그리고 세력이 점점 약해지던 서로마제국은 476년, 게르만족의 용병대장 오도아케르에 의해 마지막 황제가 암살되면서 역사 속에서 사라지고 만다. 이 사건을 계기로 1,000년 이상이나 유럽을 지배하였던 로마 시대는 끝이 나고, 바야흐로 중세 봉건 시대가 열렸다.

그렇다면 로마의 국교였던 기독교의 운명은 어찌 되었을까? 당시 유럽은 로마의 영향력이 워낙 컸기 때문에 대부분의 나라에서 기독교를 받아들인 상태였다. 따라서 기독교는 이미 로마뿐만 아니라 다른 민족에게도 널리 퍼져 있었으며, 이 때문에 로마의 멸망에도 불구하고 유럽에서 기독교 역사는 계속될 수 있었다.

한편, 동로마제국은 이러한 위기 상황 속에서도 나라를 유지해 나갔으며, 기독교 또한 여전히 국교로 지켜지고 있었다. 로마의 국교가 된 기독교는 외형적으로는 엄청난 성장을 이루었다. 기독교의 성장은 중세 시대까지도 이어지는데, 이러한 성장을 이룬 핵심적인 배경에는 수도원제도와 교황제도를 들 수 있다. 수도원은 수많은 훌륭한 교회 지도자를 배출함으로써 기독교 전파에 일등 공신 역할을 하였다. 또한 교황제도는 기독교가 막강한 로마의 국교로 되면서 생긴 산유물이라고 할 수 있는데, 예수로부터 지상의 대리자로 임명받은 베드로에서 유래되었다.

기독교가 로마의 국교로 되면서 자연히 전체를 대표할 상징적인 인물이 필요했고, 성경에서 찾아낸 인물이 바로 베드로였다. 로마 교회는 베드로를 제1대 교황으로 추대하면서 로마의 주교는 자연히 베드로의 뒤를 잇는 교황이 되는 제도를 만들었다. 이렇게 만들어진 교황제도는 막강한 힘을 발휘하여 로마제국이 멸망한 후에도 전 유럽을 기독교로 묶은 중요한 역할을 했다.

어떻게 교황제도가 이런 일을 할 수 있었을까? 로마 멸망 후 중세가 되면서 서유럽은 여러 나라가 혼재하는 시대를 맞이하였다. 그러나 각 나라 종교로는 여전히 기독교가 유지되었는데, 그 중심에 교황제도가 있었다. 당시 중세 유럽은 로마의 교황이 각 나라의 종교를 지배하는 독특한 제도를 두고 있었기 때문에 비록 나라는 여러 나라이지만 종교는 기독교인 형태를 유지할 수 있었다. 이러한 상황에서 각 나라의 국왕들은 국가의 권력을 유지하는 데 교황의 힘이 절대적으로 필요했다. 이에 따라 기독교의 권위는 하늘 높은 줄 모르고 치솟았으며, 그에 따라 부정과 부패도 뒤따랐다.

9~10세기를 거치면서 부패한 교황들이 등장하면서 기독교는 점점 더 타락하였다. 955년에 교황의 자리에 오른 요한 12세의 경우 전혀 경건하지 않은 악마 같은 생활 방식으로 커다란 물의를 일으켰으며, 이후의 교황들도 별반 다르지 않았다. 이제 기독교는 뭔가 개혁이 일어나지 않으면 안 되는 상황이 되었다.

한편, 로마를 중심으로 혼란스럽게 기독교가 유지되고 있던 서유럽과는 달리, 동로마제국에서는 기독교가 국교로 안정되게 유지하고 있었다. 그들은 혼란 속에 있는 서유럽의 로마교황에 대한 권위를 인정할 수 없었다. 때문에 동로마제국에서는 수도인 콘스탄티노플 초대 주교 역시 로마 교황에 맞먹는 영향력을 가진다고 주장하면서 로마 교회와 갈등이 생기기 시작했다. 이러한 동서 갈등에 불을 지핀 것이 성상숭배이다.

중세 당시 유행한 것 중에 '성상숭배사상'이란 것이 있었다. 이것은 예수나 성자들의 모습을 그린 그림이나 형상을 예배시간에 사용하며 숭배하는 사상이다. 이를 놓고 성상찬성론자였던 로마교회와 성상반대론자였던 동로마제국 사이에 한판 대결이 벌어졌다. 이러한 대결 양상은 수 세기 동안 계속되다가 결국 교리 차이를 좁히지 못하고 동서 교회로 분열되고 말았다. 즉, 서방의 교회는 로마가톨릭으로, 동방의 교회는 동방정교회로 나누어진 것이다.

로마의 가톨릭과 동방정교회로 나누어진 기독교의 체제는 서로가 너무나 달랐다. 가톨릭의 경우 모든 나라의 교회가 로마 교회의 주교인 교황에 의해 지배를 받는 체제이며, 교황 아래에 있는 대주교(추기경)는 자기가 맡은 각 지역에 권위를 행사하는 체제였다. 이에 반해 동방정교회의 경우 수도인 콘스탄티노플의 총주교를 존경하지만 총주교는 교황처럼 모든 지역에 권위를 행사하지 못하고 자신이 담당한 지역만 지배할 수 있다. 이런 체제상의 차이점 때문에 동방정교회보다 막강한 권한을 가진 로마가톨릭교회 쪽에서 많은 비리와 부패 현상이 일어났다.

기독교 타락의 대표적인 사건으로 십자군 전쟁을 들 수 있다. 십자군 전쟁이란 당시 이슬람세력에 의해 지배당하고 있던 기독교 성지인 예루살렘을 탈환하기 위해 이슬람과 기독교 간에 일어난 전쟁을 말한다. 전쟁의 시작은 1095년 교황 우르반 2세의 설교로부터 비롯되었다. 교황 우르반 2세는 성지인 예루살렘에서 이슬람 세력을 몰아내야 한다는 설교를 하였는데, 이것이 계기가 되어 군중이 들고일어나 십자군이 만들어진 것이다.

이렇게 결성된 십자군을 이끄는 사람 중 파에르라는 수도사가 있었는데, 그는 예루살렘으로 가는 길에 동로마제국을 들러 온갖 만행을 저질렀다. 그리고 예루살렘으로 진격한 십자군은 거기에 있던 모든 이슬람교도와 유대인들을 무참하게 학살하였다. 그야말로 하느님을 따른다고 하는 사람들이 하느님의 이름을 가장 크게 더럽힌 사건이라 하지 않을 수 없을 정도로 예루살렘은 피로 물들여졌다. 오늘날에도 이슬람교와 유대교는 기독교와 적대관계로 지내는 것을 볼 수 있는데, 바로 이 사건이 계기가 되었다고 할 수 있다.

또 다른 교회 부패 현상으로 면죄부 발행을 들 수 있다. 교회는 성당 건축 등을 위해 돈이 필요해지자 면죄부를 발행하여 돈을 받고 파는 행위를 자행하면서 수많은 부패를 낳고 기독교를 타락의 길로 빠져들게 했다.

중세 기독교 역사에 부패와 타락만 있었던 것은 아니다. 교회 지도자들이 위에서 부패와 타락을 일삼는 동안에도 순수한 기독교 신앙을 유지하며 예수를 전하려는 선교사와 수도사들이 있었다. 그들에 의해 기독교는 그나마 유지할 수 있었고, 유럽 전역으로 퍼져나갈 수도 있었다.

14세기에 들어서면서 그동안 막강하게 누렸던 교회의 권위가 서서히 무너지기 시작하는 사건이 하나, 둘 생기기 시작했다. 첫 번째 사건은 다름 아닌 교황으로부터 시작되었다. 1302년 교황 보니페이스 8세는 유럽의 모든 국왕보다 교황이 더 강해야 한다는 교서를 발표했다. 이에 프랑스 국왕이 발끈하였고, 얼마 후 교황이 죽는 사건이 발생하고 말았다. 이 사건을 계기로 로마교회의 권위는 크게 손상을 입었으며 심지어 교황이 쫓겨 다니는 신세가 되기도 하였다.

이런 가운데 흑사병이 전 유럽을 휩쓸고 갔다. 흑사병은 1347년부터 1359년 사이에 전 유럽 인구의 1/3에 해당하는 사람들의 목숨을 앗아갈 정도로 대단했다. 이런 상황에서도 교회는 아무런 힘을 쓰지 못하고 권력 다툼과 부패에만 빠져 있었다. 이에 교회에 대한 사람들의 실망은 점점 커졌고, 교회 개혁에 대한 새로운 움직임들이 꿈틀거리기 시작했다.

교회 개혁의 분위기 속에 등장한 영국 옥스퍼드 대학의 철학 교수였던 위클립은 교회가 교황이나 사제가 아닌 예수를 통해 하느님의 부름을 받는 모든 사람으로 구성되어야 한다고 주장하고 나섰다가 결국 순교하였다. 그러나 이러한 위클립의 개혁사상은 많은 사람의 환호를 받으면서 영국은 물론 유럽의 여러 나라로까지 번져나갔다.

곳곳에서 종교개혁의 움직임이 일어났으며, 뭔가 터질 듯한 분위기 속에서 등장한 인물이 바로 마틴 루터(Martin Luther)이다. 루터는 당시 독일의 마인츠 지방 근처 마을의 목회자이자 신학 교수였다. 그런데 교황 레오 10세가 성 베드로 성당을 건축하기 위해 자금이 필요하다며(실제로는 자신의 빚을 갚기 위해) 면죄부 판매를 허용하는 사건이 일어났다. 이에 루터는 교회의 권력이 돈벌이에 사용되는 것에 분노하면서 95개 조의 반박문을 만들어 비텐베르크 교회 정문에 붙여버렸다. 이 조그마한 사건은 엄청난 반향을 불러일으켰다.

루터의 주장은, 인간의 죄로 인해 받아야 하는 모든 벌이 교황의 면죄부를 산다고 하여 면죄되지는 않는다는 것과 더 나아가 인간은 선행으로 구원받는 것이 아니라, 오직 믿음과 신의 은총에 의해서만 구원받을 수 있다는 것이다. 이에 발끈한 교황과 독일 황제는 루터를 불러 그의 주장을 철회할 것을 강요했다. 그러나 루터는 자신의 주장을 굽히지 않았으며, 이러한 루터를 따르는 많은 사람이 생기게 되었다.

한편 프랑스에서도 루터의 영향을 받아 또 하나의 종교개혁 움직임이 칼뱅에 의해 일고 있었다. 칼뱅은 스위스 제네바에서 활동하며, 자신만의 신학체계를 만들어냈는데, 바로 유명한 '기독교 강요'이다. 그의 교리는 많은 사람의 지지를 얻어 프랑스, 네덜란드, 영국 등 서유럽 각지로 퍼져나갔다. 이제 교회는 새로운 기독교를 지향하는 개혁 세력인 루터파, 칼뱅파와 이전의 교황파로 나뉘어 대립하였다.

그리고 독일에서는 1555년 교황파와 루터파 간에 '아우스부르크 평화조약'이 맺어짐으로써 공식적으로 루터파의 종교 활동을 인정하였다. 이에 따라 각 사람과 도시들은 교황의 지배에서 완전히 벗어나 루터파 교회를 선택할 자유를 가질 수 있었다. 그러나 여전히 칼뱅파 등 종교개혁을 주도한 세력들은 이제 진정한 신앙생활을 할 수 있는 날이 올 줄만 알았다.

그러나 세상은 이들의 꿈이 그냥 이루어지도록 내버려 두지 않았다. 사실 가톨릭교회 측면에서 보면 기독교가 완전히 산산조각이 난 상황이나 다름없었으며, 나날이 꺼져가는 개신교 세력들을 가만히 보고만 있을 수도 없는 상황이었다. 결국 두 세력 사이에는 극심한 긴장과 갈등이 생기기 시작했고 이는 전쟁이라는 극단적인 상황으로 이어졌다.

개신교와 구교 사이에 벌어진 전쟁은 근 1세기 동안 유럽 각지에서 계속 일어났다. 대표적인 것이 프랑스에서 일어난 위그노 전쟁, 스페인을 상대로 한 네덜란드 독립전쟁, 그리고 독일에서 일어난 30년 전쟁 등이다. 특히 30년 전쟁의 경우 종교의 자유를 인정받지 못한 칼뱅파와 구교와의 대립 때문에 생겨난 전쟁으로 독일 시민만 천만 명 이상이 학살되는 참극을 빚을 정도로 치열한 싸움을 벌였으며, 결국 개신교의 승리로 끝났다.

한편, 유럽의 섬나라였던 영국에서는 또 다른 종파가 생겨나고 있었다. 당시 영국 국왕인 헨리 8세는 로마 교회로부터 간섭을 피하고 독립을 꾀하기 위해 영국민의 기독교 교파인 국교회[4]를 만들었다. 성공회란 1534년에 로마가톨릭교회에서 분파하여 종교개혁의 결과로 만들어진 영국교회의 전통과 조직을 같이 하는 교회를 통틀어 이르는 말이다. 당시 로마교회는 종교전쟁의 소용돌이 속에 있었기 때문에 영국의 종교 독립을 막을 겨를이 없었다.

또한, 영국에서는 전혀 새로운 기독교 세력인 청교도들이 생겨나고 있었다. 그들은 철저한 칼뱅주의 교리를 따르며, 근본적인 신앙생활을 했기 때문에 청교도(淸敎徒)라고 불리었다. 청교도들은 여전히 구교의 냄새가 강한 국교회에 반대하며 영국교회정화운동을 벌였다.

현재 기독교는 유럽은 물론 아메리카, 아시아, 오세아니아 등 전세계에 퍼져 있다. 어떻게 소아시아와 유럽의 종교였던 기독교가 전세계로 퍼져나갈 수 있었을까? 그것은 소용돌이치는 유럽의 근대사

---

4) 성공회라고 함.

가 있었기에 가능한 일이었다는 것이다.

15~18세기에 들어서면서 유럽 사회에는 타락 일로를 걷던 중세 교회에 대한 종교개혁의 물결만 일어난 것이 아니었다. 문화적으로는 신 중심의 억압적인 중세 문화에 대항하여 인간성의 재발견을 강조하는 르네상스[5] 운동이 일어났으며, 정치적으로는 곳곳에서 시민 중심의 혁명들이 일어났다. 또한 근대 과학 이론과 기술이 크게 발전하였으며, 이 때문에 유럽 사회는 짧은 기간 동안 획기적인 발전을 이루었다. 이러한 변화와 함께 유럽 사회의 관심은 이제 유럽 내부에만 머물러 있지 않고 세계와 대륙으로 돌려졌다.

중세 말부터 유럽에는 동방과의 교류를 통해 비단, 향로 등과 같은 물품들이 들어와 사용되고 있었다. 그러나 15세기에 들어서면서 동방과의 교류에 커다란 문제가 생기고 말았다. 이슬람 세력인 오스만투르크가 동유럽 기독교의 중심국가인 비잔틴제국을 멸망시키고 강력한 오스만제국[6]을 건설했기 때문이었다. 결국 동방과 무역할 수 있는 길이 막힌 유럽 국가들은 동방과의 무역을 위해 새로운 항로를 찾아야만 했다. 또한 오스만제국에 의한 이슬람교 확장에 위협을 느껴 기독교를 세계 여러 나라로 전파할 필요성이 생기기도 하였다.

---

[5] 14~16세기에 이탈리아 중심으로 하여 유럽 여러 나라에서 일어난 인간성 해방을 위한 문화운동이다. 이러한 운동은 신 중심의 중세 봉건주의에 대항하여 도시의 발달과 상업 자본의 형성을 배경으로 하여 일어났으며 문학, 미술, 건축, 자연 과학 등 여러 방면에 영향을 주어 유럽 문화의 근대화에 크게 기여했다.

[6] 중앙아시아에서 이주한 터키족 오스만투르크가 서아시아 지역에 건국한 이슬람 왕조를 말한다. 오스만제국은 13세기 말에 성립되어 제1차 세계대전 후 멸망할 때까지 600년 이상 지속되었으며, 서아시아와 발칸반도, 북아프리카에 이르는 방대한 지역을 지배하였다.

유럽은 이러한 경제적, 종교적 이유를 들고 신항로 개척에 나서면서 아시아로 가는 새로운 항로가 개척되고, 1492년에는 에스파냐 왕의 후원을 받은 콜럼버스가 신대륙을 발견하기에 이른다. 아시아와 아메리카라는 새로운 시장을 개척한 유럽은 이들과의 무역을 통하여 엄청난 경제적 이익을 챙긴다. 이로 인해 국가의 권력은 급격히 커졌고 절대주의[7] 왕권국가라는 새로운 국가 형태가 생겨났다. (중략)

한국의 기독교

현재 한국의 대표적인 종교로는 불교, 개신교, 천주교 등을 들 수 있다. 이중 불교는 오랜 전통을 가지고 있으나 기독교인 개신교와 천주교의 경우 짧은 역사에도 불구하고 비약적인 발전을 거듭하였다. 기독교는 어떻게 해서 이렇게 짧은 역사에도 불구하고 커다란 발전을 이룩할 수 있었던 걸까? 거기에는 산모의 진통처럼 초기 선교사들의 숨은 노력이 있었다.

한국 기독교의 역사는 천주교(가톨릭)에 의해 먼저 시작되었다. 그러나 아이러니(irony)한 것은 한국에 천주교를 전파한 선교사가 외국인이 아닌 조선 사람이었다는 것이다. 1783년 중국에 가게 된 이승훈은 그곳에서 천주교를 만나 영세를 받고 이듬해 한국으로 들어와서 포교활동에 나섰다. 이렇게 한국에 전해진 천주교는 1800년을 넘어서면서 1만 명이 넘어서게 될 정도로 크게 확장되었다고 한다.

---

[7] 국왕이 절대적 권력을 잡고 온 나라를 통치하는 정치 형태를 말하며 전제주의, 제국주의라고 부르기도 한다. 이러한 정치 형태는 중세 봉건사회로부터 근대 시민사회로 변하던 16세기부터 18세기 사이 서유럽에서 나타났다.

그러나 천주교는 당시 조선 당국의 눈에 이상한 외래 이단 종교로 비칠 수밖에 없어 이에 대한 대대적인 박해가 시작되었다. 이러한 천주교에 대한 박해는 이후 거의 백 년이나 계속되었고 수많은 사람들이 순교하였다. 거의 1세기 간 지속된 박해의 시간이 지나고 개방화의 바람이 불어닥친 1800년대 후반이 되면서 드디어 천주교에도 자유의 바람이 일어났다. 이를 계기로 한국의 천주교는 비약적인 발전을 이루게 된다.

이런 가운데 천주교는 일제 강점기를 맞이하였다. 이 시기에 천주교 교회는 일제의 탄압으로 많은 어려움을 겪어야 했음에도 불구하고, 7만여 명이던 천주교 신자의 수가 18만여 명으로 늘어나는 등 지속적인 발전을 이룰 수 있었다. 그리고 휴전 이후 10년 사이에 근 40만의 신자가 늘어났고 1969년에는 서울대교구장이었던 김수환 대주교가 추기경이 됨으로써 동양에서는 최초의 추기경을 배출하기도 하였다. 그리고 2006년에는 정진석 대주교가 추기경에 임명되어 오늘에 이르며 한국의 주요 종교 중 하나로 자리 잡고 있다.

한국의 개신교 역사는 천주교보다 100여 년이나 늦게 시작되었다. 1800년대 후반 개방화의 물결과 함께 수많은 개신교 선교사들이 함께 들어왔다. 당시 혼란기에 있었던 한국은 선교의 자유가 보장된 나라가 아니었다. 따라서 이때의 선교사들은 직접 기독교를 전파하기보다는 학교와 병원 등을 통해서 간접적으로 선교하는 방식을 선택했다.

개신교 선교사들에 의해 세워진 근대적인 학교와 병원은 당시 유교적 문화 속에 있던 한국 사람들의 의식을 상당부분 바꿔주는 역할을 하였다. 즉, 당시 사람들에게 개신교는 종교라기보다는 새로운 근대 문명의 하나로 생각되기에 이르렀다. 이러한 사회적 분위기 속에 개신교는 급속히 전파되기 시작했다.

근대 문명의 선구자 역할을 하던 개신교는 일제 강점기에도 민족 독립과 계몽 운동의 중심 역할을 하였다. 많은 기독교인들이 3·1독립운동에 참여하였으며, 수많은 개신교 지도자들이 독립운동에 참여하기도 하였다. 그러나 일부 교단은 일제의 강압에 못 이겨 신사 참배에 동조하기도 하면서 기독교 교단 내에서 분열이 생기기도 하였다는 것이다.

해방 이후 개신교는 또 다른 시대를 맞이하였다. 미국에서 활동한 이승만 초대 대통령은 기독교인이었고, 그 밑에서 일하는 수많은 지도자가 기독교를 배경으로 하고 있었다. 덕분에 기독교는 국가적 지원 아래 비약적인 발전을 할 수 있었다. 해방 당시 기독교의 중심은 단연 평양을 기점으로 하는 북한이었다. 그러나 6·25 전쟁과 함께 북한의 기독교인이 월남하면서 남한에도 기독교가 활발하게 전해질 수 있었다. 월남한 북한의 기독교인들은 가는 곳마다 교회를 세웠다. 교회는 고향을 잃은 사람들이 함께 모여 자신들의 고통과 아픔을 나눌 수 있는 유일한 장소였다. 이런 영향으로 개신교는 서민들 사이로 급속히 전파되어 나갈 수 있었다.

1962년부터 박정희 군사 정권이 들어서면서 한국은 세계에서 유래를 찾아보기 힘든 경제성장을 이루었다. 이와 함께 개신교도 근대화와 현대화의 흐름에 자연스럽게 합류하면서 성장에 성장을 거듭하여 개신교 인구만 천만에 달할 정도로 크게 발전하였다. 오늘날 한국의 개신교는 세계에서 가장 큰 대형 교회가 밀집해 있을 정도로 가장 짧은 시간 내에 가장 커다란 발전을 이룬 것으로 유명하다.

이는 세계에서 유래를 찾아볼 수 없는 현상이라 한다. 그러나 교회가 대형화되면서 중세 교회에서 나타났던 부패 현상이 한국 교회에서도 그대로 재현되는 분위기가 일고 있다고 한다. 참으로 안타까운 일이 아닐 수 없다.

(2) 이슬람교의 역사

이슬람교는 현재 전 세계에서 가장 급속도로 성장하고 있는 종교라고 한다. 한 통계에 따르면 이슬람교 인구가 20세기 초에는 세계 인구의 약 12%를 차지했으나 20세기 말에는 세계 인구의 약 21%를 넘어섰으며, 이는 지난 50여 년간 500%에 가까운 급성장세를 보인 것이라고 한다. 이러한 추세라면 이미 하락세에 접어든 세계 1위의 종교인 기독교를 앞설 날도 멀지 않아 보일 정도이다.

도대체 이슬람교는 어떻게 해서 이렇게 급성장할 수 있었을까? 사실 우리나라 사람들에게 이슬람교는 아직 생소하게 느껴지는 것이 사실이다. 그러나 우리도 모르는 사이 이슬람교는 세계적인 종교로 우뚝 섰다. 이제 신비의 이슬람교가 어떤 길을 걸어 오늘에 이르게 되었는지 그 역사 속으로 들어가 보자.

이슬람교의 탄생

이슬람교의 탄생은 불교나 기독교와는 조금 다른 역사를 가지고 있다. 마호메트에 의해 생겨난 이슬람교는 탄생 초기부터 전쟁을 치르며 이미 하나의 국가로 성립되어 발전하기 시작했다. 이는 예수나 부처라는 성자에 의해 생겨난 불교나 기독교의 발전과는 성격이 조금 다른 것이다. 이 때문에 이슬람교의 역사는 이슬람 세력의 영토 확장과 함께 하고 있다.

이슬람 세력들의 영토 확장은 이슬람교 창시자 마호메트가 죽자마자 곧바로 시작되었다. 초대 칼리프였던 아브바르크 때부터 시작된 영토 확장은 2대 칼리프인 오마르 시대에 이미 엄청난 지역의 영토를 차지하였다. 오마르가 다스린 10년 동안 이슬람은 페르시아의 거의 전 지역과 팔레스타인, 시리아, 이집트 및 비잔틴제국의 동방 땅까지 이르는 막대한 영토를 차지하였다. 이슬람 세력은 탄생 후 실로 짧은 기간 동안 엄청난 지역의 영토를 차지한 셈이었다.

어떻게 이런 일이 가능할 수 있었을까? 물론 기마술을 바탕으로 한 이슬람군의 막강한 전투력 때문이라고 할 수도 있지만 그 내면에는 또 다른 이유가 있었다. 그것은 바로 당시 이슬람군은 이슬람교 전파를 위한 죽음이야말로 천국으로 가는 지름길이라는 믿음의 지하드(성전) 정신이 있었기 때문이다. 이런 정신으로 무장한 이슬람군을 어느 누가 당해낼 수 있으랴!

또한, 이슬람교가 지배한 영토의 백성들에게 쉽게 침투할 수 있었던 이유는 당시 정복된 나라가 대부분 혼란 상태에 있었고 이 때문에 새로운 구원자를 기다리고 있던 백성들은 이슬람교를 자신들의 구원자로 쉽게 받아들일 수밖에 없었기 때문이었다.

너무 급속한 발전 때문이었을까? 2대 칼리프 오마르의 뒤를 이어 3대 칼리프로 오스만 빈 아판이 선출되면서 이슬람 사회는 변화의 소용돌이 속으로 빠져든다. 이때의 이슬람제국은 이미 엄청난 지역을 다스리는 거대 국가가 되어 있었으며, 정복지로부터 들어오는 엄청난 부와 재화들로 인해 국고가 넘치고 백성들은 풍요로운 생활을 하는 상태가 되었다.

이런 환경 속에 태어난 이슬람 2세대들은 첫 세대들과 가치관부터 달랐다. 그들은 더는 부모 세대처럼 소박하고 검소한 생활을 하지 않았으며, 종교에 대한 열정도 없었다. 권력 내부에서도 더는 외부세계의 정복에 관한 관심보다는 내부 권력 투쟁에 더 열을 올렸다. 이러한 변화 속에서 결국 3대 칼리프 오스만은 내부 이슬람 세력에 의해 암살당한다.

그리고 661년 제4대 칼리프인 알리마저 옴미아드가(家)의 무아위야와 지도권 다툼을 벌이는 가운데, 이슬람 공동체의 윤리성을 극단적으로 추구하는 과격파 단체인 하외리지파까지 개입하면서 결국 알리는 자객에게 암살당하고 만다. 이렇게 해서 이슬람은 제국의 분열과 함께 종교적으로도 알리를 따르는 시아파와 무아위야를 따르는 수니파로 나눠지는 분열을 맛본다.

4대 칼리프 알리의 죽음으로 정통 칼리프 시대는 끝이 났다. 이후의 권력은 그와 대립 관계에 있었던 옴미아드가의 무아위야가 차지하였다. 그는 다마스쿠스에 수도를 정하고 새로운 옴미아드 왕조를 세워 느슨해졌던 정복사업을 계속하였다.

8세기 초까지 옴미아드 왕조는 비아랍계라고 할 수 있는 스페인을 포함한 이베리아반도, 아프가니스탄, 중앙아시아 및 인도에 이르는 지역까지 정복할 정도로 세력이 막강했다. 이때 각 정복지로 이슬람교가 전파되었다. 그러나 이슬람제국은 정복지를 다스릴 때 강제로 이슬람교를 믿게 하는 통치 방법을 쓰지 않았다. 각 지역의 종교를 인정해주며 이슬람교를 전파하는 정책을 폈기 때문에 커다란 종교적 반발 없이 각 지역을 다스릴 수 있었던 것이다. 그래서 당시 이슬람에 의해 정복당했던 이집트나 스페인에서 기독교나 유대교와 같은 다른 종교를 가진 사람들도 세금만 잘 내면 얼마든지 자신들의 종교생활을 유지할 수 있었다.

이러한 옴미아드 왕조에도 위기가 찾아왔다. 아랍인 중심의 국가 운영과 이슬람교의 전통신앙에 반하는 세족적인 성격의 왕조에 대해 이단으로 몰아붙이며 등장한 시아파와 하아리지파의 반체제운동이 계속되었으며, 특히 마호메트의 정통후계자를 자처한 아바스 가의 반대가 극심했다. 결국 747년 아바스 가에 의해 혁명이 일어났으며, 아부 알 아바스가 새로운 칼리프로 추대되면서 아바스 왕조가 탄생하였다.

새롭게 등장한 아바스 왕조는 아랍계 위주로 다스렸던 옴미아드 왕조와 달리 국가의 통치 기반을 정통 이슬람교에 두고, 이슬람법에 따라 국가를 다스리고자 했다. 그들은 광대한 영토에 수많은 서로 다른 민족들이 퍼져 사는 이슬람 세계를 하나의 이슬람법 아래 융합하여 단일국가로 만들고자 하는 의지가 있었다.

이와 함께 아바스 왕조는 동진정책을 써서 당시 중국을 지배하고 있던 당나라와 무역로를 놓고 한판 대결을 벌이기도 했다. 이 전쟁에서 승리한 아바스 왕조는 독자적인 이슬람 문명을 꽃피울 수 있었으며, 바그다드는 세계적인 도시가 되었다.

그러나 곧 위기가 닥쳐왔다. 아바스 왕조의 권력이 약해지면서 곳곳에서 독립왕조들이 생겨나기 시작한 것이다. 이러한 현상은 10세기 들어 더욱 가속화되면서 이슬람제국은 여러 개의 왕조로 나누어졌다. 우선 이집트에서는 시아파 내 이스마일파 파티마 왕조가 독립을 선언하고 나왔으며, 스페인에서는 아바스 왕조의 대학살과 핍박에 쫓겨 온 옴미아드 왕조가 이 지역에 정착하여 후 옴미아드 왕조를 건설하였다.

아라비아반도 내의 사정도 만만치 않았다. 아라비아반도에서는 시아파의 세력이 커지면서 이 지역을 장악하기에 이르렀으며, 결국 바그다드에서도 시아파의 부와이 왕조에게 실권을 빼앗겼다. 이에 아바스 왕조는 부와이 왕조를 타도하기 위해 동방에서 넘어온 셀주크투르크족에게 구원을 요청하여 부와이 왕조를 무너뜨리고 다시 실권을 잡았다.

그러나 이미 권력을 장악한 셀주크투르크가 자신들의 국가인 셀주크 왕조를 세우면서 이후 11세기의 이슬람 세계는 칼리프 시대에서 술탄 시대를 맞이하게 된다. 칼리프가 종교의 지배자이면서 동시에 정치적 지배자를 뜻하지만, 술탄이란 국가의 정치적 최고 지배자를 뜻한다. 셀주크투르크가 부와이 왕조를 누르고 아바스 왕조 칼리프의 보호자로 나서면서 술탄의 칭호를 얻게 된 데에서 유래된다.

술탄 시대를 연 셀주크 왕조는 거침없이 이슬람 통일 정책을 펴나갔다. 셀주크 왕조는 페르시아, 메소포타미아, 시리아, 팔레스타인을 포함하는 대제국을 건설했으며, 분열되어 있었던 중동의 이슬람 세계를 다시 통일하는 위업을 이루었다. 그뿐만 아니라 술탄이었던 알프아르슬란은 비잔틴제국의 영토를 공격하여 흑해와 지중해 사이에 있는 터키의 넓은 고원지대인 아나톨리아 지역 대부분을 점령하기도 하였다. 이때 이 지역 전체가 이슬람화되었다.

그러나 셀주크 왕조의 전성기는 그리 오래 가지 못했다. 가장 큰 원인은 11세기 말에 시작된 기독교 십자군의 침공 때문이었다. 십자군 전쟁은 200여 년간 10차례에 걸쳐 계속되었으며, 이로 인해 셀주크 왕조의 세력은 극도로 약해지기 시작했다. 결국 1157년 바그다드를 중심으로 하는 대(大) 셀주크 왕조의 술탄이었던 산자르가 죽은 후 내부 분열이 일어나 셀주크 왕조는 여러 개의 소 국가들로 나누어지고 말았다.

이어서 1258년 이슬람 세력들은 몽골군의 대대적인 침입을 받는다. 몽골군들은 이슬람 세계를 철저히 파괴하였고, 이로 인해 대부분의 셀주크 소 국가들이 멸망하였으며, 종교적 명맥만 유지해 오던 아바스 왕조 칼리프도 완전히 멸망하고 말았다.

이렇게 이슬람 세력은 사라졌지만, 이슬람교는 계속 부흥하였다. 이는 몽고가 다스리는 카자한국 때 이슬람교가 국교가 되었기 때문으로 몽고가 지배하는 시대에도 이슬람 문명은 더욱 발달하였다. 이 시기 이슬람교 내부에서는 '수피파'라는 새로운 종파가 크게 발전하고 있었다. 수피파는 금욕과 수행을 중시하고 청빈한 생활을 하는 이슬람교의 신비주의 경향을 띤 종파로 형식적이던 고전 이슬람교에 대항하여 나타났다.

고전 이슬람교가 이슬람법에 따라 공동체를 다스리고 신을 받드는 공동체적 이슬람인 것에 비해 수피파는 각 개인이 수행을 통해 깨달음을 얻고 직접 신과 통하는 개인적인 이슬람교의 형태라고 할 수 있다. 이러한 수피파의 사상은 이미 9세기 무렵부터 나타났으며, 12~13세기 들어 사회적 혼란을 틈타 급속히 발전하였다. 수피즘은 대중 속으로 급속히 전파되었으며, 얼마 지나지 않아 이슬람 세계 전 지역으로 퍼져나갔다.

이슬람 세계가 몽고의 지배를 받는 13세기가 끝나갈 무렵 소아시아 지역에서는 장차 이슬람 세계를 지배할 새로운 세력이 싹트고 있었다. 이 세력 역시 투르크족에 의해 형성되었으며, 그 중심에 오스만 베이가 있었다.

오스만 베이는 투르크족을 이끌고 소아시아 지역에 자신의 이름을 딴 오스만제국을 세우고 1326년까지 콘스탄티노플을 마주 보는 부르사를 포함한 소아시아 지역을 점령하였다. 그리고 비잔틴제국 제2의 도시인 아드리아노플까지 점령하고, 나아가 십자군을 격파하며 발칸 지역의 대부분을 차지하였다.

기세를 이어가던 오스만제국은 마호메트 2세 때 드디어 콘스탄티노플을 점령함으로써 수백 년간 이어 온 비잔틴제국(동로마제국)을 멸망시키기에 이른다.

이는 당시 유럽 사회를 긴장의 소용돌이로 몰고 가기에 충분한 사건이었다. 마호메트 2세는 곧바로 수도를 콘스탄티노플로 옮기고 수도의 이름을 이슬람식 명칭인 이스탄불로 고쳐 이슬람 세계의 위상을 과시하였다. 그러나 마호메트 2세는 비잔틴제국의 기독교도들을 탄압하지 않고 융화하는 정책을 폈다. 이후에도 오스만제국의 정복사업은 계속되어 이란, 시리아, 아라비아에 이어 이집트까지 정복함으로써 드디어 이슬람교의 전통을 잇는 이슬람 세계의 일인자로 우뚝 섰다.

오스만제국 최고의 전성기를 이룬 쉴레이만 1세는 왕위에 오르자마자 동유럽의 헝가리 땅 대부분을 점령하는 한편, 동쪽으로는 사파비 왕조를 공격하여 바그다드까지 차지하였으며 남쪽으로는 예멘의 아덴까지 정복하였다. 이제 쉴레이만 1세의 야욕은 동유럽에서 서

유럽으로 이어져 빈[8]을 포위하기에 이르렀다. 이는 유럽의 기독교 국가들을 경악하게 하는 사건이었다.

이후 1538년 프레베자 해전에서 기독교 세계의 연합 함대를 크게 무찌름으로써 지중해의 해상권을 장악하기에 이른다. 오스만제국은 1차 공격이 있은 지 3년 후 빈에 대해 2차 공격을 감행했다. 오스만 제국의 도전에 유럽의 나라들은 단합하지 않을 수 없었다. 이는 단순히 오스만제국과 일개 유럽 나라의 싸움이 아니었다. 기독교 세력과 이슬람교 세력의 한판 전쟁이었다.

유럽의 기독교 국가들은 연합하여 오스만제국의 2차 빈 공격에 대항하였고, 결국 오스만제국은 두 번째 빈 공격에서 참패하고 만다. 이후 막강한 힘을 자랑하던 쉴레이만 1세가 죽은 후 무능한 술탄들이 등장하면서 오스만제국의 힘은 서서히 약해졌다. 1571년 설상가상으로 레판도 해전에서 오스만제국의 함대는 기독교 세계의 연합 함대에게 대패함으로써 그동안 쥐고 있던 지중해의 패권도 상실하고 만다.

이렇게 서서히 힘이 약해지던 오스만제국에 비해, 유럽에서는 근대화의 물결이 일어나 많은 강대국이 생겨나고 경제적인 부를 누리고 있었다. 오스만제국은 전혀 근대화에 대비하지 못한 채, 결국 힘이 약해져 유럽 강대국들의 표적의 대상이 될 수밖에 없는 처지에 놓였다. 17~18세기를 거치면서 오스만제국은 오스트리아를 비롯한 여러 유럽 국가들에게 오스만제국이 차지했던 유럽의 땅을 내주었으며, 아랍 지역에서도 여러 민족이 오스만제국으로부터 독립하

---

8) 오스트리아 수도.

고자 운동을 벌였다.

　이런 상황 속에서 오스만제국의 순탄 압둘 메지드 1세는 근대화를 받아들이는 내용의 개혁정책을 2차에 걸쳐 시도하였으나 이는 국가재정의 파산으로 이어져 결국 실패로 끝나고 말았다. 이에 대재상 '미드하트 파샤'의 지도 아래 아시아 최초의 근대적인 '미드하트 헌법'을 발표하지만 전제군주인 압둘 하미드 2세의 등장으로 오스만제국의 근대화에 대한 꿈은 물거품이 되고 말았다.

　이런 혼란을 겪은 사이 오스만제국의 힘은 더욱 약해졌고, 제국에 속한 수많은 나라가 독립하기에 이르렀다. 이 시기에 독립한 나라들은 세르비아, 몬테네그로, 루마니아, 불가리아, 알바니아 등이 있다. 전 세계가 근대화로 가고 있던 20세기 초반, 오스만제국 역시 이 거센 물결을 피할 수 없었다.

　1908년 결국 압둘 하미드 2세는 청년투르크당의 반란에 의해 죽음을 맞이한다. 이런 상황에서 제1차 세계대전이 터졌다. 청년투르크당 정권 아래에 있던 오스만제국은 독일 편에 붙었고, 전쟁에서 패하여 쓸쓸한 패전국이 되고 만다. 패자인 오스만제국은 승자들에 의해 세브르 조약에 강제로 사인하지 않을 수 없었다. 그 조약에 의하면 오스만제국은 자신들의 영토를 대부분 잃게 되는 상황이었다.

　결국 오스만제국은 1922년 술탄 정부의 폐지를 선언함으로써 600여 년간 이어져 온 제국의 역사는 끝이 났다. 이렇게 하여 오스만제국은 터키, 그리스, 알제리, 이집트, 불가리아, 알바니아, 프랑스 위임 통치령 시리아, 프랑스 위임 통치령 레바논, 영국 위임 통치령 이라크, 영국 위임 통치령 팔레스타인으로 나누어졌다.

　아시아에서 시작된 이슬람 세력들은 투쟁의 역사를 거치면서 북아프리카, 동유럽, 중앙아시아와 인도는 물론 서유럽의 끝인 스페인에까지 영토를 확장함으로써 영향력을 미친 것으로 알려져 있다. 이러한 과정에서 이슬람교는 자연스럽게 각 지역으로 전해졌다. 이는 현재 전 세계적으로 이슬람교를 믿고 있는 지역의 현황과 크게 다르지 않다.

그렇다면 정복당한 각 지역에서는 어떻게 이슬람교가 전파되었을까?

기독교에서 이슬람교로 바뀐 아프리카

가장 먼저 이슬람교가 영향을 미친 지역은 북아프리카이다. 북아프리카 지역은 이슬람교가 전해지기 전 기독교 교리의 중심 역할을 하고 있던 곳이었다. 이곳에서 최초로 기독교 수도원이 탄생했으며, 수많은 기독교 지도자를 배출하기도 하였다. 그러나 이곳의 기독교는 어느 순간부터 교리 논쟁과 교권 쟁탈전의 중심지가 되어버리고 말았다. 이러한 혼란의 틈 가운데 이슬람제국에 의해 북아프리카는 하나둘씩 정복당하기 시작했다.

635년 다마스쿠스를 필두로 이집트까지 손쉽게 이슬람제국에게 정복당하였다. 그리고 7~8세기를 거치면서 튀니지, 모로코를 비롯한 북아프리카 전역이 이슬람제국의 식민지가 되었다. 그러나 이슬람의 식민지가 되었다고 해서 이 지역이 한순간에 이슬람화되는 것은 아니었다.

옴미아드 왕조는 종교적으로 너그러운 정책을 폈기 때문에 북아프리카의 토착민이었던 베르베르인들도 자신들의 종교인 기독교를 버리지 않고 유지해 나갈 수 있었다. 그런데 시간이 지나면서 베르베르인들은 점차 기독교를 버리고 이슬람교를 받아들였다. 그들이 추종한 이슬람교의 종파는 시아파에서 분리된 이스마일파였다.

이런 가운데 이슬람제국의 왕조가 아바스 왕조로 바뀌었다. 아바스 왕조는 이집트에 대한 통제를 허술하게 했고, 그들과 종파가 달랐던 북아프리카 지역에는 격렬한 소요사태가 일어났다. 결국 969년 북아프리카 지역에 베르베르인들의 이스마일파를 지지기반으로 둔 파티마 왕조라는 독립왕조가 생겨났다.

파티마 왕조는 북아프리카 전역을 통일한 이슬람 국가를 만들었다. 파티마 왕조 역시 이슬람교를 중심으로 통치하였지만, 여전히 다른 종교의 자유를 허락하는 정책을 폈다. 그러나 13세기를 지나면서 북아프리카에는 강력한 군사정권인 맘루크 왕국이 들어서면서 기독교들과 수많은 전쟁을 일으키며 이슬람 세력의 위세를 떨쳤다. 이때 술탄에 대한 절대적 숭배 사상이 생겨나면서 술탄을 초능력을 가진 신령한 존재로 여기는 사상이 생겨났다.

북아프리카 전역이 이슬람화되면서 이슬람교는 상인들과 식민지 지배자들, 설교자 등을 통해서 가나, 말리 등 아프리카 중부내륙지방으로도 퍼져나갔다. 이 지역의 통치자들은 경제적, 정치적 이득으로 인해 쉽게 이슬람교로 개종하였다.

기독교의 나라, 스페인에 시작된 이슬람의 역사

한편, 서유럽의 끝인 이베리아 반도의 스페인에도 이슬람교의 역사가 전해지고 있다. 스페인은 강력한 기독교 국가였던 서로마 제국이 멸망한 후 서고트족에 의해 지배당하고 있었다. 그러나 711년 스페인을 점령한 이슬람제국이 스페인 사회에 자신의 종교를 전파시켜 나가면서 스페인에서의 이슬람 역사가 시작되었다.

그러는 사이 이슬람제국에 새로운 아바스 왕조가 들어서면서 아바스 혁명군에 쫓긴 옴미아드 왕조가 이곳 스페인으로 도주해 와 독립적인 후 옴미아드 왕조를 건설한다. 이때부터 스페인은 독립적인 하나의 이슬람 국가로 발전해 나갔다.

스페인의 이슬람 왕국은 10세기 경 압두르 라흐만 3세 때 최고의 전성기를 누리지만, 그가 죽은 뒤 분열이 일어나면서 스페인의 옴미아드 왕조는 몰락의 길을 걷는다. 비록 이슬람 정권은 몰락했지만 이후에도 스페인의 무슬림(이슬람교를 믿는 사람)들은 자신들의 종교를 지키며 풍요로운 생활을 누릴 수 있었다.

그러나 스페인 땅을 되찾으려는 기독교인들이 무슬림들을 가만히 놓아둘 리 없었다. 13세기를 지내면서 결국 기독교와 이슬람교 사이에 필연적인 전쟁이 일어났다. 이 전쟁에서 이슬람 세력들은 패하고, 기독교가 다시 스페인을 차지하였다.

다시 정권을 잡은 기독교인들은 처음에는 종교적으로 이슬람교를 허용하는 유화정책을 펼쳤다. 그러나 시간이 지나면서 이들의 사이는 갈라졌고, 14세기 말에 이르러 무슬림들을 강제로 개종시키는 일이 일어났다. 이제 스페인의 무슬림들은 기독교로 개종하거나 스페인을 떠나거나 둘 중 하나를 선택해야 하는 기로에 선 것이다.

불교의 나라, 인도에 꽃핀 이슬람교

불교의 나라였던 인도에는 어떻게 이슬람교가 전파되었을까?

최초로 인도에 이슬람교가 전해진 것은 초기 이슬람제국이 팽창했던 7세기 말이었지만, 본격적인 이슬람교의 전파는 12세기에 들어 인도가 이슬람 세력에 의해 정복당하면서였다. 이어 13세기 초에는 인도 최초의 이슬람 왕조인 델리술탄 왕조[9]가 세워졌다.

델리술탄 왕조는 모든 정치체제를 이슬람 방식으로 바꾸었으며, 힌두교 사원들을 파괴하고 이슬람 사원을 세우는 등 이슬람교를 전파하기 시작했다. 이때 인도는 힌두교가 주류를 이루고 있었는데, 많은 힌두교도가 이슬람교로 개종하였다. 이후 여러 이슬람 왕조를 거치면서 1526년 300년 동안 인도를 다스린 무굴 제국이 탄생하였다.

무굴 제국 역시 이슬람교를 기반으로 한 정권으로 아프가니스탄, 페르시아, 터키 출신의 무슬림들과 인도 현지에서 개종한 무슬림들이 지배층을 이루고 있었다. 무굴 제국은 넓은 지역을 효과적으로 다스리기 위해 힌두교도들을 너그럽게 대하는 정책을 펼쳐나갔다. 덕분에 커다란 마찰 없이 무굴 제국은 번영을 누릴 수 있었다.

그러나 17세기 아우랑제브가 왕위에 오르면서 이러한 평화에는 금이 가기 시작했다. 이후 인도 사회는 힌두교와 이슬람교가 대립하면서 국력이 급격히 약해졌고, 국제적으로는 근대화의 물결에 농락당하는 신세가 되고 말았다.

이슬람교의 전파 역사는 그들의 정복 사업과 맥락을 함께 하고 있다고 해도 과언이 아니다. 그들은 늘 끊임없이 주변 지역으로 영토를 확장해 나갔으며, 그때마다 각 지역에 이슬람교는 전파되었다. 비록 어느 지역은 역사의 소용돌이와 함께 이슬람교의 흔적이 미미해진 곳도 있으나 대부분 지역에서는 이슬람교가 훌륭히 뿌리를 내렸다고 할 수 있다. 현재 이슬람교는 최고의 전성기를 맞고 있지만,

9) 노예 왕조라고도 함.

이는 위기를 훌륭하게 극복했기 때문에 가능한 일이었다.

16세기 이슬람교는 역사상 가장 넓은 지역으로 전파되었다. 북아프리카, 스페인, 시칠리아섬은 물론 터키, 발칸반도, 중앙아시아, 아프가니스탄, 인도, 중국, 말레이시아, 인도네시아 등에까지 이슬람교가 전파되었다. 이때 이슬람교 전파에 가장 큰 공로자는 스피교단의 설교자들과 아랍상인들이라고 할 수 있다.

그러나 번영 뒤에는 꼭 위기가 찾아오기 마련이듯이 이슬람교에도 위기가 찾아왔다. 17~19세기를 거치면서 기독교를 기반으로 한 서구 강대국들에 의해 이슬람 국가들이 너나 할 것 없이 하나둘 식민지화되기 시작한 것이다.

1830년 프랑스에 의해 정복당한 북아프리카의 알제리를 시작으로 북아프리카에서 서아시아로 이어지는 식민통치가 시작되었다. 서구 강대국들의 종교적 기반은 당연히 기독교였기 때문에 이슬람교가 위협을 받는 상황이 발생한 것이다. 그리고 제1차 세계대전의 패망으로 마지막 이슬람제국이었던 오스만제국까지 멸망하면서 전 세계로 뻗어나가던 이슬람교의 불꽃은 꺼지는 듯 했다.

그러나 절망적이었던 이슬람교 역사는 두 차례의 세계대전을 거치면서 등장한 초강대국 미국과 소련으로 인해 새로운 기회를 맞이할 수 있었다. 이를 기점으로 유럽 강대국들의 힘이 극도로 약해지면서 식민 지배 시대가 끝나게 되었기 때문이다. 영국과 프랑스에 의해 지배당하고 있던 많은 이슬람교 국가들이 하나둘씩 독립하기 시작했다.

그러나 독립의 과정이 순탄하지만은 않았다. 우선 팔레스타인 지역이 새로운 문젯거리로 떠올랐다. 1917년 발생한 팔레스타인 문제는 영국이 이 지역에 유대인들을 거주시키면서 발생했다. 그러나

이 지역은 과거 유대인이 살던 곳이긴 하지만 이후에는 아랍인들이 거주하던 곳이다. 조상 대대로 살아오던 아랍인들은 흥분하였으며, 영국의 조치에 즉각 반기를 들었다. 하지만 유대인들의 이주는 계속되었고 급기야 이스라엘이라는 나라가 건설되기에 이른다. 2차 세계대전 후, 결국 이 문제는 유엔의 주도 아래 해결 방안이 모색되었다. 유엔은 두 지역 모두 국가로 인정하는 안을 통과시켰다. 이후 이스라엘과 아랍 연합 국가는 수차례에 걸쳐 피의 전쟁을 치렀으며, 이 팔레스타인 문제는 오늘날까지 계속되고 있다.

이슬람 국가의 독립 쟁취 과정에서 분쟁을 불러일으킨 또 다른 지역이 인도였다. 1857년 무굴 제국의 멸망과 함께 영국의 식민지가 된 인도는 독립 과정에서 엄청난 종교 분쟁을 겪어야만 했다. 당시 인도의 독립 문제는 독립을 주도하던 세력이 힌두교도 중심의 국민회의파였다는 데 있었다. 이에 이슬람교 중심의 무슬림 연맹들은 자신들을 따로 분리하여 독립시켜달라고 강하게 요구하였다.

당시 인도를 다스리던 영국 총독은 결국 인도를 힌두교 지역의 인도와 이슬람 지역의 파키스탄으로 분리 독립 한다는 안을 발표하였다. 이 과정에서 인도에 있던 무슬림들은 파키스탄으로, 파키스탄에 있던 힌두교들은 인도로 추방당하면서 100만 명 이상이 학살당하는 20세기 최대의 참극이 일어났다. 이후 인도의 파키스탄은 3차례나 전쟁을 치르면서 오늘에 이르고 있다.

이외에도 수많은 이슬람 국가들이 영국과 프랑스로부터 우여곡절 끝에 독립하였다. 독립한 이슬람 국가들이 시급히 해결해야 할 과제는 근대화를 추진하는 것이었다. 그러나 오랜 식민 통치 아래에 있었던 이슬람 국가들의 힘은 역부족이었다.

그나마 위안이 되는 것은 식민 통치 아래에서도 신앙적으로 절대 굴복당하지 않았다는 사실이다. 이에 이슬람 국가들은 서로 협력하기 시작했다. 하나의 신앙이 있었기에 서로 단결하는 것이 그리 어려운 일은 아니었다.

1958년에는 이집트, 시리아, 예멘 등이 함께 참여하여 아랍통일 공화국을 만들기도 했으며, 1960년에는 아랍 지역의 석유수출국가들로 조직된 OPEC(석유수출기구)가 탄생하였다. 그리고 1969년에는 이슬람회의기구가 만들어졌다.

현재 사우디아라비아의 메카에 본부를 둔 무슬림세계연맹은 전 세계에 이슬람교를 전파하기 위해 노력하고 있는 대표적인 이슬람 단체이다. 이곳에는 매년 2,800만 권의 코란(경전)을 인쇄할 수 있는 세계에서 가장 큰 인쇄기가 있다고 한다.

오늘날 중동 지역의 이슬람 국가들은 석유 때문에 대부분 부유한 나라가 되었다. 이제 이들의 목표는 전 세계에 이슬람교를 전파하는 것이 되었다. 이러한 이슬람의 목표는 21세기를 사는 오늘날 실제 현실에서 나타나고 있다.

현재 세계에서 가장 빠르게 성장하는 종교가 이슬람 종교라고 한다. 이슬람교의 세계화 전략의 핵심에는 다와(Dawna)와 지하드라는 것이 있다. 다와란 다른 사람들이 이슬람교를 믿도록 하는 행위를 말하며, 지하드란 이슬람을 확대하고 지키기 위해 무력의 사용도 불사한다는 것을 뜻한다. 2022년 기준으로 전 세계적으로 이슬람교를 믿는 인구는 최소 19억이 넘는 것으로 알려졌다. 이는 기독교가 사실상 가톨릭과 개신교로 나누어진 종교라고 봤을 때, 이슬람교가 세계 최대의 종교로 성장했다는 것을 대변해 준다.

현재 이슬람 국가는 동남아시아의 인도네시아와 말레이시아, 중동의 대부분 국가와 중북부 아프리카, 중앙아시아의 대부분 지역 등에 분포해 있다. 그리고 이슬람 세계화의 영향으로 유럽과 미국 등에서도 수많은 무슬림들이 생겨나고 있다 한다.

한국과 이슬람교

우리나라 사람에게 아직 이슬람교는 생소한 것이 사실이다. 일단 주변에서 이슬람교를 믿는 사람들을 만나기가 무척 어렵다. 그러나 이런 우리의 생각과는 달리 우리나라에서도 많은 이슬람교도가 있다고 한다. 유독 기독교와 불교의 세력이 강한 우리나라에 어떻게 이슬람교가 전파되었을까?

이슬람 세력들이 우리나라와 처음으로 접촉한 시기는 기록상 9세기경 통일신라시대로 거슬러 올라간다. 이는 우리의 역사가 아닌 아랍 측의 역사 기록에서 발견된 사실이다. 그들에 의하면 당시 통일신라는 매우 살기 좋은 곳이었으며 많은 무슬림이 여기에 매료되어 한반도에 영구 정착했다는 기록을 남기고 있다. 그러나 이때의 무슬림들이 종교적으로 영향을 주었다는 기록은 남아있지 않는다.

이후 고려시대 몽고 침공의 영향으로 우리나라에 이슬람 세력이 들어왔다는 것이다. 이때 중앙아시아에서 온 적지 않은 터키계 위구르인 무슬림들이 한반도에 정착한 것으로 알려진다. 이러한 이슬람 세력들은 한반도에 적지 않은 영향을 끼쳤던 것으로 추정되지만, 조선시대로 바뀌면서 유교주의 정책에 따라 쇠퇴의 길을 걸었다.

우리나라와 이슬람교와의 본격적인 만남은 일제 강점기에 이루어졌다. 당시 구소련 치하의 소수민족으로 살던 투르크계 무슬림들이 일제 치하의 우리나라를 망명지로 선택해 이주해 왔다. 이들은 일본 총독부와 가까이 지내면서 만주와 일본을 잇는 무역을 통해 상당한 부를 축적하였다. 약 200명 정도로 추산되는 이들 무슬림들은 서울 시내에 이슬람 사원을 건립하고 코란을 출판하는 등의 종교 활동을 하여 우리나라 사람들에게 이슬람교를 전파하기도 하였다 한다. 이때 최초로 우리나라 사람 중에도 무슬림이 탄생하였다.

그러나 이들은 6·25전쟁과 함께 대부분 해외로 이주해 가버렸다. 6·25전쟁은 우리 민족의 비극적인 사건이기도 하지만 우리나라의 이슬람교 역사에서는 획을 긋는 사건이기도 하다. 왜냐하면 이때 참전한 나라 중 이슬람교 국가였던 터키가 있었기 때문이다. 당시 참전한 터키군은 전방에서는 가장 용맹스러운 군대의 모습을 보였으며, 후방에서도 전쟁고아들에 대해 헌신적인 모습을 보여 우리 국민에게 커다란 감동을 주었다.

이러한 터키군 중에 압둘 카프르라는 이슬람 종교 지도자가 있었다. 그의 영향과 터키군의 인도주의는 당시 몇몇 우리나라 사람들의 마음을 움직였고, 그 결과 이슬람교를 믿는 사람들이 생겨나기 시작했다는 것이다.

1955년에는 김유도와 김진규 형제에 의해 신도 70여 명으로 구성된 '한국이슬람협회'가 서울 이문동에 설립되어 본격적으로 우리나라에서 이슬람교를 전파하는 사역을 시작하였다고 기록은 전해온다. 그 후 1956년 주베이르 코치가 부임해와 우리나라 최초의 모스크[10]를 설립하였다. 이때 최초의 모스크에 입교한 사람이 200여 명

10) 이슬람 사원.

에 달했다고 한다.

1967년은 우리나라 이슬람교에 있어 매우 의미 있는 해라고 한다. 왜냐하면 터키군 철수 후 최초로 우리나라만의 독자적인 이슬람 단체인 '한국이슬람재단'이 설립된 해이기 때문이다. 그러나 기독교와 불교가 득세한 우리나라에서 이슬람교를 전파하기란 쉽지 않은 일이었다.

좀처럼 성장하지 못하고 정체되는 상태가 계속되는 상황에서 한 줄기 빛이 되어 준 인물이 있었으니 그는 다름 아닌 박정희 대통령이었다 한다. 당시 세계는 석유 위기를 겪고 있었고, 이에 우리나라도 중동산유국과의 관계를 개선할 필요가 있었다. 이를 위해 우리나라에서도 친아랍정책의 차원에서 국가적으로 이슬람교를 지원할 수밖에 없는 상황이었다.

드디어 박 대통령의 적극적인 지원과 사우디아라비아 등 기타 6개국에서 지원한 자금으로 1976년 한남동에 중앙모스크가 설립되었다. 중앙모스크는 당시 일던 중동 붐과 함께 크게 성장하기 시작했다. 신자 수는 3년 만에 5배로 늘어났다. 이러한 이슬람교의 성장은 계속되어 이슬람 성원이 부산, 경기도 광주, 안양, 전주 등에 건립되었으며, 해외교포를 위한 사우디아라비아, 쿠웨이트, 인도네시아 등에 지회도 설립되었다. 이때 당시 우리나라의 이슬람교 신도 수는 약 34,000명에 달할 정도였다고 한다.

그러나 그 이후부터 지금에 이르기까지 우리나라 이슬람교의 성장세는 주춤하고 있다. 우리나라에서 이슬람교가 지속해서 성장하지 못하는 가장 큰 이유 중 하나는 바로 문화적 이질감 때문이라고 한다. 아무래도 유교적 문화와 서구적 문화권 속에 젖어있는 우리나라 사람들에게는 문화적 차원에서 한계가 있다는 얘기이다. 실제로도 이슬람교식으로 행하는 의식을 잘 지키지 못하고 있을 정도라고 한다. 과연 우리나라 이슬람교의 미래가 어떻게 펼쳐질지는 두고 볼 일이다.

(3) 불교의 역사

우리나라에 불교가 전해진 것은 인도에서 중국을 거쳐 4세기 중반 삼국시대 고구려에 처음으로 들어왔다. 그 후 백제, 신라 순으로 불교를 받아들이게 되는데, 삼국이 공통으로 갖는 특성은 기존에 샤머니즘[11]을 대체할 수 있었던 것은 체계적인 종교적 형태를 갖추고 있었기 때문인데 토착신앙은 종교라고 부르기에는 확실한 경전이 없었으며 일정한 종교의식도, 내세관도 없었다. 문자가 없었던 시대에 생겨나 하나의 미신으로 민간으로 퍼져나간 데 원인이 있었는데, 이러한 이유로 종교적인 체계를 갖추고 있는 불교가 삼국시대에 전래 되면서 빠르게 흡수 통합된 것이다.

또한 삼국시대의 각국의 왕은 무엇보다도 백성들을 효과적으로 통솔하기 위한 이데올로기[12]가 필요했는데 불교는 이에 부합하는 체계적인 사상을 제공해 주었다. 고구려가 불법을 아무런 저항 없이 받아들인 것도 율령을 통해 지배를 강화하려던 왕의 뜻에 잘 맞았기 때문이며 샤머니즘에 사상적 한계를 느끼던 백제 역시 새로운 이념

---

11) Shamanism, 원시 종교의 한 형태.
12) Ideologie, 자연, 사회에 대하여 품고 있는 현실적인 관념.

이 필요하던 차에 불교를 받아들이게 되었다.

　백제 때 겸익은 고구려보다 먼저 인도에 들어가 율학을 배워왔고 545년에는 일본에 장육불상을 조성하여 보냈는데 이것이 일본 불교의 시작이 되었다. 백제의 불교는 한때 침체기를 거치기도 하지만 후기 멸망당할 때까지 고구려가 말기에 도교로 대처한 것과 달리 끝까지 불법을 수호했다.

　한편 신라는 계속해서 샤머니즘을 고수하다 고구려에서 건너간 묵호자에 의해 불교가 처음으로 전해지게 된다. 법흥왕 자신이 먼저 신자가 되는 등 적극적으로 불교를 수용한데 반해 대신들은 강력하게 반대를 하고 나선다. 그러나 이차돈의 순교 뒤 일어난 기이한 현상으로 잠잠해졌고 결국 불교를 공인하기에 이른다.

　이렇듯 한국 불교의 특성은 불교의 탄생지인 인도와 중국과는 다른 특징을 지니고 있는데 먼저 큰 포용성을 갖고 있었던 점을 들 수 있다. 불교를 받아들이는 과정에서 우리 고유의 문화를 배척하지 않고 수용하고 인정하여 공존의 길을 택한 것이다. 따라서 한국 불교는 일정부분 샤머니즘 요소를 포함하고 있는데 조선시대 강력한 탄압을 받으면서도 부녀자 등을 통해 계속 신봉되어 맥이 끊어지지 않고 유지되어 올 수 있었던 힘이 된 것이다.

　신라 불교의 큰 흐름을 잡은 승려는 원효와 의상이다. 원효는 설총(신라 경덕왕 때의 학자)의 아버지로, 귀족의 맨 끝자리 후손이며 의상은 김씨 성을 가진 왕족으로 경주 출신이었다. 661년 원효와 의상은 유학길을 떠나 당항성에 이르게 되는데 여기서 원효는 잠결에 목이 말라 물을 마시게 된다. 아침에 일어난 원효는 그 물이 해골 속에 들어있는 물이라는 걸 알고 구역질을 하는데 순간 큰 깨달음을 얻게 된다.

원효는 의상과 헤어지게 되고 이 두 사람의 갈림길은 신라 불교의 두 흐름을 만들어낸다. 무애행(無碍行)을 벌이던 원효는 번뇌 속에서 새로운 깨달음을 얻고 고답적인 이론 공부보다는 신라 사회의 현실에 뛰어들려 했으며 이에 반해 의상은 왕실의 도움을 받아 원효가 요점만 소개한 화엄학을 널리 가르쳤으며 이로써 신라 화엄학의 중흥조가 되었다.

7세기 끝 무렵 신라는 정토신앙을 본격적으로 받들기 시작하고 밀교신앙을 비롯한 약사신앙과 율종의 실천사상도 널리 퍼졌다. 우리나라 불교의 3대 신앙인 아미타신앙, 관음신앙, 미륵신앙의 전통이 성립된 시기이기도 했다.

821년 도의는 당나라에서 귀국하여 무위도식하며 신흥귀족으로 급부상한 승려들의 형태와 유학승과 재지승 간의 갈등을 꼬집으며 선의무위법을 설파하였으나 경고 위주로 무장한 승려들은 그의 말에 전혀 귀를 기울이지 않았다. 도의는 설악산으로 들어가 40년 동안 수도하며 제자를 길렀는데 그의 법맥을 이은 제자들이 적극적으로 불교개혁에 앞장섰으며 이리하여 도의는 조계종의 개조가 되었다.

선종은, 선(禪)은 '마음에서 마음으로 전하는 것을 벼리로 삼고 고요한 생각과 참선으로 안을 살펴 불성을 찾으며 설법이나 문자를 떠나 곧바로 부처님의 마음을 중생에게 전한다는 종파이다. 단편적으로 신라에 전해진 선종은 달마의 가르침에 충실했는데, 그 요지는 불립문자(不立文字), 교외별전(敎外別傳), 직지인심(直旨人心), 견성성불(見性成佛)로 요약된다. 곧, 문자를 세우지 않고 불경 밖의 별전으로 바로 마음을 꿰뚫어 본래의 성품을 보아 성불하는 것이다.

가난한 불제자들이 수많은 불경을 터득해야 성불할 수 있는 교종보다 화두를 가지고 깨우침을 얻는 선종의 방법에 끌린 것은 너무나 당연한 일이었다. 초기의 선종은 교종계 사찰에 살면서 선을 전수하였고, 교종 승려들도 기꺼이 이를 수용하였다.

그러나 9세기 선종은 기존의 체제와 권위를 거부하는 방향으로 돌아갔으며 혜소, 무염, 범일 등의 선종 승려들은 새로운 선종을 조성해 나갔다. 몰락한 양반이나 부유한 평민, 지방 신흥 세력들은 선종의 사찰 건립을 적극적으로 도왔다. 왕들도 민심이 떠난 정치 현실을 인정하고 선승들에게 자문을 구하기도 했다. 선종은 본격적으로 수용된 지 50여 년 만에 사상계의 주도권을 장악하게 되었는데 선종이 주창한 노동관과 평등관은 실천성을 수반하였고 중생제도의 가르침에 근접한 행동 양식이라는 평가를 받고 있다.

고려를 건국한 궁예는 민중들 사이에 널리 퍼진 미륵신앙을 교묘히 이용해 자칭 미륵이라고 불렀다. 교종과 선종에 등을 돌린 민중의 심리를 이용해 미륵 중심의 신앙체계를 세우기에 급급했는데 그의 경전 풀이를 괴담 사실이라고 비판하는 설총을 철퇴로 쳐 죽이기까지 했다.

반면 왕건을 밀교에 관심을 기울이면서 다양한 사상을 수용하려는 의지를 보였다. 지난날의 폐단을 잘 알고 있던 그는 상당히 합리적인 의식을 갖고 있어서 특정 종파에 치중하지 않았다. 종파의 상반된 견해에 따라 교리를 수용, 평가, 해석하는 단계에 거쳐 여러 파를 성립함으로써 불교의 발전을 유도했고, 왕실과 귀족 중심의 불교에서 일반 민중으로 퍼져 나가게 한 것도 그의 정책 덕분이다. 고려 초기부터 정토신앙, 관음신앙, 미륵신앙이 고루 유행한 것을 통해 이러한 사실들을 잘 알 수 있다.

대각국사 의천은 문종의 네 번째 아들로 처음에는 화엄종 사상을 중심으로 펴려 했으나 나중에는 천태종을 구현하려 했다. 천태종의 기본 경전은 법화경으로 미경의 중심사상은 화엄경보다 구체적인 회삼귀일(會三歸一)에 있다. 곧 사람의 등급을 셋으로 나누는데 '아무리 모자라는 중생이라도 성불할 수 있다'고 하였고 '마음이 바로 부처이고 중생'이라고도 하였다. 그러나 셋은 마침내 하나로 돌아간다는 것이다. 의천은 부처님이 마지막으로 설법한 이 사상을 고려 현실에 뿌리내리려 하였는데 신분 갈등을 해소하는 평등관의 구현이었던 것이다.

그는 원효의 화쟁사상을 새로운 환경에 맞는 이념으로 만드는데 부심하여 결국 이론과 실천의 양면을 강조하는 교관겸수(教觀兼修)를 제창하였다. 화엄종을 비롯하여 교의만을 닦는 종파들은 실천성이 없다고 보았으며 선종처럼 참선에만 치우치는 종파들은 현실을 소홀하게 된다고 여겼다. 그래서 교의 공부와 함께 이를 실천해야 한다는 점을 강하게 주장하였다. 하지만 의천의 한계는 이러한 사상이 나아갈 방향을 제대로 제시하지 못했다는 데 있다.

삼국시대로부터 불교는 왕권강화와 호국불교에 큰 역할을 해왔다는 것이 한국 불교의 큰 특징이다. 나라를 건국하거나 정권을 이어받을 때, 전쟁이나 나라가 어려움에 처할 때마다 불교의 힘을 빌려 극복하려는 의지를 보였고 그때마다 마찰을 빚긴 하지만 정책에 잘 부합되어왔다.

팔만대장경은 호국불교의 특징을 상징적으로 보여주는 것으로 몽골군의 침입을 겪고 회의를 벌인 왕실에서 불력의 힘을 빌려 나라를 지키려는 신앙의식에서 출발한 정책의 결과물이었다. 만든 지 16년 만에 완성한 것을 염두에 둘 때 얼마나 방대한 작업이었는지 짐작이 가며 오늘날까지 보관하는데 들인 엄청난 노력과 그를 뒷받침하는 기술력은 과히 세계에 자랑할 만한 한국의 민족유산으로 손색이 없다고 역사에 기록되고 있다.

이외에도 고려는 불경의 보급에 관심을 기울이기 시작해 신라의 전통적 인쇄술을 그대로 전수하여 목판활자를 찍었는데 1011년에 시작하여 70여 년에 걸쳐 대장정 6,000여 권을 인쇄하였다 한다.

의천이 송나라에 유학을 다녀와 금속화폐의 유통을 조정에 건의하게 된 것이 금속 활자를 만드는 발단이 되어, 고려 사람들은 구리나 무쇠를 녹여 부어서 해동통보 같은 글자를 만드는 방법을 찾아냈다. 지금까지 남아있는 고려의 금속활자본은 1277년에 발행한 '청량답순종심요법문'과 1377년에 발행한 '직지심체요절' 등이 있는데, 이러한 인쇄본의 불경 보급은 고려 불교가 대중화되고 민중 속으로 전파되는 데 가장 크게 공헌했다고 한다.

태조 이성계는 주위의 끊임없는 불교이단론에도 불구하고 불교정책을 계속 고수해 나간다. 그의 불교관은 무학대사 진영을 왕사로 추대한 것으로도 알 수 있는데 임금이 국사, 왕사를 추대하는 고려의 관례를 그대로 따른 것이다.

정치적으로도 감각이 뛰어났던 무학은 태조의 불심을 키워 불교탄압을 누그러뜨리려고 했는데, 늘 겸손한 자세를 유지한 그는 어떠한 불교개혁책도 제시하지 않았다. 온건하고 타협적으로 조선 건국을 도우며 대신들에게도 지탄을 받지 않고 백성들의 존경을 받았다.

태조는 고희를 넘기면서 신앙이 깊어졌고, 그의 그러한 태도는 조선 궁중불교에 결정적 영향을 끼쳐 하나의 전통을 세웠다.

태종이 아버지의 불교 귀의를 못마땅하게 여겨 '부처는 이단이다'라고 하며 내불당에서 불경 외우는 일을 중지시키는 등 불교탄압정책을 편 것에 반해 세종은 불교옹호정책을 폈다.

유교적 가치관에서 불교를 바라보던 호학의 군주 세종이 결정적으로 불교에 대한 인식이 달라진 것은 병에 시달리면서부터이다. 자연스레 불교에 대한 정책도 변화가 오기 시작했고 이때가 바로 여러 가지 천문 기기를 만들고 훈민정음 창제에 열중한 시기였다.

게다가 작은형 효령대군이 맹렬한 불도가 되어 궁중에 출입하면서 불교를 알린 것에도 영향을 받게 된다. 효령대군은 왕실불교의 공로자로, 여성불교에 힘쓴 왕비 송씨와 거사불교에 큰 역할을 한 김시습과 더불어 승려와 신도들 사이에 널리 회자되고 있다.

불심이 깊었던 세조는 요란거창하게 원각사를 지었으나 워낙 짓는 과정에서 많은 물의를 일으켜 원성이 잦았다. 세조의 불교중흥정책은 성종과 태종시대를 거치며 더욱 모진 탄압을 받았다. '중'이라는 보통명사가 일반 사람들에게 천하고 얕잡아 보이는 명사로 각인되기 시작했던 것도 이 시기의 일이다.

휴정은 불교가 가장 탄압받고 있던 시대에 살면서 옛 선승의 선통을 이어갔던 스님으로 비록 대중 속으로 파고들지는 않았으나 고고한 고덕의 삶을 보여 새로운 모범을 보였고 이것이 민중불교로 가는 징검다리 역할을 했다. 이와 더불어 문정왕후는 승과를 부활시킨 공로자로 인정을 받고 있으며 비록 그녀에게 끌려다니며 주체적인 불교진흥운동을 펴지는 못했지만 보우 역시 불교 중흥에 책임을 다한 인물로 전해진다.

1592년 일본군은 부산에 상륙한 지 한 달도 못 되어 서울로 치달았고[13] 다급해진 선조는 급히 서산대사 휴정을 불러들여 승병을 모집하라고 명한다. 도총섭의 직함을 받은 휴정은 승병장 유정이 이끄는 군대와 평양 전투에서 합동작전을 벌여 많은 성과를 거둔다. 조선 후기, 이 두 고승의 배출로 불교의 명맥을 잇게 되는데, 이는 문정왕후의 섭정에 의한 승과 부활 덕분이라고 해도 무리가 없을 것이다.

휴정의 불교이론은 지금도 주목을 받고 있는데, 그의 유불선 합일 사상은 '삼가귀감'을 제시하지만 그 중심은 분명 불교에 두고 있다. 불교에 대해서도 선교일치를 주장하였으나 '법은 일미(一味)이지만 선은 주(主)가 되고 교는 종(從)이 된다'고 갈파하여 선을 우위에 두었다. 휴정은 특별한 불교이론을 내세웠다기보다는 호국에 관련된 이론을 많이 냈는데 해인사 부근에서 야로와 화살을 만들기도 하고 무기 개량과 화약 제조법, 조총 사용법 등을 개발하였으며 산성 개축에도 관심을 쏟았다.

17세기 후반 효종, 현종 시대 불교는 다시 된서리를 맞는데, 완고한 송시열과 그 계열은 정권을 잡고 불교와 무속을 더욱 강도 높게 탄압하기 시작했다. 숙종 역시 철저한 배불론자로 공식적으로 불교 배척을 선언하였다.

살 길이 어려워진 절은 새로운 활로를 모색하여 불공만을 사찰 수입의 원천으로 삼지 않고 작명, 사주, 관상을 보아주거나 재앙을 물리치는 방법을 알려주며 부적을 돌리거나 점을 쳐주었다. 또한 민중

13) 임진왜란.

신앙으로 자리 잡은 산신과 칠성을 절 안으로 끌어들였다. 이러한 몇 가지 현상은 민중불교의 한 표현이었지만, 불교의 본질을 왜곡시킨 한 전형이 되기도 했다. 지나치게 기복불교의 성향을 띠게 되는 계기가 된 것이다.

19세기 첫 무렵부터 1876년 개항 이전까지의 시기는 종교탄압의 시대로 천주교와 동학이 박해를 받았다. 불교도에게는 생명의 위해를 가하는 직접적인 탄압은 없었으나 대부분의 절은 황폐해지고 승려들은 탁발이나 또는 걸식승으로 떠도는 경우가 많았다.

이런 환경에서 사찰을 유지하며 살아남기 위해 공명첩을 발급받고 계조직활동을 벌여 나름의 자생력을 키웠다. 초기 개화파인 유홍기, 김옥균, 박영효는 불심이 투철한 자들로 사회의 봉건적 모순을 극복해 개혁의 길로 이끌어 나라의 근대화에 앞장서려 했다. 이동인, 탁정식, 차홍식 등 승려그룹은 이들 개화파와 연계를 가지고 개화운동에 참여했다. 특히 이동인은 잘못되어가는 나라의 현실을 보고 개혁, 개방의 필요성을 통감하고 자발적으로 개화운동에 나섰다. 다만 일본의 힘을 빌리려는 방법적 모순이 논란을 불러일으켰으며 따라서 친일파라는 비난을 받기도 했다.

1902년 대한제국은 일본 불교가 들어오자 탄압과 방임을 지양하고 적극적으로 국가정책 안에 끌어들여 불교 발전을 도모하겠다는 의지를 보였다. 사서관리사를 두고 사찰령을 공모하고 원흥사를 창건한 조치는 한국 불교의 한 획을 긋는 전환점이 되었는데 여러 복잡한 종파를 통합하고 승려 조직을 일원화 하였으며 신중불교를 도시불교로 전환하는 계기가 되었다.

'주지전단시대'라고 불리는 1910년대의 한국 불교는 부패의 온상이었다. 본사 주지들은 총독에게 잘보이는 일에 급급했고 재산 처분에 있어서도 로비만 잘하면 주지가 원하는 대로 다 처리할 수 있었다. 당연히 주지들은 많은 재산을 가지고 호화로운 생활을 영위하며 세속적인 삶을 즐겼다.

1912년 한용운을 주도로 한 불교승려들은 서울 대사동(지금 현재 인사동)에 조선임제종중앙포교당을 설립하여 친일불교에 맞섰지만, 총독부에서 원종과 함께 이를 폐지하였다. 다시 총독부의 보호 아래 있던 30본산에 맞서 조선불교회를 조직하려 했으나 이 일도 이루지 못하고 말았다.

1913년, 전국 사찰 대표의 한 사람이기도 했던 한용운은 사회진화론에 입각 우승열패 약육강식의 이론을 도입하여 경쟁을 통해 살아남아야 한다는 주장을 기조로 하는 조선 불교 유신론을 발표한다. 그는 불교의 개혁에 대한 절대필요성을 제시하며 그러한 관점에서 철저한 자기반성과 현실비판을 도모하였다.

한국 불교의 친일화는 1941년 일본이 태평양전쟁을 일으킨 뒤 그 도를 점점 더해갔다. 전쟁이 발발한 그 날 당시 불교의 총본산이었던 태고사에서는 조선의 전 사찰에 일본군의 승리를 위해 정성을 다해 기도하라는 통고문을 보내기에 이르고 승려와 신도들은 합동기도회에 참석하고 조일승려들이 황군의 전승을 위한 기도회를 열기도 했다. 이런 상황에서 민족불교를 지향하던 소수의 승려가 산속을 떠돌면서 신념을 지켜 겨우 명맥만 유지할 뿐이었다.

기독교 감리교 신자였던 이승만은 불교를 미신이라고 여겼는데. 왜색불교의 잔재인 대처승을 사찰에서 몰아내라는 강력한 정화담화문을 발표한다. 해방 후에도 여전히 불교의 교권과 재산을 쥐고 비

구승들과 민족주의자들의 활동을 방해하는 대처승들의 세력을 몰아
내기 위해서였다.

이러한 이승만의 유시는 비구승들의 불만을 터뜨리게 하는 시발
점이 되었는데, 이어 2차 유시가 발표되자 더욱 고무된 비구승들
은 급기야 대처승들과 폭력전을 벌이기까지 한다. 급기야 이승만은
'대처승은 물러가라'는 노골적인 담화문을 발표하게 되고 이에 힘
을 얻은 비구승들은 다음해 조계사에서 승려대회를 연다. 이로써 비
구승들은 일방적으로 주지를 임명하게 되고 정부에서도 승인하게
이른다.

1962년 비구측의 종헌이 확정되었고 종단 이름은 대한불교조계
종이라고 하고 종조를 도의, 보조를 충전조, 보우를 증흥조로 삼았
으며 대처 측에서도 종로, 경복궁 옆에 있는 법륜사에 종무원을 두
고 태고종이라고 하였다. 현재 두 종단은 한국 불교의 큰 축을 이루
고 있으며 특히 조계종의 젊은 승려들은 불교계의 오래된 폐단인 이
용성에서 벗어나 진보적 의식을 갖고 대중 속으로 파고들어 불교 대
중화에 더욱 힘쓰고 있다 하며, 한국 불교종단은 이외에도 천태종,
진각종, 관음종 등 여러 종파가 있으며 제가끔 교단이 추구하는 바
를 향해 노력을 기울이고 있다고 한다.

5. 종교에 대한 나의 독후감

개신교와 이슬람교는 하나님의 유일신을 함께 믿지만, 불교에서는 철학과 종교가 함께 결합하여 공존해 있는 것이 특징이다.

나는 현재 내가 믿는 종교는 전무하며, 불교의 핵심 교설 중에 팔정도가 들어있었는데, 이 부분이 모체이기도 하다. 그러니까 종교가 아닌 철학의 팔정도가 나의 좌우명이기 때문에 신(神)의 존재와 영혼의 존재설에 대해선 전혀 모른다.

하지만, 종교는 사회, 철학, 과학, 문화와 예술, 교육 등 사회를 구성하는 하나의 모체이므로 공동체 안에서 종교를 믿건, 아니 민건 간에 숙명처럼 함께 공유하는 것이 인간으로서 도리라고 생각해본다.

제4장

후세에게 남긴 글

1. 세상을 살아가는 지혜

탐욕 하지 않으면 남에게 속지 않는다.

눈앞의 이익에 현혹되지 말라. 욕망 뒤에는 위험한 함정이 도사리고 있다. 이익을 추구하기보다는 손해를 제거하라.

노력이 없는 곳에 행운은 오지 않는다.

마음을 정하면 즉시 실행에 옮겨라. 오래 끌면 장애가 많아진다.

호랑이도 졸 때가 있다. 어떤 강자에게도 반드시 약점이 있다.

용서하려면 두들기지 말라. 두들기려면 용서하지 말라.

술이 들어가면 진심을 내뱉는다.

참견하면 좋을 것 없다.

상대의 심정을 짐작하지 않으면 실패를 초래한다.

조강지처를 버리지 말고 가난할 때 사귄 친구를 버리지 마라. 왜냐하면 불행이 찾아오기 때문에 그렇다.

엄격과 관용의 밸런스를 유지하라.

굳은 신념도 세론에는 흔들리기 쉽다.

의심스러우면 쓰지 말라. 썼으면 의심하지 말라.

남의 약점을 파헤치면 안 된다. 남의 약점을 찌르면 보복당한다.

재능을 뽐내지 말고 남과 협조하도록 힘써라.

용모로 사람을 판단하지 말라. 복장이나 용모로 인물을 평가할 수 없다. 과거와 현재의 행동을 보고 평가하라.

나무만 보지 말고 숲을 보라.

지나치게 좋은 일은 계속되지 않는다.

그 고장에 들어가면 그 고장에 따르라.

마무리를 잘못하면 애써 한 고생도 보람이 없어진다.

인격은 지식을 먹으며 성장하는 것이 아니라 반성을 먹고 성장한다.

인간성 없는 학문은 사회악이요 모래성이다.

남을 울리고 성공하여 오래 계속되는 일은 없다.

가혹한 지배는 반드시 실패를 초래한다.

자식을 제멋대로 기르면 변변한 인간은 되지 않는다.

물을 마실 때는 우물을 판 사람의 노고를 잊지 말자.

한 번 실패하면 그만큼 영리해진다.

남의 실패를 보고 많이 배워라.

큰 인물은 잘난 체하지 않는다. 소인일수록 보잘것없는 실력을 과시하고자 한다.

성공을 꿈꾼다면 실패도 고려하라. 올라갈 만큼 올라가면 물러설 곳도 생각하라.

2. 상처를 떠나보내는 시간

 묻어둔 상처는 일상에서 활력 있게 지내다가도 혼자만의 시간이 되면 서서히 고개를 들기 시작한다. 그리고 어김없이 안 좋았던 기억들이 필름처럼 돌아가기 시작한다. 세상을 살아가면서 상처받지 않는 사람은 아마 한 사람도 없을 것으로 안다. 그러나 그 후 어떻게 처음 하느냐에 따라서 우리의 삶은 크게 달라질 수 있다. 그래서 상처를 받지 않는 것보다는 더 중요한 것이 바로 치유하기 위한 노력이다. 여행을 떠나고, 몰두할 수 있는 취미를 찾고 이야기를 들어주고 조언해줄 수 있는 상대를 찾는 행동들은 치유하기 위한 노력이다. 그러나 그보다 더 도움이 되는 방법이 있다. 그것은 바로 독서다. 책 속에는 인간의 갖가지 감정과 수많은 사연이 담겨있다. 글자에 담긴 기쁨, 슬픔, 사랑, 분노, 인물들의 상처를 함께 느끼며 간접적으로 다채로운 감정들을 느껴볼 수 있다.

 또한 책 속의 인물들과 연결된 갖가지 사연들을 따라가며 그 원인과 결과를 객관적으로 볼 수 있어 어떤 일을 조망할 힘이 생긴다. 특히 소설에는 등장인물들의 인생이 담겨있으며, 에세이 속에서는 짧은 문장 속에서 많은 것을 객관적으로 볼 수 있다. 그들의 상처도나, 또는 내 주변의 사람들의 상처와 상당히 닮아있다. 그래서 읽으며 우리 자신의 상처를 객관적으로 보게 되고 그것을 통해 치유의 끝을 발견하게 된다. 상처는 개인의 사건이며 치유도 개인의 몫이다. 그래서 스스로 노력하지 않으면 상처는 줄어들지 않는 채 남아 있게 된다.

상처 치유를 위한 최선의 방법은 자신의 성장이며 그 구체적 방법은 독서다. 독서를 통해 상처를 논리적으로 분석하고 관조하면서 자신의 상처 원인을 파악하고 실체를 파악할 수 있다. 상처의 실체를 알게 되면 나아가 그에 맞는 해결 방법을 구체적으로 모색할 수 있다. 그리고 부수적으로 얻는 것은 책을 통한 지적 충족감이다. 지적 욕구는 물질적 욕구와는 달리 채우면 채울수록 충만함과 만족감을 선사한다.

그것은 자존감을 높여주고 높아진 자존감은 상처에 대한 면역력과 치유할 힘을 길러줄 것이다. 청춘은 우리가 지나온 세월 중 가장 정열적인 시간이다. 청춘 시기는 우리가 무엇이나 될 수 있다는 무한한 이상과 희망을 품고 열정적으로 나아가는 시기다. 그러나 나이가 들수록 삶에서 실패와 좌절의 경험을 통해 불같은 뜨거움에서 약간은 비켜서게 되지만 청춘의 시기에는 경험 부족과 감정 조절의 미숙으로 그것이 쉽지 않다. 그래서 청춘 시기의 결핍은 위험하고 이후의 삶에 깊은 상처로 남기기도 한다.

3. 상처는 결핍의 그림자

상처는 결핍으로 인한 부과 중 하나다.

우리는 사람, 명예, 돈, 자유, 그 밖의 갖지 못한 것과 경험하지 못한 것들에 대해 결핍을 느낀다. 가진 것보다 없는 것에 더 민감해져서 그것을 대신할 무언가에 집착한다. 사람은 누구나 결핍의 그늘이 있다.

나의 결핍은 나만이 알고 있는 나의 그림자다.

날카로운 사람, 화를 잘 내는 사람, 자존심이 너무 센 사람, 자신을 포장하는 사람, 무리에 섞이지 못하는 사람들은 대부분 무언가 결핍이 있기 때문이다.

그 결핍을 매 순간 의식하기 때문에 행동으로 드러난다. 상처를 받았을 당시 나의 환경을 생각해보라. 무언가 풍요롭지 못했을 것이다. 나의 결핍은 슬픈 나의 현실이다.

그로 인해 받은 상처는 내 몫이다. 결핍은 가지고 있지 않은 것, 잃은 것, 가질 수 없는 것들을 모두 포함한다. 내게 부족한 것이 무엇인가를 분명히 인식하면 상처의 모습을 구체적으로 볼 수 있다.

4. 상처를 치유하는 시간

가진 게 없다고 내 자아까지 초라한 것은 아니다. 가진 것보다 결핍에 집착하면 삶은 상처투성이가 될 수밖에 없다. 그래서 고개를 들어 다른 곳, 다른 사람들을 보면서 내가 가진 것이 많음을 느껴보자. 나는 나에게 그 자체로 소중한 사람이다.

상실의 기억은 우리를 고독 속에 머물게 한다. 나만의 시간과 공간 속에서 자신을 단련하는 것이 바로 고독한 상태다. 고독을 받아들이지 못하면 상처를 치유할 수 없다. 상처의 치유는 자신의 의지로만 가능하기 때문이다. 그래서 고독을 온전히 견뎌내면 상실감은 상처로 전이되지 않는다.

같은 환경에서도 행복한 사람이 있고 불행한 사람이 있다. 삶의 질은 어디에서 살고 있는가가 아니라 어떻게 살고 있는가로 말할 수 있다. 내가 속한 세상이 나를 속일지라도 정당하게 분노하고 내 것을 소중히 지켜내면 그것이 곧 가치 있는 삶이다.

우리는 살면서 자기 자신을 비하하거나 방치해서는 안 된다. 사랑하고 아껴야 한다. 그러나 자신만 사랑하는 것은 매우 위험하다. 그런 사람은 자신 이외에 타인을 중요하게 생각하지 않기 때문이다.

자신을 제대로 사랑할 줄 아는 사람은 남을 배려한다. 남을 배려한 다는 것은 자존감 있는 행동이고, 자존감은 자신을 사랑하는 데서 비롯되기 때문이다.

나 자신을 이해하기도 어려운데 타인을 이해하기는 절대 쉽지 않다. 그래서 이해하는 척하고 있는 것이 최선일 때가 많다. 좋은 방법은 상대와의 공통점을 찾는 것이다. 그중에서도 과거 같은 상처를 겪은 경험이 있으면 이해를 넘어 공감되는 효과가 있다.

타인의 상처는 그를 이해하는 것만으로도 치유해질 수 있다.

불량식품이 더 맛이 있듯 우리는 좋은 욕망보다 나쁜 욕망에 더 끌린다. 그러나 나쁜 욕망은 절대 채워지지 않는 속성이 있어 그것의 노예가 되면 삶은 화약고를 끌어안은 것처럼 위험해진다. 그래서 욕망을 제어하고 멈추는 법을 배워야 한다. 그것이 바로 삶의 리스크 관리다.

후회는 하면 할수록 자신을 피폐하게 만든다. 후회만으로 해결되는 것은 아무것도 없기 때문이다. 후회가 엄습해 올 때는 차라리 행동에 나서는 편이 낫다. 달려가서 용서를 청하고 수정하고 바꾸는 행동으로 뒤늦게 해결되는 것들이 있을 것이다.

자존심이 상하는 것은 순간이지만 후회로 자신을 자책하는 것은 평생의 상처가 될 수 있다. 절대 혼자서는 이겨내지 못할 시간이 있다. 그럴 때는 내가 좋아하는 것을 찾아야 한다. 아주 사소한 것일 수도 있다. 언젠가 들었던 위로가 되는 음악, 행복감을 주었던 장소, 소유하고 있는 것만으로도 위로가 되었던 물건, 그리고 그 시간을 함께 있어 준 사람 등등 많을수록 좋다. 그것들로 인해 나는 힘든 시간을 견뎌낼 것이기 때문이다.

지금의 내가 있기까지는 수없이 많은 일이 있었을 것이다. 좋은 일보다는 나쁜 일이 훨씬 많기 마련이다. 그러나 지나고 보면, 나쁜 일들이 삶에 더 도움이 됨을 깨닫게 된다. 삶은 우리에게 절대 친절하지 않다. 그러나 고난의 시간을 주면서 우리를 단련시킨다. 우리는 성장에 든든한 뿌리가 되어 줄 고난이라는 선물을 선사하는 것이다.

독서노트북

홍영복 지음

발 행 처 · 도서출판 **청어**
발 행 인 · 이영철
영 업 · 이동호
홍 보 · 천성래
기 획 · 남기환
편 집 · 방세화
디 자 인 · 이수빈 ｜ 김영은
제작이사 · 공병한
인 쇄 · 두리터

등 록 · 1999년 5월 3일
(제321-3210000251001999000063호)

1판 1쇄 발행 · 2022년 10월 10일

주 소 · 서울특별시 서초구 남부순환로 364길 8-15 동일빌딩 2층
대표전화 · 02-586-0477
팩시밀리 · 0303-0942-0478

홈페이지 · www.chungeobook.com
E-mail · ppi20@hanmail.net
I S B N · 979-11-6855-068-1(03900)